经世济民

诚信服务

德法兼修

高等职业教育电子商务类专业

数实融合 守正创新

新形态一体化教材

新媒体运营

○ 主 编 武 丹 冯弋江

○ 副主编 黄博文 钟 思

中国教育出版传媒集团

高等教育出版社·北京

内容提要

　　本教材是高等职业教育电子商务类专业"数实融合　守正创新"新形态一体化教材。本教材以党的二十大精神为指引，根据新媒体运营岗位的知识、能力和素养要求，系统地介绍了新媒体运营的相关知识与必备技能。本教材共八个项目，包括新媒体运营认知、新媒体用户运营、新媒体内容运营、新媒体活动运营、新媒体图文平台运营、新媒体短视频平台运营、新媒体直播平台运营和新媒体运营数据分析，覆盖了新媒体运营工作岗位的各项内容，展现了新媒体运营的核心流程，以帮助读者更全面地掌握新媒体运营的实操性知识。教材中设计有数实融合新视界、运营思辨、运营实践、监管之窗、职场零距离、即学即练等栏目，旨在帮助学习者提高新媒体运营专业素养，增强新媒体运营能力，使学习者在今后的新媒体运营相关工作中能够学以致用。

　　本教材既可以作为高等职业教育专科、本科院校，应用型本科院校和中等职业学校电子商务类及其他相关专业的教学用书，也可作为企业及社会相关从业人员学习新媒体运营技能的培训指导用书和参考用书。

　　本教材配套建设有教学课件、参考答案等教学资源，具体资源获取方式详见"郑重声明"页的资源服务提示。

图书在版编目（ＣＩＰ）数据

　　新媒体运营 / 武丹，冯弋江主编. -- 北京 ： 高等教育出版社，2024.4
　　ISBN 978-7-04-061331-5

　　Ⅰ．①新… Ⅱ．①武… ②冯… Ⅲ．①传播媒介-运营管理-高等职业教育-教材 Ⅳ．①G206.2

　　中国国家版本馆CIP数据核字(2023)第211802号

新媒体运营
XINMEITI YUNYING

| 项目策划 | 赵　洁 | 策划编辑 | 康　蓉　王　沛 | 责任编辑 | 贾若曦 | 封面设计 | 赵　阳 |
| 版式设计 | 于　婕 | 责任绘图 | 李沛蓉 | 责任校对 | 陈　杨 | 责任印制 | 赵义民 |

出版发行	高等教育出版社	咨询电话	400-810-0598
社　　址	北京市西城区德外大街 4 号	网　　址	http://www.hep.edu.cn
邮政编码	100120		http://www.hep.com.cn
印　　刷	北京中科印刷有限公司	网上订购	http://www.hepmall.com.cn
开　　本	787 mm×1092 mm　1/16		http://www.hepmall.com
印　　张	17.75		http://www.hepmall.cn
字　　数	310 千字	版　　次	2024 年 4 月第 1 版
插　　页	1	印　　次	2024 年 4 月第 1 次印刷
购书热线	010-58581118	定　　价	49.80 元

本书如有缺页、倒页、脱页等质量问题，请到所购图书销售部门联系调换
版权所有　侵权必究
物料号　61331-00

前言

党的二十大报告指出："加强全媒体传播体系建设，塑造主流舆论新格局。健全网络综合治理体系，推动形成良好网络生态。"随着互联网和移动通信技术的发展，媒体形态越来越多元化，在短短十几年时间里，新媒体已经经历了从网络媒体到全媒体的数次变革。

新媒体不仅改变了人们获取信息的方式，也改变了企业与消费者之间的沟通方式，其信息来源的多样化和信息量的丰富化正深刻改变着社会发展的进程。如今，新媒体运营已经成为企业营销策略中不可或缺的一部分，它不仅提供了更广阔的发展空间，定位到了更精准的消费者，而且带来了更激烈的竞争和更艰巨的挑战。因此，企业需要掌握新媒体运营的技巧和方法，以实现有效的市场营销和品牌推广。

本教材聚焦于新媒体行业的发展前沿，在综合调查新媒体发展趋势的基础上，对新媒体运营的模式和流程进行了系统性的归纳和梳理。本教材的编写结合了新媒体运营的理论知识与实际操作，以使学生全面掌握新媒体运营的知识和技能。教材不仅介绍了基本的新媒体运营思维，还从具体操作层面展示了如何充分发挥新媒体在企业品牌与产品推广上的助力作用。

本教材具有以下鲜明特色：

一、价值引领，立德树人

本教材以习近平新时代中国特色社会主义思想为指导，以帮助学生了解相关专业和行业领域的国家战略、法律法规和相关政策，引导学生深入社会实践，关注现实问题，培育学生经世济民、诚信服务、德法兼修的职业素养为目标。教材全面落实立德树人根本任务，体现党的二十大精神，寓价值观引导于知识传授和能力培养之中。教材的素材选取体现中国特色，以理化人、以数服人、以事动人、以情感人，以期激发读者的学习兴趣、价值认同与情感共鸣。本教材中的实践任务和活动既有通过实操掌握知识、技能的目的，更有道德养成、以行促知的功能。本教材在检验知识掌握、技能运用的同时融入社会主义核心价值观、法治意识、职业道德、中华优秀传统文化等课程思政元素，将劳动精神、工匠精神和创新精神内化于心、外化于行。

二、理实一体，注重实操

本教材按照高等职业教育培养应用型人才的要求，关注新媒体运营的最新发展和趋势，注重理论与实践的结合，围绕新媒体运营思维、方法和平台进行了深入细致的研究和探讨。教材总共有八个项目：项目一探讨新媒体运营的基本内容，包括新媒体运营的概念、思维和岗位；项目二聚焦于新媒体用户运营，介绍如何理解和分析用户并制定精准的用户策略，以提高用户忠诚度和参与度；项目三深入新媒体内容运营，探讨如何创作和优化不同类型的内容，以吸引和保持用户关注；项目四介绍新媒体活动运营，涵盖活动策划、推广和执行的关键要素；项目五至项目七分别关注不同形式新媒体平台的运营方法，包括图文平台、短视频平台和直播平台；项目八展示如何通过数据收集、整理和分析来评估新媒体运营效果，洞察用户行为，并做出有针对性的优化决策。

三、案例翔实，学以致用

在"加快发展数字经济，促进数字经济与实体经济深度融合"的时代背景下，本教材针对每个项目的具体内容与特点，以"数实融合新视界"栏目导入，在讲解理论知识的过程中穿插典型案例，具有较强的可读性和参考性，可以帮助学生理解并掌握相关重点内容，提高对核心知识的理解与掌握能力。同时，教材设计了运营实践、运营思辨、监管之窗、职场零距离、即学即练等特色栏目，补充了与理论内容相关的经验、技巧与提示，以帮助学生更好地总结和吸收知识，掌握新媒体运营的方法与技巧。

本教材由江西财经职业学院武丹、冯弋江担任主编，黄博文、钟思担任副主编。项目一由冯弋江编写，项目二由武丹编写，项目三由黄博文编写，项目四由洪锦华编写，项目五由余莉莉编写，项目六由陈其姝编写，项目七由陈洁编写，项目八由钟思编写。本书大纲的编写、内容的总体设计以及最后的统稿、定稿工作由武丹和冯弋江共同完成，黄博文、钟思提供协助。

本教材的编写得到了全国电子商务职业教育教学指导委员会和高等教育出版社的大力支持，也得到了许多企业一线新媒体运营人员、兄弟院校的诸多帮助。在创作过程中，编写团队借鉴了学界和业界研究者的一些观点和内容，在此一并致以真诚的感谢。

由于编写人员水平有限，教材中难免存在疏漏与不足之处，敬请广大读者批评指正并提出宝贵意见，以使本教材日臻完善。

编者

2024年3月

目 录

新媒体运营认知

学习目标

素养目标

- 培养互联网法律意识，提升法治观念，对新媒体合规运营形成正确认知
- 培养新媒体运营思维能力，形成正确的新媒体运营观念
- 培养新媒体领域相关职业的规划意识，能够科学规划职业发展路径

知识目标

- 了解新媒体和新媒体运营的含义
- 熟悉新媒体营销与新媒体运营的区别
- 掌握新媒体运营的重要思维
- 熟悉新媒体运营岗位及其能力要求

能力目标

- 能够开通主流新媒体平台账号
- 能够初步分析自媒体账号的主要特征
- 能够初步进行新媒体运营职业生涯规划

思维导图

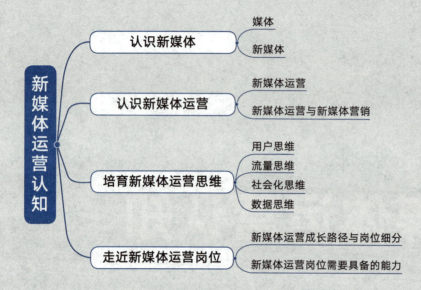

新媒体运营认知
- 认识新媒体
  - 媒体
  - 新媒体
- 认识新媒体运营
  - 新媒体运营
  - 新媒体运营与新媒体营销
- 培育新媒体运营思维
  - 用户思维
  - 流量思维
  - 社会化思维
  - 数据思维
- 走近新媒体运营岗位
  - 新媒体运营成长路径与岗位细分
  - 新媒体运营岗位需要具备的能力

学习计划

■ 素养提升计划

_____

_____

■ 知识学习计划

_____

_____

■ 技能训练计划

_____

_____

数实融合新视界

东方甄选的新媒体运营探索

东方甄选是新东方在线旗下的农产品电商平台。2021 年 12 月 28 日在抖音平台开启农产品直播首秀。2022 年 6 月,其主播凭借双语直播突然走红,东方甄选实现了火速出圈。

1. 聚焦三农赛道

东方甄选聚焦"三农"赛道,为农民、企业、消费者搭建平台,把农产品从农村地头带到日常餐桌,让企业有利润,让农民能增收。但同时,农产品也存在非标准化、物流难度大、品控困难、利润低等问题,在生产、制造、包装、物流、交付、客服等方面都需要严格把控。

2. 创新直播风格和形式

东方甄选打破常规直播带货模式,双语直播带货和文化直播带货击中大众更高层次的精神需求,带给消费者物美价廉的产品,也带给消费者愉快的精神体验。除了内场直播,东方甄选已在黑龙江、陕西、贵州等地开展户外实景直播带货。这种走出直播间,走向广袤田野的做法,不仅丰富了直播间的内容形式,而且将东方甄选助农的愿景具象化,进一步得到粉丝认可。

3. 形成多主播+人格化团队

东方甄选走的是多主播路线,主播团队包含多名成员。

与其他直播间主播明显的职业化特征相比,东方甄选主播们的人格化特征更突出,更善于发挥个人魅力,大大提升了直播间的粉丝黏性。

4. 搭建多平台矩阵

东方甄选在抖音平台爆火后迅速扩展。目前在主阵地抖音上,东方甄选的账号矩阵包含"东方甄选、东方甄选-图书、东方甄选-自营、东方甄选-美丽生活"等账号。另外,东方甄选在淘宝、京东等平台上均开设有店铺,自主研发的"东方甄选App"也已上线各大应用市场。

5. 自营品牌、自建供应链

东方甄选从一开始就确定了自营品牌、自建供应链战略,且推进速度非常快。

目前东方甄选已经推出百余款自营产品，平均每月都会推出 5~10 款新产品。

在直播带货产品中，东方甄选的商业模式是抽佣，即对于代销产品不收取坑位费，而佣金在行业内比较高。对于自营产品，相当于用包销的方式购入再卖出，毛利率会更高。

6. 创新商业模式

靠着借鉴前人的经验快速完成赶超后，东方甄选来到直播电商的无人区。东方甄选已经基本应用了超级主播、私域流量、自营品牌和自建平台等直播电商现有的主流方式，未来能否探索出一条直播间的终极形态路径，值得所有新媒体运营人拭目以待。

案例启示：

东方甄选的火速出圈彰显了互联网时代和新媒体赛道的速度，但要延续目前的成功并做强做大，依然需要回归精细化运营。

任务 1.1　认识新媒体

1.1.1　媒体

媒体也称媒介，是传播信息的介质。通俗地说，是宣传的载体或平台。因此，只要能为信息的传播提供平台，就可以称为媒体。

媒体的类型有如下几种：

（1）按传播载体类型的不同，可分为报纸、杂志、广播、电视、音像、电影、网络、电信、通信卫星等。

（2）按影响范围的不同，可分为国际性媒体、全国性媒体和地方性媒体。国际性媒体包括国际卫星电视、面向全球的刊物等。全国性媒体包括国家电视台、国家报纸等。地方性媒体包括省、市电视台、报刊等。

（3）按受众类型的不同，可分为大众化媒体和专业性媒体。大众化媒体包括报刊、广播、电视等。专业性媒体包括专业报纸、学术期刊等。

1.1.2　新媒体

1. 新媒体的概念

新媒体是一个不断发展变化的概念。就现阶段而言，新媒体是基于计算机处理技术，通过无线宽带、有线宽带、卫星网络等现代传播手段，传播数字化图文、声音和影像信息的媒体。

新媒体是相对于传统媒体而言的，是报刊、广播、电视等传统媒体以后发展起来的新的媒体形态，是利用数字技术、网络技术、移动技术，通过互联网、无线通信网、卫星等渠道，以及计算机、手机、数字电视机等终端，向用户提供信息和娱乐服务的传播形态和媒体形态。

严格地说，目前所讲的新媒体应该称为数字化新媒体。新媒体的"新"，核心和关键在通信技术发展的基础上传播形态的革新，改变的是传播手段和传播介质，让信息传播从以报刊、广播、电视等传统媒体为载体进化为以网络、移动终端等新媒体为载体。

新媒体与传统媒体最根本的区别，不在于出现时间的先后差异，而在于传播方式和内容形态的不同。新媒体其实就是在新的技术支撑体系下出现的媒体形态。传统媒体可以看作是工业时代的产物，而新媒体则是信息时代的产物。

新媒体的"新"具体体现在以下三个方面：

（1）时间性。界定新媒体时，时间是非常重要的参考指标。时间上出现相对比较晚的媒体一般就是新媒体。例如，相对报纸和杂志而言，电视和广播是新媒体；相对电视和广播而言，互联网是新媒体。很多时候，新媒体与旧媒体是相对的，主要因时间、人群而异。

新媒体与传统媒体的区别

（2）技术性。界定新媒体时，技术是极其关键的参考指标。从技术上看，新媒体使用了形式更丰富、传播更广泛的革新技术。例如，相对于文字而言，图片、音频和视频是新媒体。

（3）社会性。界定新媒体时，媒体对社会的影响程度也是重要参考指标。新媒体最重要的一个特点，就是社会作用的革新。目前，数字化新媒体的显著特征是"去中心化"，以前传统媒体的门槛比较高，而如今几乎任何人都可以运营自媒体。

从营销视角来看，不管媒体如何变化，它们都是企业信息触达用户的渠道。因此，新媒体的本质也是企业信息触达用户的渠道。

请判断以下哪些媒体类型属于新媒体？若是，请在前面的"□"内打钩并简单阐述理由。

媒体类型	理由	媒体类型	理由
□微博		□个人微信朋友圈	
□微信公众号		□手机新闻客户端	

2. 新媒体的特点

新媒体的特点主要可以归纳为以下几点：

（1）即时性。新媒体信息传播的速度非常快，表现出明显的即时性特征，受众通过手机、计算机或者其他智能终端能够快速发布信息并及时接收信息。

（2）海量化。在传统媒体时代，专业机构生产信息且信息容量有限，如报纸有版面限制，广播和电视有播出时限。新媒体则彻底改变了传统媒体信息受控严格的局面，UGC（用户生成内容）和PGC（专业生产内容）并存，信息提供者激增，人人都可以成为信息生产者。另外，新媒体不再受时空限制，随时随地生产和发布信息成为常态。

（3）交互性。传统媒体信息传播的方式是单向的、线性的、不可选择的。新媒体信息传播方式是双向的，每个受众既是信息的接受者，也是信息的传播者。因此，新媒体互动性强，传播效果明显。在新媒体技术下，信息传受双方不再固定，随时可以进行角色互换。

（4）个性化。传统媒体基本都是大众化的，是对受众进行单向度的"同质化传播"。而在新技术驱动下，新媒体不仅可以大众化，而且能够做到面向更加细分的受众。受众不必再被动地阅读或观看毫无差别的内容，而是通过新媒体来搜索和定制自己需要的信息。

（5）融合性。新媒体打破了传统媒体单一的信息呈现形式，融合文字、图片、声音、视频等多媒体信息，极大地丰富了信息的表现力和感染力，使内容更为生动形象、直观具体。

运营思辨

有了新媒体，是否还需要传统媒体？

如果有一天真的没有传统媒体了，我们的生活会怎样呢？

有人会说，没有了传统媒体，我们还有网络，网络传播速度更快、信息更多、互动更便利，能看微博为什么要读报纸？更何况，现在传统媒体的大部分新闻素材也是来源于新媒体。但事实是，不是传统媒体离不开新媒体，而是新媒体离不开传统媒体。今天，无论是门户网站还是专业新闻网站，无论是微博上的媒体账号还是个人账号，最核心的内容无外乎两大部分：一是用醒目的标题转载传统媒体发布的内容，二是用更醒目的标题质疑传统媒体发布的内容。

传统媒体之于新媒体，并不是内容或理念上的传统，而是媒介上的区别。报纸有近400年的历史，广播和电视也有约100年的历史，它们在自己所依赖的媒介上，经过长时间的探索和磨合，形成了各自的制作流程、行业规范和职业道德，也造就了一批优秀的作品，影响了时代，推动了进步。虽然其产品的内容和形态一直在发生变化，但在严肃性和规范性基础上形成的媒体公信力仍是其最核心的资产，也塑造着传播媒体的价值取向。

新媒体时代，新技术层出不穷，媒介更新换代快，信息生产量大，很难由一个媒介自发地形成约定俗成的规则，很多信息的发布者没有能力也没有意识来保证内容的真实性和准确性。互联网是一个产业，是一笔生意，一些网站对利润的追求远大于对社会责任的坚守。而且网络传播有自己的受众，快阅读和浅阅读仍是互联网阅读的特色，严肃新闻很难成为网络新闻的主流。

传统媒体如果不复存在，新媒体也无法健康发展。如果没有传统媒体的求证和制衡，网络谣言在舆论场中会更加泛滥；如果没有传统媒体的整合和梳理，碎片化的信息可能永远不能拼凑出事实的真相；如果没有传统媒体的严肃和坚守，低俗信息可能会迅速充斥整个网络空间。

伴随互联网长大的一代人已经习惯了从互联网上获取新闻和信息，也理所当然地认为信息是公共产品，是免费的。但事实是，世界上没有免费的午餐，新闻的生产并不是免费的，更没有免费的优质信息和资源。传统媒体的生存空间被挤压、被蚕食，与技术的发展有关，更与整个社会对信息、对媒体、对传播环境的认识和态度有关。

舆论环境就像波涛汹涌的大海，每天嘈杂不休的信息洪流永远是时代的表象，在表象下面流动的才是一个时代的真相。我们需要随时的信息更新，也需要严肃的新闻报道。传统媒体和新媒体就像两个轮子，厚此薄彼或非此即彼都无法支撑起当下的时代。

（资料来源：根据人民日报资料改编，有删改。）

3. 新媒体与自媒体

新媒体与自媒体既相互联系又相互区别，厘清二者关系，有助于加深对新媒体和自媒体的理解，有助于更好地进行新媒体和自媒体运营。

从范畴上说，新媒体包含自媒体，自媒体从属于新媒体。从技术上说，自媒体的产生虽然晚于新媒体，但二者产生的技术背景是相同的。

新媒体的出现是信息技术发展到一定阶段的必然趋势，是一种客观存在，其最主要的特征是互动性和数字化，具体表现形式有网络、智能手机等，本质是"物"。而自媒体的产生源于人们与日俱增的表达欲望，是一种自我的觉醒，最主要的特征是自主性和平民化。目前，经常被称为自媒体的微博、微信、抖音等其实只是无数自媒体汇聚的平台；真正的自媒体，则是平台上一个个的微博、微信和抖音账号，本质是"人"。

通常，涉及技术层面时，一般应使用"新媒体"；涉及传播理念和媒体生态层面时，一般应使用"自媒体"。

新媒体和自媒体是相辅相成、不可分割的。如前所述，新媒体永远是一个相对的、不断更新的概念，其内涵会随着信息技术的进步不断发展，进而推动现有自媒体进行调整和更新。

即学即练

在微信、微博、抖音等新媒体平台寻找一个订阅用户数量在100万人以上，作品浏览量在1 000万次以上，具有较大影响力的自媒体账号，对它进行调研和分析，调研内容如表1-1所示。

表1-1　自媒体调研表

调研项目	调研结果
自媒体账号所在平台	
自媒体账号名称	
自媒体账号的内容类型	
自媒体的风格与特点	

任务1.2 认识新媒体运营

1.2.1 新媒体运营

新媒体运营是通过移动互联网手段，利用新兴媒体平台工具进行产品推广、服务营销的一系列运营手段。新媒体运营也可以简单地理解为在新媒体平台上进行运营。

数字化媒体
平台类型

新媒体运营在宏观层面是指运营策略、规划和资源分配。更高境界的新媒体运营是搭建和创造一个让用户更愿意与企业互动的环境。新媒体运营在微观层面可分为内容运营、产品运营、用户运营和活动运营。"内容为王，用户为主，活动为辅"是新媒体运营的主思路。

（1）内容运营：通过生产优质的，对目标用户有吸引力、有价值的内容，来实现商业转化。

（2）产品运营：通过控制成本，分析和测试适合投入量产的产品，从而达到推广产品，实现盈利的目的。

（3）用户运营：通过拉新、促活、留存、转化，以用户为中心，制定一系列运营战略与目标，实现用户转化，达成营销目标。

（4）活动运营：通过策划产品曝光、产品推广等活动，实现有效拉新、留存和转化的效果。

在具体操作中，运营人员需要从宏观视角去理解运营，然后带着微观和落地的心态去做好运营。

运营实践

新媒体术语

包括已关注企业的粉丝。

- 公域流量：平台所有的受众群体，能转化为私域流量。
- 拉新：吸引新粉丝关注账号。
- 促活：利用一些激励手段提升粉丝活跃度，让他们更加频繁地参加活动。

- 圈层：在兴趣、爱好、阅历等层面趋同的群体。
- 私域流量：企业自有粉丝池，主要

- 留存：利用各种手段，提升粉丝留存率。

- 转化：将粉丝培养成客户。

- 用户画像：指目标用户的综合情况，比如年龄、性别、地域、职业、收入、爱好等。确定了用户画像，才能够更有针对性、更有效地为用户服务。

- KOC：关键意见消费者，一般指能影响自己身边亲戚、朋友等的消费者。

- UGC：用户生产内容，指由用户自发地创作内容，通过互联网传播并与其他用户进行互动。

- PGC：专业生产内容，指专职人员编辑制作的内容。PGC本质上属于UGC的细分子集。它与UGC的区别在于，用户有专业学识、资质，在所共享内容的领域具有一定的知识背景和工作资历。

- MCN：指多渠道网络，本质上是"网络达人＋制作＋传播"的内容制作及发行公司。

- GMV：在电子商务相关领域一般指"毛销售量"，实际上就是销售流水。

- ROI：一般指投资回报率；在中国的新媒体行业，ROI值指企业花费的推广费所直接产生的销售额。ROI是典型的追求效果类的运营关键指标。

1.2.2　新媒体运营与新媒体营销

新媒体运营与新媒体营销总的来说是包含关系：新媒体运营包含了新媒体营销，新媒体营销是新媒体运营的一部分。

新媒体运营和新媒体营销的区别，简单来说是"运营向内，营销向外"。运营是基础工作，像活动运营、数据运营、产品运营等都属于新媒体运营的工作。简而言之，新媒体运营就像一个发动机，运输着血液通向身体的各个器官。新媒体运营会强调细节、配合、机制、数据、量化等。新媒体运营的主要工作包括平台创作、账号管理、矩阵设计、选题策划、内容推送、数据分析等。而新媒体营销更偏向于外部市场，市场化特征明显，面向更为广泛的用户，尤其是与用户打交道，以实现多渠道沟通为主，还需要进行必要的市场分析。

另外，这两者对工作效果的判断标准也是不一样的，新媒体运营的判断标准很多，如内容数据、用户数据、短期数据指标、长期价值指标等。而新媒体营销相对来说判断标准就比较简单了，通过营销数据可以得出营销效果。

想一想，可以用什么举例来类比新媒体运营和新媒体营销的关系？

任务1.3　培育新媒体运营思维

新媒体运营思维是新媒体运营的底层逻辑，思维能力是新媒体运营的基础能力，也是决定未来职业生涯的关键因素。技能容易掌握，但思维却很难在短时间内培养。因此，新媒体运营人员需要长期浸润、持续培养自己的新媒体运营思维。

1.3.1　用户思维

在市场经济条件下，用户思维是各行各业生存的一个基本法则。新媒体时代的来临，将用户的重要性提升到了新高度。在新媒体时代，用户体验成为新媒体产品研发的根本出发点，用户反馈和评价成为新媒体产品修正、改革和努力的方向。

所谓用户思维，就是"以用户为中心"，从用户的视角，站在用户的角度考虑问题，时刻为用户着想，针对用户的各种个性化、细分化需求，提供具有针对性的产品或服务，真正做到"用户至上"。因此，用户思维要求新媒体运营人员换位思考，将自己代入用户角色中，想用户所想，急用户所急，办用户所需。

例如，在抖音平台发布短视频时，发布时间的选择看似无关紧要，实则至关重要，必须锚定用户的生活习惯。最佳发布时间是用户在一天中相对空闲的时间，如工作日的7：00−9：00、13：00−14：00、18：00−20：00、21：00−23：00，或周末的全天。这些都是每个人相对空闲和自由的时间，因此可以选择在这些时段发布短视频。但某一类视频最适宜的发布时间是对其精准用户使用习惯长期观察和深刻洞察后逐渐摸索出来的，不能一概而论。

新媒体运营人员需要始终保持从用户中来，到用户中去，满足用户需求和创造用户价值的初心和使命。

如果你是新媒体运营小编，你会选择以下哪个标题？为什么？

1. 刚刚，××有改版，公众号开启变现新模式
2. ××大更新！这次到底想干啥？
3. ××公众号改版，我要失业了吗？
4. ××大改版，我们该如何应对？

1.3.2　流量思维

"流量"这一概念是随着互联网的发展而流行起来的，与之相对应的传统概念是"客流"。在互联网领域，简单而言，流量就是浏览量和互动量。流量越高，说明营销活动所触达的用户就越多，营销活动的效果也就越明显。

互联网时代有两个特点：信息过剩和注意力稀缺。因此互联网争夺的是流量，而流量的本质是注意力。一般而言，用户拥有的时间和精力是有限的，他们所能提供的流量也是有限的，尤其在具有竞争性的行业中，所以流量具有排他性。关注人们的注意力集中在哪里，想方设法吸引注意力、提高关注度以增加流量，缩短变现路径，就是流量思维的运用。因为流量意味着体量，体量意味着分量。

流量思维是指在价值链的各个环节中，都要以"流量多少"为核心来思考问题。对于企业而言，流量越高，就意味着其与用户的互动越频繁，用户越了解企业及其产品，最终实现购买的可能性也就越高。因此，对于新媒体运营人员来说，如何利用各类入口更好地引导流量，就成了最需要关注的关键问题。

企业有了流量，才能够利用流量来做转化，最终达到成交和盈利的目的，在新媒体时代做运营，想要获得更多的精准流量，就一定要具备流量思维。新媒体运营人员切记，做流量运营需要耐心，必须摒弃"一蹴而就"的思想。

运营思辨

流量就是"留量"吗？

虽然流量对企业极其重要，但企业不能误持"流量至上""唯流量论"的观点，必须能够使流量真正转化为"留量"，要时刻警惕片面追求高流量可能带来的负面影响，包括：

（1）低质量流量。过于追求数量而忽视质量可能导致吸引了大量无关或低价值

的访问者。这些访问者可能不会对网站内容感兴趣，导致页面跳失率高，并且对转化率产生负面影响。

（2）用户体验下降。在流量运营过程中，为了吸引更多访问者，可能会出现过度广告、强制关注、弹窗等方式，导致用户体验下降。这会让访问者感到困扰并离开网站，给品牌形象带来不利影响。

（3）资源消耗增加。为了获取更多流量，可能需要投入更多的时间和资源进行广告投放、内容创作、推广活动等。这可能给运营者带来额外的压力和成本负担。

（4）长期价值缺乏。如果流量运营只关注短期目标，忽视了用户留存和忠诚度的培养，那么虽然流量可能会暂时增加，但长期来看可能无法实现可持续的业务增长。

因此，在进行流量运营时，需要综合考虑流量质量、用户体验和长期价值等因素，避免只追求数量而忽视质量和可持续性。

1.3.3　社会化思维

社会化思维，是指组织利用社会化的工具、媒体和网络，重塑企业和用户的沟通关系、组织管理方式和商业运作模式的思维方式。

社会化商业的核心是"网"，企业面对的用户以"网"的形式存在，用户与用户之间也以"网"的形式存在。在传统商业社会，由于沟通渠道和沟通方式的限制，用户多以个体的方式出现，以点的形式存在，与企业之间的关系是上下游的买卖关系，缺乏双向互动和沟通；一个个用户往往是一座座孤岛，用户之间缺乏横向交流。而在新媒体出现后，商业的社会化进程显著加快。通过互联网，用户与企业之间、用户与用户之间形成了各种各样的联系，形成了网状的社会化结构，即社会网络。在新媒体技术催生的社会网络中，用户与企业可以顺利地进行双向交流与协作，二者之间的关系从原来的垂直交易关系变为水平参与关系；用户与用户之间也可以进行更好地横向交流，形成具有影响力的社群。

对于新媒体运营人员来说，社会化思维强调充分发挥关系的独特价值，把关系做小还是做大，做"强关系"还是"弱关系"，做"小网络"还是"大网络"，如何利用社交关系进行基于关系的链式传播，这些都需要新媒体运营人员深入思考。

未来品牌将基于社群共建，围绕目标群体展开，将目标用户联系起来，成为品牌的拥护者和信息传递者，品牌传播将从"知道、购买、忠实"转变为"忠实用户、扩散知名度、更多用户"。

在社会化网络中，口碑营销变得极其重要。熟人之间相互信任，并且很容易形成良好口碑，每个人都是高可信度的节点，潜意识里都有通过增加信任来降低交易成本的需求。

1.3.4　数据思维

2020年4月，中共中央、国务院发布了《关于构建更加完善的要素市场化配置体制机制的意见》。这是中共中央第一份关于要素市场化配置的文件。它首次将"数据"与土地、劳动力、资本、技术等传统要素并列，明确数据是一种新型生产要素。

数据本身没有价值，真正有价值的是从数据中所提取的信息。因此，企业需要对数据有客观清醒的认知：一方面，数据作为关键生产要素，能够在一定程度上提升企业竞争力，但数据不是万能的，它解决不了根本的业务模式问题；另一方面，数据驱动文化的构建、数据思维的培养并非一朝一夕可成。

有学者认为，数据思维是数字时代的人类继听、说、读、写之后需要掌握的第五种基本生存技能。数据思维，是基于具体应用场景，建立数据分析框架，利用数据提出问题和解决问题的能力。身处互联网行业，拥有数据思维，成为一个真正懂数据的人，已成为新媒体运营人员在职场上的一个核心竞争力。

我国的数字营销与运营专家提出，数据能力具体包括：认知数据本质的能力、将业务问题转化为数据问题的能力、数据模型和分析能力，以及掌握数据分析工具和应用工具的能力。

对于新媒体运营人员而言，数据思维的本质不是追求数据的积累或是算法的复杂度，而是要清楚地知道真正有价值的数据是什么，如何用好数据、更好地解决实际问题。"无运营，不数据"。这句话并不仅仅意味着运营需要数据，更意味着只有通过脚踏实地的运营才能获得真正有价值的数据。

数字时代，每个人都应该建立起用数据思考、用数据说话、用数据管理、用数据决策的数据思维模式，培养用数据来发现问题、解决问题的能力。

综上所述，培养数据思维，需要学会感知数据、收集数据、理解数据和运营数据。培养数据敏感度是数据思维形成的基础。只有深刻地理解数据才能真正用好数据。"运营"强调的是如何利用数据做事情以达到想要的效果。在数据应用过程中，需要时刻警惕对数据的不当使用。

运营思辨

直觉思维 VS 数据思维

如果你和同学去一家东北铁锅炖吃饭，感觉食客很多。同学可能会说，这家餐厅好火爆，生意还挺不错的，老板可以赚不少钱。这里老板能够赚多少钱，基本都是基于"挺多的""火爆""挺不错"这样的虚词，靠直觉得出的结论。但是，对于一个拥有数据思维的人来说，他要是想很认真地回答这个问题，可能会思考以下问题。

（1）餐厅有多少个座位（可以数）？

（2）餐厅面积有多少平方米（可以估算）？

（3）翻台率是多少（从自己吃饭上菜到吃完的时间和饭点的时间跨度可以估算）？

（4）客源如何（可以从餐厅附近所处的位置来判断）？

（5）每样菜的毛利率有多少（从菜单和上菜后的量可以推断）？

最后，综合分析这些数据并进行加工，就可以粗略估算出这家店能不能赚钱和一个月可以赚多少钱。

任务1.4　走近新媒体运营岗位

随着新媒体的蓬勃发展，目前新媒体运营技能已经成为营销、电商类职业的基本技能。一般互联网企业、传统企业、代运营公司等都会招聘新媒体运营岗位。新媒体运营岗位门槛低，但它是一个可以精耕细作的岗位，薪资具有吸引力，在未来职业发展方向上也呈现多样性。

一般企业根据自身规模、决策层的重视程度和所处行业，会设置一个规模不等的新媒体运营部门。规模较小的传统企业有可能只设置一个新媒体运营专员岗位，全权负责企业新媒体运营的相关事务。规模较大的互联网企业一般会设置独立的运营部，由十几人或几十人来负责新媒体运营相关事务。当然，企业也可以将新媒体运营模块外包给代运营公司，由他们帮助打理公司的新媒体运营相关事务。由于公司具体情况的不同，新媒体运营岗位的工作职责在传统企业、互联网企业和代运营公司中均有所不同。

1.4.1　新媒体运营成长路径与岗位细分

1. 新媒体运营职业成长路径

按照职业成长路径规划，新媒体运营相关岗位主要包括：

（1）新媒体运营专员。新媒体运营专员是新媒体运营领域的初级岗位。新媒体运营专员一般负责企业新媒体平台的日常运营，内容撰写；及时了解网络热点，配合企业新媒体平台传播；参与策划线上活动，提高企业的影响力；协助提升粉丝活跃度，增强与粉丝的互动性等。

刚进入新媒体运营领域，新媒体运营专员这一岗位处于基础执行层，在这一阶段，新媒体运营人员可以根据自我意愿和特长选择未来深耕方向。在这一阶段，新媒体运营专员一方面可以聚焦编辑排版、视觉配图、社群运营等技能的提升，另一方面也可以在用户洞察以及需求把控等方面进行不断精进。

优秀的新媒体运营专员可晋升为新媒体运营主管。

职场零距离

新媒体运营专员的一天

8：30-9：00　上班，列明今日工作计划，查看各平台上前一天的新增关注人数、阅读数、评赞藏等数据；查看有没有哪篇文章或视频成了爆款；进行数据整理。

9：00-10：00　回复用户评论、私信等，准备今天拟发布内容的选题、资料等，与同事沟通。

10：00-11：00　收集素材，制做图片，查找文章内配图等。

11：00-11：40　公域平台引流，完成帖子、软文、视频发布等。

11：50-13：30　午饭、休息。

13：30-16：00　编辑文案、修改标题，进行短期的活动策划，维护社群，与领导沟通项目进度。

16：00-17：30　在各平台发布文章、视频，分享至客户社群，并进行互动。

17：30-18：00　检查自己当天的工作是否全部完成，哪些需要第二天继续做，及时写在便签纸上并贴在工位上。

（2）新媒体运营主管。新媒体运营主管是新媒体运营领域的中级岗位，一般具有基本的新媒体运营执行经验，在用户的需求把控上更加精准，对行业的认知也更加深入。新媒体运营主管的主要工作是负责企业新媒体平台矩阵的运营执行，能够带领一个小团队工作，所以需要具有一定的团队管理能力和数据分析能力，能够在上级指导下处理稍微复杂的运营问题。优秀的新媒体运营主管可晋升为新媒体运营经理。

（3）新媒体运营经理。新媒体运营经理是新媒体运营领域的中级岗位，一般负责企业新媒体平台矩阵的整体运营，包括推广策略制定、日常运作、推广效率和活动效果提升；还负责粉丝拉新、促活、留存和转化；策划并组织营销活动；传播方案的策划和创意文案撰写；数据整理分析和运营质量提升。

新媒体运营经理要能够驾驭和应对更加复杂的运营问题，要具备比较丰富的管理团队经验以及较强的数据分析能力且能对转化结果负责。优秀的新媒体运营经理可晋升为新媒体运营总监。

（4）新媒体运营总监。新媒体运营总监是新媒体运营领域的高阶岗位，全面负责企业新媒体的运营规划与策略，全面负责新媒体的内容编辑工作，参与确定产品的内容定位，制定编辑方针，对接管理第三方广告公司、监督和控制内容质量；负责品牌社会化营销的策划和实施、新媒体预算的管理，以及新媒体团队的搭建和培养。

新媒体运营总监需要对新媒体运营有系统的认识并形成独特的方法论，要拥有全栈运营能力，需要对结果全权负责，有丰富的运营、策划、营销推广，以及商务合作经验。

新媒体运营职业生涯的终点是新媒体运营总监，当然后续也可以进行自主创业。

2. 新媒体运营岗位细分

新媒体运营岗位一般根据所负责的领域不同，可横向细分为内容运营、用户运营、活动运营和投放运营等。对于初入职场的新媒体运营专员来讲，这些细分领域都是可以进行自主选择和精耕细作的。企业的新媒体运营总监需要在所有细分类别上都拥有丰富的积累和经验。新媒体运营细分岗位分析如表1-2所示。

表1-2 新媒体运营细分岗位分析表

新媒体运营具体岗位	目标	核心KPI（举例）	工作内容（举例）
内容运营	创造优质内容，扩大传播量/销售量	阅读量 转发量 点赞率 原创率	1. 做选题、收集素材，追热点、写原创 2. 进行文字类内容排版、视频类内容剪辑、直播类内容制作 3. 与用户进行基本互动、后台留言回答 4. 进行各个平台的内容分发 5. 数据分析
用户运营	维护用户活跃度，获取收入	社群的用户数 活跃度 销售收入	1. 从公众号或其他途径引流 2. 进行社群用户的日常维护 3. 社群工具使用 4. 产品推广 5. 进行直播、抽奖、裂变等活动的维护
活动运营	增加粉丝数及用户留存，获取收入	粉丝数 留存率 ROI 收入	1. 负责在公众号，社群，小程序上设置活动 2. 设置增长活动 3. 设置转化路径，让用户更好地到达购买页面 4. 持续寻找新的增长方式，进行A/B测试 5. 活动数据分析
投放运营	在一定的资金、资源投入下，取得预期传播效果	个体阅读成本 注册ROI成本	1. 寻找账号进行投放 2. 开展素材建设，进行价格调控 3. 进行供应商筛选、数据检测 4. 寻找异业合作，对接公司所需部门

1.4.2 新媒体运营岗位需要具备的能力

新媒体运营人员，首先应该爱岗敬业、当好社会正能量的传播者，其次需要认同和热爱互联网和新媒体行业，能够精准把握目标受众的需求及心理。越来越多的企业已经组建新媒体运营团队，团队协作能力的要求也在日益提高。除以上通用素养外，新媒体运营人员还需要具备以下几项专业能力。

1. 内容生产能力

内容生产能力是新媒体运营从业者必备的核心能力之一。持续不断地生产优质的内容，尤其是原创的优质内容，是新媒体运营人员最重要的核心竞争力，是企业立足于新媒体时代的不二法门。很多新媒体内容运营人员将能够生产出"10万+"的公众号文章或者爆款短视频作为自己长期的奋斗目标。

新媒体运营人员创作内容时务必从用户思维出发，以"用户"为中心，优质的内容一定是获得用户认可的内容，而不是内容创作者的自我评判。"内容为王"永不过时，只有具备深耕内容的持续生产力，才能使有志于内容运营的新媒体运营人员永远立于不败之地。例如，河南卫视凭借传承中华优秀传统文化的创意融合节目《唐宫夜宴》脱颖而出，并在随后很长一段时间内保持领先，这就和它优质的内容生产能力密切相关。

2. 活动策划能力

活动运营是新媒体运营的一个重要工作内容，因此，活动策划也是新媒体运营岗位从业者的核心能力。这一能力有两个重要作用：一是活动策划能力与内容生产能力相辅相成，能让已创作的"内容"获得更高的阅读量和点击率，还能让粉丝"拉新"更快且更有质量；二是把品牌和产品植入活动中，进行"软"推广，再分析用户属性，制定不同的营销策略，帮助完成新媒体的运营指标。

3. 数据分析能力

新媒体时代，受众群体已经被"用户"的概念所取代。如何围绕"用户"展开运营工作是新媒体运营工作内容的重要组成部分。尤其是当用户市场从增量市场进入存量市场后，竞争更加激烈。在此背景下，企业要么选择到互联网进程还处于初级阶段的市场，要么选择精细化运营，去挖掘最大的用户价值。

然而，"用户"与运营人员无法直接交流，"用户"的需求具有隐蔽性和动态性。新媒体运营过程中会有大量的数据沉淀，运营人员需要时刻关注这些数据变化，用数据指导运营方向，将成功和失败的数据进行对比，从而分析出运营思路。

4. 热点跟踪能力

热点跟踪能力也被称为"网感"，是对社会热点及其趋势的敏锐感知。在信息时代，能否准确抓住热点话题，是新媒体运营中的关键。"热点"指的是受广大受众关注或欢迎的新闻或者信息，或指某一时期引人注目的地方或问题。运营人员能否借势营销是评判其专业能力的标准之一。借社会热点来传播企业产品的文化、价值，从而引导用户将视线由"热点中心"转到自身产品上，以达到产品或服务为大众所知并带来销售利润的目的。

热点跟进一般需要注意：第一，热点话题一般有时间限制，在第一时间有效地把握住热点信息，对产品或品牌传播的价值非常大；第二，热点信息本身就具备"用户参与感"，合理"跟进热点"需要引导用户把自身品牌当成话题来讨论；第三，无论传播的信息内容是什么，要有底线；第四，传播的品牌形象或企业形象要具有内容深度。

项目考核

一、单项选择题

1. 以下属于新媒体的是（　　　）。

    A. 杂志　　　　　　B. 广播　　　　　　C. 电视　　　　　　D. 数字媒体

2. 新媒体的（　　）是指融合文字、图片、声音、视频等多媒体信息，极大地丰富了信息的表现力和感染力，使内容更为生动形象、直观具体。

    A. 交互性　　　　　B. 个性化　　　　　C. 海量化　　　　　D. 融合性

3. 在媒体表述时，如果涉及技术层面，一般应使用的是（　　）。

    A. 新媒体　　　　　B. 自媒体　　　　　C. 传统媒体　　　　D. 网络媒体

4. （　　）是新媒体运营领域的初级岗位。

    A. 运营总监　　　　B. 新媒体运营专员　　C. 新媒体运营主管　　D. 新媒体运营经理

5. 阅读量、转发量、点赞率、原创率是（　　）岗位的核心KPI。

    A. 用户运营　　　　B. 内容运营　　　　C. 投放运营　　　　D. 活动运营

二、多项选择题

1. 按受众类型的不同，媒体可分为（　　　　）。

    A. 全国性媒体　　　B. 大众化媒体　　　C. 地方性媒体　　　D. 专业性媒体

2. 以下属于新媒体平台的有（　　　　）。

    A. 抖音　　　　　　B. 喜马拉雅　　　　C. 哔哩哔哩　　　　D. 微信

3. 新媒体运营的具体岗位可分为（　　　　）。

A. 活动运营　　　B. 内容运营　　　　C. 投放运营　　　　D. 用户运营

4. 新媒体运营思维包括（　　　　）。

A. 用户思维　　　B. 流量思维　　　C. 数据思维　　　　D. 社会化思维

5. 新媒体运营人员需要具备的专业能力包括（　　　　）。

A. 内容生产能力　　　　　　　　　B. 活动策划能力

C. 数据分析能力　　　　　　　　　D. 热点跟踪能力

三、判断题

1. 媒体是传播信息的介质。（　　　）

2. 新媒体是一个一成不变的固定概念。（　　　）

3. 新媒体运营不可以简单理解为在新媒体平台上进行运营。（　　　）

4. 新媒体运营思维是新媒体运营的底层逻辑。（　　　）

5. "网感"就是指热点跟踪能力。（　　　）

四、案例分析题

河南卫视的"出圈"秘籍

2023年元宵佳节，河南卫视推出的节目《国风浩荡2023元宵奇妙游》又"火"了，它以穿梭时空的方式带领观众回到过去，体验汉、唐、宋、明等朝代不同的"闹元宵"方式，首播当晚直播观看总量达1 000多万人次。节目播出后，"#河南卫视是懂文化的#"等话题相继冲上热搜，全网阅读量达20亿次。

从2021年河南春晚的《唐宫夜宴》，到《端午奇妙夜》的水下国风舞蹈《洛神水赋》，再到《中秋奇妙游》和《元宵奇妙游》，每逢传统节日，河南卫视都用精美的"服化道"，创意的节目策划，献上一场场视听盛宴，成功出圈。河南卫视不仰仗明星名人带动节目流量，而是专注于对传统文化的别样阐释，既打造出了全国知名的文化IP，也走出了一条地方广电媒体的突围之路。

其一，匠心独运，发挥本土内容优势。作为中原文化发源地，河南历史文化底蕴雄厚，这给河南卫视的节目创作提供了肥沃的土壤。《唐宫夜宴》短短五分钟的舞蹈展示出了"妇好鸮尊""莲鹤方壶""贾湖骨笛"等诸多河南的文化瑰宝。水下国风舞蹈《洛神水赋》（又名《祈》）既展现出了洛神惊艳之美，也在向河洛文化致敬。这些作品都缘起于河南本土文化。近年来，"传统文化热"悄然兴起，背后是国人日益增长的文化自信，河南卫视传统文化节目的成功也变得有迹可循。此外，河南卫视曾经制作出《成语英雄》《梨园春》等节目，原本就有较为丰富的传统文化节目制作经验，也拥有完整的人才团队。此次推出的中国节日系列节目，就全部由河南卫视团队制作完成。河南卫视利用本土内容优势，从故事设计、拍摄剪辑到舞美编曲，精准把握住了东方美学的文化内核，匠心独运地收获了高口碑。

其二，现代科技赋能传统文化表达。除了内容这一核心要素，河南卫视还积极利用新技术赋能，对传统文化进行现代化的表达。在《唐宫夜宴》中，河南卫视结合 VR 等科技，将《簪花仕女图》《千里江山图》《捣练图》等传世名画作为虚拟背景，与现实舞台相结合。舞者们化身为唐宫少女从仕女图中缓缓走出，嬉笑玩闹尽显娇憨，观众们也"穿越千年"，一感唐代生活之美。在《七夕奇妙游》的《龙门金刚》中，节目组对龙门石窟进行了数字化扫描，使用了 AR、三维建模、染色等数字化技术手段，借助模拟变速特效，让舞者们在龙门石窟大佛的注视下翩翩起舞，在科技感十足的氛围下表达了深厚的文化内涵。现代科技的赋能，既丰富了节目的视觉效果和表现形式，也为传统文化创造了新的活力。

其三，节目制作体制机制创新。河南卫视爆红的背后，离不开体制机制的创新。2020年，河南卫视开启体制机制改革，设立纪录片工作室、导演工作室等部门。每一个大型项目或者活动前，都会在全台开展竞聘和内部招标，竞聘成功的工作室在节目制作和团队组建上可以获得极大的自主权，也激发出了更大的创意活力。此外，河南卫视在宣发机制上也非常成熟。节目开始前，会通过全媒体平台发布预告。节目播放后，还会适应新媒体社交特性，将长视频选取最精彩的片段切条包装，实现传播效果最大化。此外，人民日报新媒体、新华网客户端等主流央媒也参与了河南卫视系列节目的宣发传播。譬如在《中秋奇妙游》中，人民日报新媒体不仅为河南卫视发布宣传片，更联合河南卫视同步直播中秋晚会，将河南卫视的原创节目推向了全国乃至海外受众。

问题：

河南卫视能够在新媒体时代中脱颖而出的主要原因是什么？它是如何进行新媒体运营的？

项目实践：人人都有新媒体

一、实训目的

1. 亲身体会新媒体运营环节和程序。

2. 培养自我运营和营销的意识。

3. 提升新媒体运营能力。

二、实训要求

1. 一周内完成实训。

2. 按照实训成果（见表1-3新媒体个人账号规划）各项目要求，分项填写相关内容。

三、实训组织

在教师指导下以个人为单位开展实训。

四、实训内容

1. 任选平台，开通自己的新媒体个人账号。

2. 完成封面、标签等基本信息设计。

3. 运营自己的新媒体个人账号。

五、实训成果

每人提交一份新媒体个人账号规划和账号截图。个人账号规划具体内容见表1-3。

表1-3　新媒体个人账号规划

项目	内容
新媒体个人账号所在平台	
新媒体账号名称	
新媒体账号拟选择内容类型	
新媒体拟选择风格与特点	
新媒体账号内容更新规划	

项 目 二

新媒体用户运营

学习目标

素养目标

- 提升以用户为中心的新媒体用户运营思维和人文情怀
- 培养与新媒体用户运营相关的法律意识和法制观念
- 培养勇于在新媒体用户细分领域探究的职业精神

知识目标

- 掌握用户及用户运营的概念
- 掌握用户分层的核心内容
- 熟悉用户生命周期管理的重要内容
- 掌握用户画像绘制要点
- 了解用户激励体系的含义和基本内容

能力目标

- 能够开展社群运营
- 能够实施和分析特定企业的用户分层
- 能够制定和分析特定企业不同用户生命周期的运营策略
- 能够初步绘制和分析特定企业的用户画像
- 能够初步搭建和分析用户激励体系

思维导图

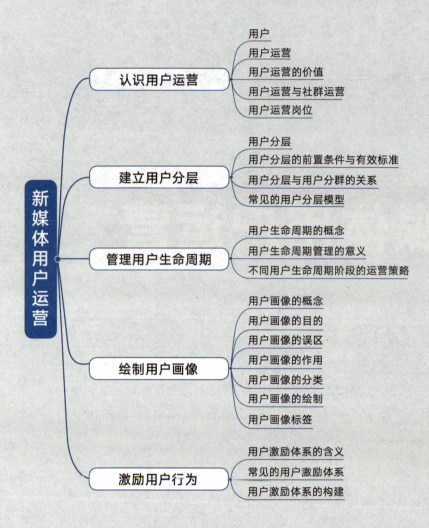

新媒体用户运营

- 认识用户运营
  - 用户
  - 用户运营
  - 用户运营的价值
  - 用户运营与社群运营
  - 用户运营岗位
- 建立用户分层
  - 用户分层
  - 用户分层的前置条件与有效标准
  - 用户分层与用户分群的关系
  - 常见的用户分层模型
- 管理用户生命周期
  - 用户生命周期的概念
  - 用户生命周期管理的意义
  - 不同用户生命周期阶段的运营策略
- 绘制用户画像
  - 用户画像的概念
  - 用户画像的目的
  - 用户画像的误区
  - 用户画像的作用
  - 用户画像的分类
  - 用户画像的绘制
  - 用户画像标签
- 激励用户行为
  - 用户激励体系的含义
  - 常见的用户激励体系
  - 用户激励体系的构建

学习计划

■ 素养提升计划

_____

■ 知识学习计划

_____

■ 技能训练计划

_____

数实融合新视界

蔚来的用户运营

在蔚来成为中国电动汽车造车新势力领军企业的过程中，其独特的用户运营起了非常重要的作用，具体内容包括以下几点。

1. 用户企业定位

蔚来把自己定义为"用户企业"，其业务的根本是营造用户体验，通过服务模式创新，让更多的服务成为变现内容，从而为目标用户群打造"生活方式品牌"。蔚来重塑了用户关系，把用户当成自己的品牌资产，和用户构建起好友式的关系。

2. 用户运营体系

蔚来车主的用户忠诚度和黏性都比较高的根本原因与其取消中间商环节，直面消费者的用户运营体系有关。

（1）线上社区，让用户和品牌连在一起。蔚来选择用 App 作为线上社区的载体。蔚来的 App 已经成为蔚来车主的线上生活社区，被戏称为"高端版小红书+穷游+网易严选"的集合体。车友们在 App 上面非常活跃，分享各种用车经验、趣闻轶事，发起各种兴趣爱好群。蔚来的创始人和其他高管也会不时地出现，活跃社群气氛。

此外，App 上的其他内容也大都是蔚来与用户共创的。例如，邀请车主作为模特拍摄宣传服饰品牌，邀请车主一起写作汽车使用指南。在车主眼中，蔚来 App 不是"官方"的 App，而是"我们"的 App。

（2）线下社区，为用户打造了新的生活方式。蔚来中心（NIO House）是蔚来线下社区的主要阵地，是在线下体验店的基础上专门为车主打造的第三空间，设立有会议室、知识博物馆、儿童乐园、餐饮区、咖啡会客厅等多个功能区域，为线下的用户接触提供了场所。

在蔚来中心，车主可以和工作伙伴一起举办分享会、生日会、个人音乐会等活动。蔚来还会定期组织大咖演讲和各种主题体验活动。因此，从某种程度上来说，它更像是一个蔚来车主的社交俱乐部。

有了线下可以接触的社区场所，自然就会生发出很多的用户组织。这些组织或者由用户共创，或者由蔚来组建，每个组织都是由一群有"同好"的人因为某种力量而聚集在一起的独特组织。

同时，蔚来还有服务于卓越用户的蔚来用户俱乐部 EPclub。EPclub 每年会组织各种各样的专属权益、公益和精彩活动等。由于这个俱乐部的加入条件比较高，所以会有不少人为成为其会员而自豪。

此外，蔚来还为用户提供多种互动途径，比如定期招募车主志愿者，成立用户顾问团、用户领航团等。高频互动之后，用户会获得象征性的积分奖励或实质性的物质奖励。这样的共创场景与激励体系使蔚来形成了高用户黏性，实现了品牌与用户的价值传递和情感连接。

（3）交流活动，强化用户心智。蔚来日（NIO Day）是蔚来一年一度的发布会，也是车友交流会。蔚来日举办地点在程序上先由各个城市的车友会提交申请，再进行申办答辩，最后由蔚来社区的所有用户投票决定花落谁家。这种强参与、强互动的方式让蔚来车主的存在感更上一层楼。前几年，蔚来花费 8 000 万元举办了第一届 NIO Day，在活动结束 24 小时内收到的订单量足以满足其一年半的交付。因此，对蔚来而言，大型活动不仅仅是一次品牌宣传机会，更是一次用户交流会，对蔚来培养长期的忠诚用户提供了极大的帮助和强化作用。

案例启示：
蔚来的新媒体用户运营充分地展示了它对用户思维的深刻洞察和理解，对其他企业有着较大的借鉴意义和价值。

任务 2.1 认识用户运营

2.1.1 用户

1. 用户的内涵

从事用户运营，首先需要理解和明确用户的内涵。用户是产品或服务的使用者，是长期使用企业的产品、跟企业保持联系的人群。在互联网时代，企业更加重视用户这一概念，因为用户是一切的基础。

2. 用户与消费者、顾客、客户的区别

（1）用户与消费者的区别。消费者是指消费产品和服务的人群。这是一个经济学概念，一般和生产者、经营者并列使用；也是一个宏观的群体概念，它可以是用户、顾客、客户，也可以同时包含几个角色属性。用户和消费者最大的区别是，用户是使用产品的人，而消费者是亲自购买产品或服务的人。简而言之，用户是消费者，但消费者不一定是用户。

（2）用户与顾客的区别。在汉语词典上，顾客被解释为"在商店或服务行业购买产品或服务的人"。简而言之，顾客就是光顾商店或服务行业的个人消费者。因此，用户和顾客的关系类似于用户与消费者，用户一定是顾客，顾客不一定是用户。

（3）用户与客户的区别。客户是相对于主户的一个概念，客户不一定是用户，但一定是消费者，因为客户有可能购买产品，但是自己不用，而让别人用。与适用于普通商品和服务的顾客相比，客户则适用于特定的市场，在一些企业眼里，客户的层次更高一些。

2.1.2 用户运营

用户运营指以用户为中心，遵循用户的需求设置运营活动与规则，制定运营战略与运营目标，严格控制实施过程与结果，以达到预期所设置的运营目标与任务。

"以用户为中心，满足用户需求"是绝大多数互联网产品取得成功的关键所在。因此，如何全面了解用户需求，并通过活动或产品功能满足这些需求，是用户运营的主要工作。

持续获取新用户、提升用户活跃度、留住现有用户、获取收入和获得用户推荐是用户运营的几个主要目标，也是用户运营的主要环节。所以在进行用户运营时，运营者需要围绕明确的目标制定运营策略，这样才能有的放矢，确保运营的有效性。

在确定目标和策略之后，用户运营的实施过程和具体结果同样重要：关注过程有助于了解用户转化或流失的原因；关注结果则能明确用户需求最终是否得到了满足，这对于后期的策略优化大有裨益。

用户运营与内容运营、活动运营紧密相关，也有所区别，用户运营是终极目标，而内容运营和活动运营是实现方式。三者都是做拉新、促活、留存与变现，但是用户运营的真正核心是以提升用户价值为目标，权衡应为不同层级的用户匹配优质资源的数量多寡。在用户增长困难的时候，企业真正需要的更是能提升用户价值的运营。

即学即练

"你们用户运营，其实就是客服。"这是一个新人刚开始接手做用户运营工作时，他们的产品经理说的。

"用户运营，不就是网上销售吗？"这是另一个电商经理说的。

这样的观点对吗？请说说你对用户运营的理解。

2.1.3　用户运营的价值

在互联网流量红利不再，从"流量"时代转变为"留量"时代后，用户运营的价值越来越突显出来，具体表现在以下三个方面：

1. 实现用户价值最大化

用户运营通过对用户资源更加精细化的分层管理与维护，可以盘活并有效利用用户资源，最终实现各类用户和用户全生命周期的商业价值最大化。

2. 充分发挥用户对用户的影响

在互联网世界中，用户与用户之间往往是互相影响的，因此企业可以通过"让一小部分用户影响更多用户"的方式开展工作和思考问题。

3. 辅助用户运营决策科学化

相较于传统行业，互联网产品天然拥有更加丰富的用户行为数据，使企业在考虑怎样更好地管理用户、引导用户、维系用户方面有更全面的参考依据，以支持科学决策的制定。

2.1.4　用户运营与社群运营

对于初入职场的运营新手来说，很容易将用户运营和社群运营相混淆。其实二者既相互联系，又有所区别。一般来说，用户运营包含社群运营；社群运营是用户运营的一部分，或者说是用户运营的一种形态或方向。两者的区别如表2-1所示。

表2-1　用户运营与社群运营的区别

序号	区别	用户运营	社群运营
1	运营载体	多基于自主研发载体开展，如移动端App、微信小程序、PC端、web端等	一般基于第三方载体开展，如微信
2	用户规模	一般规模较大，百万级以上的较多	一般规模不大
3	用户接触度	一般会有直接和用户接触的渠道，但大部分时候依赖数据支持，通过用户画像、用户行为数据分析、用户调研等方式来了解用户	与用户的接触更直接、更频繁
4	用户标签程度	企业自主性更强，可以自行设定运营规则，通过系统自动为用户打标签，因此标签数量量级大大提升。如淘宝给每个用户打的标签最多可达2万个	用户分层相对人工化，更多是通过手动打标签等方式来进行，因此标签数量有限
5	数据采集与分析程度	一般是企业自主开发的应用，因此可以通过提前埋点收集用户全闭环的行为数据，来指导和优化运营工作	日常运营由于依托的是第三方平台，虽然也可以借助一些工具采集用户行为数据，但不能全部采集到用户全闭环的行为数据
6	岗位进入门槛	因为需要管理一定规模量级的用户，所以对运营人员的综合能力及经验要求相对更高	岗位门槛相对较低，是新人进入新媒体运营领域的一个切入点，通过直接接触用户，可以更好地培养对用户的感知能力

2.1.5　用户运营岗位

用户运营岗位一般按照工作复杂程度和职业生涯发展路径不同，可以分为用户运营专员、用户运营主管和用户运营专家。

用户运营专员是用户运营领域的初级岗位，具有一年以内相关工作经验即可上岗，可以通过情感互动等方式，面向小规模用户开展集中性运营，应该具备解决单点问题的能力。

用户运营主管一般拥有2~5年用户运营岗位经验，可以独立面向大规模用户进行策略式运营，以运营规则、机制驱动等为主，有能力通过数据去解决问题。

用户运营专家一般具有五年以上用户运营岗位经验，可以围绕用户生命周期做全链路管理，并通过用户分层和用户激励模型，提升用户的生命周期价值，实现单个用户价值最大化。

用户运营专员的日常

这是一位入职6个月的用户运营专员整理的日常工作清单，具体如表2-2所示。

表2-2 用户运营的日常工作清单

类别		具体内容
沟通类	会议	早会、周会、项目沟通会等
	同事	产品（从产品构思到上线前的沟通） 设计（和UI及平面沟通，确保物料无误） 技术（协助处理bug、关注需求实现情况等） BI（数据提取与分析） 客服（活动或策划案的玩法通气，可能的FAQ收集反馈） 市场（活动或策划案的沟通与同步，推广配合） 其他相关成员（了解对方近期安排，沟通合作机会，整合资源） 上下级（沟通进度，了解需求和难点，协同解决问题）
策划类	活动	从提议到复盘等种种环节，除了沟通，还需要撰写活动规划、整体文案（活动）等内容
	功能	设计用户成长体系、用户激励体系、积分体系、券码体系等（整体流程与上线一个活动类似，但跟进时间更长，需要不停迭代）
	其他	触达规划与发放、资源位规划与利用
数据分析类	分析	根据假设进行"提取数据—数据清洗—数据分析"的循环工作
	报告	撰写数据分析报告
日常类	活动	常规活动的跟进、维护、优化测试
	功能	常规功能的跟进和维护
	数据监测	查看主要数据波动有无异常
其他类		如优化各部门沟通流程、应对突发事件等

任务 2.2　建立用户分层

2.2.1　用户分层

用户分层是用户运营中最重要的行动框架，也是指导运营人员开展精细化运营的核心所在。从本质上看，用户分层是一种特殊形态的用户细分，即按用户价值高低对用户进行细分。一般处于上层的是高价值用户，处于下层的是低价值用户。用户分层的最大用处是去平均化，即避免将企业有限的资源平均运用于不同价值的用户。因此，用户分层最重要的目的就是使企业的运营资源以最高效、最精准的方式迅速惠及那些对于产品而言最重要的用户群体。

对于企业来说，运营资源永远是有限的，用户分层可以帮助运营人员尽快将资源匹配到最优质的用户群体中。例如，阿里巴巴为了将优质的大型正规商家和中小卖家区分开来，在原有淘宝的基础上打造了天猫，这是战略层面的用户分层运营。用户分层只是一种手段，其终极目标是实现运营策略的精准匹配。

在用户分层时，运营人员需要特别注意以下三点：

1. 用户分层没有统一标准

用户分层没有统一标准，但可能在某些行业和某些场景里会有一些最佳实践。用户分层的策略和模型也需要持续迭代，它们并不是一成不变的。

2. 用户分层没有统一路径

用户分层不是根据某些固定的步骤就能做出来的，而是需要结合企业自身业务的实际情况去抽象地看待。抽象的过程是指运营人员在进行用户分层时，需要脱离行业和场景的某些特质，然后变成自己思考问题的底层方式。

3. 用户分层不能解决全部问题

用户分层只是解决问题众多手段中的一个。在用户运营的实际过程中，企业还需要使用一些其他方式方法才能够达到最终的运营目标。因此，不能指望通过用户分层解决所有问题。进行用户分层只是企业实现最终目标的一个手段和工具而已，它只能解决部分问题。

从整个脉络看，公司战略是用户分层最根本的出发点，核心业务诉求是用户分层的切入点，业务目标则是进入用户分层的一个落脚点，最终的执行点就落到了手段上。

运营思辨

用户运营平均视角与分类视角的差异

假设一家企业的业务收入情况如表2-3所示，运营者应该怎么解读这些数据？

表2-3　某企业业务收入明细表

月份	付费用户数量	付费用户人均付费金额	总收入
1月	10 000人	约149元/人	1 485 100元
2月	11 000人	约135元/人	1 484 345元
3月	12 000人	约124元/人	1 483 590元

注：总收入=付费用户数量×付费用户人均付费金额

通过观察，估计大部分人都会认为：1—3月，企业的总收入在下降，人均付费减少了约17%，用户增长了20%，如果想要提高总收入，可以想办法把人均付费提高25元。只看平均数，往往就会得出这样的结论。可实际上，平均值降低25元，是不是等于运营人员就得想办法拉高25元呢？

可能不是。因为运营人员还需要进一步分析和了解这些付费用户的构成。如果这些用户由下面两种形态构成，分别如表2-4和表2-5所示，那么运营者还会觉得人均付费拉高25元就可以了吗？

形态A　　　表2-4　某企业付费用户构成明细表一

月份	总付费人数	其中付费49元人数	其中付费10 000元人数
1月	10 000人	9 900人	100人
2月	11 000人	10 905人	95人
3月	12 000人	11 910人	90人

形态B　　　表2-5　某企业付费用户构成明细表二

月份	总付费人数	其中付费99元人数	其中付费199元人数
1月	10 000人	5 000人	5 000人
2月	11 000人	4 547人	6 453人
3月	12 000人	4 176人	7 824人

以上是用户分层作用的直观展示。由此会发现：只计算平均数，运营人员观察到的趋势是对的，但据此推导出的执行计划往往却是错的。因为落到执行层面，需要进行用户细分，才能找到真正的问题，制订可行的计划。

2.2.2　用户分层的前置条件与有效标准

用户分层的前置条件是产品有基础用户量，如果用户量样本不足会导致划分的颗粒度太粗，效果也会大打折扣。其次，产品需要有用户的业务数据及行为数据积淀，以提供划分依据，并根据用户的基础数据匹配分层结果。具备前置条件之后，需要确定用户分层标准。

合理有效的用户分层标准包括：①不同层的用户可以通过一定方式区分出来；②不同层的用户诉求有显著差异；③对于有差异的用户需求能够提供与之匹配的服务；④提供差异化服务后能够带来整体用户价值的提升。

2.2.3　用户分层与用户分群的关系

用户分层的最大特点在于不同层次的用户之间是递进或者递减关系，而用户分群可能会存在交叉关系。具体而言，两者的区别为：用户分层一般层与层之间是递进或者递减的关系，同一用户只会归属在某一层分类中。用户分群一般群与群之间可能存在交叉关系，同一用户有可能归属在多个分群中。

因此，相较于没有交叉情况、层层递进的用户分层，有交叉情况、网状结构的用户分群会更加细致。也正是由于用户分群有网状结构，会经常出现同一个用户同时被分入不同用户群体的情况，会导致针对某一群用户制定的运营策略具体到某个人时，可能会同时接受到多个运营策略。因此，针对用户分群的运营策略的执行过程要比用户分层复杂得多。

所以，在实际运营过程中，运营人员一般应先进行用户分层，再进行用户分群，也就是先将用户定义为N个分层，然后再在每一个分层中进行用户分群。

一般情况下，将用户分为5层是比较好的选择。如果分层太多，运营目标会过于分散；如果分层太少，运营颗粒度又会过大。

2.2.4　常见的用户分层模型

用户分层和用户画像息息相关，运营人员可以根据用户的基础属性、用户行为属性、用户消费特征、用户生命周期等进行用户分层。常见的用户分层模型有以下几种:

1. 帕累托模型

构建用户
体系

帕累托模型又称ABC分类法，它基于"二八原则"，将帕累托分析法应用于用户管理。企业可以发现，往往是20%的用户创造了一个公司80%的利润或价值，不同的用户对于产品或企业来说价值是不相同的，他们有着不同的重要性，这也是为什么需要对用户进行分层的原因。

例如，对于直播带货而言，头部直播间所创造的价值和利润占据整个行业80%的份额，所以直播平台需要对该类直播间和长尾直播间分类运营，以使平台利润尽可能实现最大化。

这可以用用户金字塔模型来形象地展现，如图2-1所示。

（1）A类用户：只占用户总数的10%~15%，对产品的价值贡献却是最大的，这些用户需要重点投入资源和精力去维护。

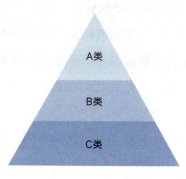

图2-1　用户金字塔模型

（2）B类用户：数量比A类用户多，占到用户总数的15%~25%。虽然B类用户能够创造的经济价值低于A类用户，但是所需人员的专业性、资源分配比例不如A类用户高，因此也可以适当提高B类客户数量的开发。

（3）C类用户：数量最多，占用户总数的60%~75%，产生的交易较为琐碎，创造的经济价值也最低。在资源分配有限的情况下，更应该着重保障 A、B 类用户的开发，无须分配过多的资源来开发C类用户。

运营实践

电影平台的用户
分层运营

某电影平台对全站用户按照关键行为指标——近30天周购票次数进行分层，精准匹配运营策略，如表2-6所示。

表2-6　某电影平台的用户分层运营

近30天的周贡献量	用户数占比	用户类型	用户特征	运营策略
1	75%	普通用户	一般购票用户	通过个性化推送，提升转化
2	18%	电影爱好者	专注院线片，有购票动力和能力	结合院线片的热点组织活动
3	5%	电影发烧友	不限院线片，电影覆盖面大，有鉴别力	组织有策划性的内容活动
≥4	2%	活动发烧友	容易被活动激励，贡献力强	提供有礼品或榜单的高产出活动

2. AARRR模型

AARRR模型是一种较为简单的用户分层方式，无须抓取和定义大量用户数据就可推进运营工作。在运营过程中，企业可以把它视为用户价值区隔分层的有效工具。

AARRR模型是一套分析框架，把企业希望用户做的行为分为五个阶段，并指明了不同阶段中运营人员应当关注哪些数据。这五个阶段分别是：获客（Acquisition）、激活（Activation）、留存（Retention）、变现（Revenue）和推荐（Refer）。AARRR模型及相应的运营策略如图2-2所示。

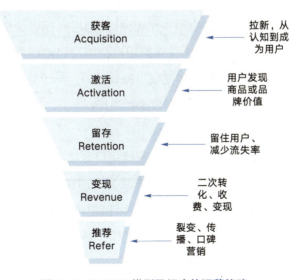

图 2-2　AARRR 模型及相应的运营策略

运营实践

银行用户 AARRR 模型分析

运用AARRR模型，可以对银行用户进行分析，如表2-7所示。

表2-7 银行用户AARRR模型分析

对应层级	所在层级的描述与定义	相应运营策略
获客	已下载手机银行但未注册；或已经注册但未办理业务	针对不同渠道或不同类型的用户精细化运营，提升获客效率
激活	注册后未实名认证；或未办理业务	加强对用户完成首单交易流程的引导
留存	用户的7天/15天/30天……留存率	针对产品对用户的留存问题进行定向分析，制定留存策略
变现	用户的存款、贷款和购买理财等交易产生的收入	给予用户相应的提醒和激励，鼓励用户交易
推荐	用户推荐产品给朋友	鼓励用户分享产品，给予积分或实物奖励

AARRR模型于2007年提出，当时的获客成本相对比较低廉；但在市场竞争异常激烈的时候，以"拉新获客"为中心的增长模式意义有限，企业更需要关注用户留存。于是AARRR模型就转变成了RARRA模型，与前者相比，后者更突出用户留存的重要性，其具体含义包括：①留存（Retention），为用户提供价值，让用户留存下来并定期回访；②激活（Activation），确保新用户在首次启动时看到产品价值；③推荐（Refer），让用户分享、讨论产品；④变现（Revenue），一个好的商业模式是可以赚钱的；⑤获客（Acquisition），鼓励老用户带来新用户。

3. RFM模型

RFM模型是常见的根据用户价值进行三维用户分层的模型，即基于三个核心维度进行用户分层。它是衡量当前客户价值和未来客户潜在创利能力的重要工具和手段，比一维、二维用户分层模型更复杂一些。RFM模型最早应用于电商领域，主要关注客户交易时间、交易频率和交易金额这三项指标，通过它们来表述具体客户的价值情况，每个指标的具体解析如表2-8所示。

RFM模型可以帮助运营人员快速了解客户的交易行为，因此在客户关系管理中被广泛运用。RFM三维立体模型如图2-3所示；其用户分层及运营策略如表2-9所示。

038   项目二 新媒体用户运营

表2-8　RFM模型指标解析

指标	解释	意义
R（Recency） 最近一次交易距今时间	最近一次交易时间与当前时间的间隔	R越大，说明客户越久没发生交易；R越小，说明客户交易时间越近
F（Frequency） 交易频率	客户在固定时间内的交易次数	F越大，表示客户交易越频繁；F越小，表示客户越不活跃，交易频率越低
M（Monetary） 交易金额	客户在固定时间内的交易金额	M越大，表明客户价值越高；M越小，表明客户价值越低

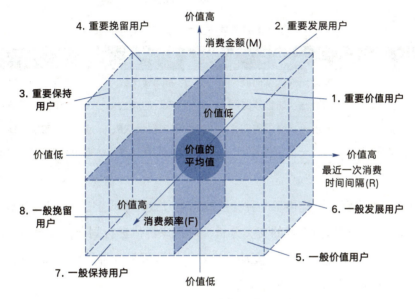

图2-3　RFM三维立体模型示意

表2-9　RFM模型用户分层及运营策略

R值	F值	M值	用户分层	运营策略
↑	↑	↑	重要价值用户	优质和质量较高用户，保持现状即可
↑	↓	↑	重要保持用户	设法留住该用户并促成复购
↓	↑	↑	重要发展用户	刺激用户，提高消费频率
↓	↓	↑	重要挽留用户	设法留住用户，提升其消费频率
↑	↑	↓	一般价值用户	加强复购，增强其消费力度
↑	↓	↓	一般保持用户	加强营销活动，设法留住新用户
↓	↑	↓	一般发展用户	对快流失的用户进行高频率和大力度的营销
↓	↓	↓	一般挽留用户	各方面实施刺激挽留

在运营实践中，R值、F值、M值都需要先分别计算出均值，再根据用户的数据将其归入相应的客户类型。如表2-9所示，"↑"表示大于均值，"↓"表示小于均值。一般来说，这八类用户几乎可以囊括绝大部分用户种类，基本上可以满足企业对用户价值的区分标准。

运营实践

RFM 模型的扩展应用

RFM模型不仅可以应用在付费场景中，也可以应用在非付费场景中，具体如表2-10所示。

表2-10   RFM模型在非付费场景中的扩展应用

产品/关键行为	R	F	M
资讯产品/阅读	最近一次阅读时间	6个月内阅读次数	6个月内阅读总篇数
音乐应用/听音乐	最近一次听音乐时间	6个月内听的次数	6个月内听的总时长
网站/登录	最近一次登录时间	12个月内登录次数	12个月内总在线时长
短视频/观看视频	最近一次观看时间	6个月内观看次数	6个月内总在线时长

RFM模型为运营人员提供了一种分层的思维方式，本质上是分析出影响用户价值的关键因素，通过对几种因素的交叉分析，对用户群体进行划分，针对不同的产品，对RFM的定义也可以进行相应的变动。当然，模型只是一种思维方式，在工作实践中，还需要运营人员具体情况具体分析。

总之，用户分层本质上是一种精细化的运营方式，所以在得到分层数据后，重点是制定运营策略、监控数据和持续调整。在用户分层时，运营人员既需要把握局部，也需要关注整体变化。绝对不是用户分层结束后，只针对某一层去制定和执行运营策略，而是结合整体不断优化。

用户运营的核心是分阶段、分层、分群。企业用户从小规模聚集到一定程度后，"一刀切"的粗放运营已无法维持，自然产生了分层需要。企业一般最先引入"用户金字塔模型"对分层的用户进行运营。当上下结构的用户分层不足以满足更精细化的需求时，运营人员需要用RFM模型对同一分层的用户进行进一步切分。

另外，帕累托模型和RFM模型更多是从用户所创造的价值角度进行用户分层；而AARRR模型则更多是从产品本身出发的用户分层。该模型除了能用于用户分层之外，也可以据此构建完整的数据指标体系。

运营日记

新媒体运营既是细致活，也是持久战。对于优秀的新媒体运营人员来说，坚持做好运营日记对提高专业技能大有裨益。

运营日记一般没有固定模板，可以依据运营的产品特点、个人风格进行记录。新媒体运营人员可以以日为单位，把一天做过的所有产品策略优化、运营策略改变都记录下来。对第二天跟踪相应策略带来的数据变化进行观察记录，作为备注保存下来。运营日记示例如表2-11所示。

表2-11　运营日记示例

日期	运营策略变更
1月5日	标签内容复用
1月8日	建立标签内的重大突发模板
1月11日	第一次对标签重大突发
1月11日	午间做时事推送
1月12日	早间加入时事标签
1月22日	将时事政治改为政治事件
1月29日	循环下发上线，10：00-15：00复用

运营数据的提升可能是很多因素综合影响的结果。作为新媒体运营人员，首先需要找到所有可能会对数据提升产生影响的因素，然后在实际工作中逐一或组合进行试验，最终通过长期工作实践筛选和定位真正能够有效提升数据的因素。

对于新媒体运营人员来说，运营策略的实施、改变等信息，特别是一些重大功能上线或对产品影响较大的特殊日期，一定要通过运营日记记录下来，以便日后快速查找。

另外，运营日记还有一个作用，就是时刻提醒新媒体运营人员要快速改变。互联网行业发展迅速，需要快速试错和迭代。因此新媒体运营人员的运营优化周期应该以天为单位，必须每天都保持快速的变化节奏。撰写运营日记，也是在提醒新媒体运营人员：今天是否该改变了？如果哪天撰写运营日记时，新媒体运营人员觉得无内容可写，那么就到了应该认真反省并优化运营节奏的时刻了。

任务 2.3　管理用户生命周期

2.3.1　用户生命周期的概念

用户生命周期（Life Time，LT），是指用户从开始接触产品/服务到离开产品/服务的完整发展过程，可分为导入期、成长期、成熟期、衰退期、流失期五个阶段。这一过程一般又可分为3个用户运营区间：获客区、升值区和留存区。用户生命周期曲线如图2-4所示。

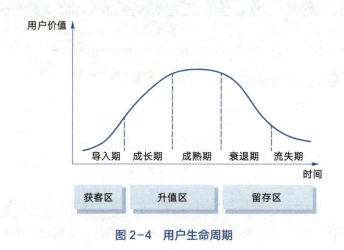

图 2-4　用户生命周期

用户是企业的重要资源，具有价值和生命周期。用户生命周期的动态变化其实就是用户与企业关系的动态变化，因此用户生命周期理论也被称为用户关系生命周期理论。

与用户生命周期对应的是用户生命周期价值。用户生命周期价值（Life Time Value，LTV）指的是用户在生命周期内贡献给企业的商业价值。从事用户运营，企业所追求的结果就是在用户生命周期里产生更多的商业价值。

从"用户全生命周期"的视角来看，用户在不同阶段所产生的价值是不同的，一般而言，处于"成熟期"的用户可以为企业创造更高的价值，"二八原则"中贡献了超过80%销售额的用户多数都处于"成熟期"。

即学即练
用户生命周期和产品生命周期有什么联系与区别？

2.3.2　用户生命周期管理的意义

用户生命周期曲线是一条从导入期开始，不断成长、成熟，最后衰退、流失的周期曲线。进行用户生命周期运营的意义主要有以下三点：

1. 便于灵活制定运营策略

按照用户生命周期来划分用户，能够帮助企业深入了解处于不同生命周期阶段用户的特点和差异性需求，据此灵活制定和调整相应的运营策略，从而减少用户的流失，提升用户的价值。

2. 保持动态全面的视角

用户生命周期曲线也在不断提醒企业另外一个重要信息——给所有用户加上一个"时间轴"，用更全面的动态眼光看待用户。了解用户不同阶段的诉求和情绪曲线，帮助企业在走第一步时先想好前三步，用全局思维制定阶段性目标和策略。

3. 实现商业目标最大化

用户生命周期运营就是通过延缓用户衰退、减少用户流失来达到商业价值最大化的目的。企业可以根据用户生命周期价值高低对用户进行细分，通过不同的运营策略对用户进行干预和引导，优化用户在每个阶段的留存时间，并将更多的低价值用户转化为高价值用户，将用户的商业价值挖掘出来并实现最大化。

2.3.3　不同用户生命周期阶段的运营策略

1. 导入期

导入期是用户获取阶段。面向海量新客，企业主要的用户运营工作是让用户熟悉产品，了解产品可以带来的价值，将市场中的潜在用户流量转化为企业自己的用户。这一阶段的运营目标是转化，运营重点是引流，因此要关注拉新渠道的质量和拉新效率。在运营方式上可以通过内部的用户老带新、分享活动等获取新用户，也可以通过外部拉新（如合作置换、付费广告、线下地推等）进行。

2. 成长期

成长期是用户创收阶段。面向活跃客户，企业主要的用户运营工作是提高用户的参与度与活跃度，培养用户的黏性和忠诚度。这一阶段的运营目标是将新访客逐步转化为成熟用户，帮助用户发现产品的价值，以留存作为运营重点，主要关注新用户留存率、活跃度与转化的提升情况。

在运营方式上针对已完成转化的新用户、下单未转化的新用户、无动作的新用户等分场景进行精细化运营。从用户角度出发，分析未活跃原因，结合产品或服务特点有针对性地进行运营方案设计。

3. 成熟期

这一阶段是用户创收阶段。企业面向忠实客户，以促转化作为用户运营重点，满足用户不断升级的需求，促使用户在产品中有所付出，提升产品竞争力。

4. 衰退期

这一阶段是留存阶段。企业面向沉睡客户，以唤醒作为运营工作重点。此时主要是提升沉默用户的激活率。因为留住一个老用户的成本远低于获取一个新用户。

5. 流失期

面向即将流失的客户，企业的运营工作以召回为重点。这一过程中，企业应该让用户重新感知产品价值与品牌关怀。这一阶段的运营目标是挽回即将流失的用户，运营重点是提升流失用户回归率。

只有精准分析用户的流失原因，才能有针对性地进行挽回。一般流失原因主要有：①自然流失，指用户需求减弱或兴趣消失，不再需要使用企业的产品。②柔性流失，指用户对产品有需求，产品也能满足，但用户由于主观惰性、忙碌等原因未使用。③刚性流失，指用户对产品有需求，产品也能满足，但用户由于某些不可抗力而不再使用。④体验流失，指用户有需求，但是产品由于体验等问题不能满足用户需求。

针对以上流失原因，常见的召回方式有：①核心功能与体验的新增、改善与优化；②爆款、热点内容召回；③活动、福利召回（优惠、现金、未使用的权益、拉新活动等）；④好友互动、陌生人互动等社交关系召回。

运营实践

足球 App 的用户生命周期

某足球App基于国内外足球比赛，为用户提供集国内外足球比赛直播和视频、足球新闻咨询和深度分析、各大联赛和球员的数据查询、社区交流和足球装备购买于一体的综合服务。它对用户生命周期不同阶段的界定如表2-12所示。

表2-12　用户生命周期不同阶段的界定

阶段	界定标准
导入期	注册时间小于15天，注册过后没有完成任何用户行为，每周登录次数小于2次的用户
成长期	已经完成了"喜欢的球队"的绑定，每周登录4~10次，平均每次访问时间大于5分钟的用户
成熟期	每周登录次数大于10次，平均每次访问时间大于10分钟的用户
衰退期	曾经是成熟期用户，但已经超过10天未曾登录访问的用户
流失期	超过30天未曾登录访问的用户

进行用户生命周期运营的两个关键是：①尽可能让更多用户进入成长期和成熟期；②尽可能让成熟期用户保持在成熟期。基于第一点，在运营上的动作主要是引流，通过设置引流抓手，不断让新用户成为产品的使用者，并且促进使用和复购频率。基于第二点，必须建立存量运营的认知，全用户生命周期运营的重点就是做好存量运营。

在用户生命周期的不同阶段，用户的商业价值有所不同。在获取用户初期，企业一般会做渠道投放或裂变活动，而这些投放或裂变活动，都会消耗一定成本，所以一开始用户价值是负值；随着用户与产品的关键行为互动增加，用户的价值开始上升（不同的产品不一样，有些可能是用户付费价值、有些可能是广告价值）；当用户沉没或流失时，如果依旧对用户通过短信、邮件触达等方式进行维护，而用户没有相关的关键行为回应，这时用户价值又会降为负值。用户生命周期运营就是在用户必定流失的前提下，尽可能延长用户的生命周期，并且在生命周期内尽可能产生商业价值。

需要特别注意的是，不是所有用户都会经历完整的用户生命周期；当产品在初创期或者用户规模较小时，暂时不需要进行用户生命周期管理。

任务2.4　绘制用户画像

随着用户规模的不断增长，企业不能仅仅停留在通过用户分层进行用户运营的层面，而是需要构建用户画像体系，进行更精准的运营。因此，用户画像体系一定是基于用户分层和分层之上的。用户画像是大数据时代用户运营的基础，是用户运营人员开展具体工作的有力工具。借助大数据技术，企业能够更加精准地分析用户行为，绘制用户画像，从而促进产品与用户间的智能匹配，最终提升用户运营质量和企业运营效果。

2.4.1　用户画像的概念

用户画像是真实用户的虚拟代表，是建立在一系列真实数据之上的目标用户模型，用于产品需求挖掘与交互设计。用户画像的核心是真实用户的虚拟化表示，因此，真正的用户画像其实是半虚构的。

用户侧写可能是对用户画像更精准的表达，因为目前企业只是通过有限的信息来描述一个用户，而非通过全息相机照相的模式来描述一个用户。用户画像可能永远无法100%准确地描述一个用户，只能做到不断接近一个用户的真实情况。用户画像中的标签类似于成像技术中的像素，因为两者都是对人的特征进行的刻画。

2.4.2　用户画像的目的

绘制用户画像的目的是了解用户、认识用户、描述用户和理解用户。从技术角度来看，人在网络空间就是一个"比特流"，人们认识人的方式在网络时代发生了重大改变，由物理空间的"相面"转变为网络空间的"比特流"解析。因此人类要学会从"比特流"中解读他人，更重要的是教会机器按照人类的规则从这些"比特流"中进行自动识别。对于企业而言，用户画像技术就是通过教会机器进行"比特流"分析，从而帮助自己从万千用户中精准找出自己的目标用户。

需要特别注意的是，用户画像不是一个数字游戏，也不是一个技术问题，而是一个业务问题，因为用户画像最核心的是帮助企业理解用户。用户画像既是一个技术与业务的最佳结合点，也是一个现实与数据的最佳实践。

2.4.3　用户画像的误区

1. 用户画像是具象的真实用户

用户画像并不是为某一个用户做画像，而是通过问卷调研、用户访谈的方式，将大量用户信息总结抽象成更具体、更有代表性的用户形象。简单来说，用户画像是用一些典型的用户特征虚构出来的角色。因此，一个优秀的用户画像，不是某一个真实用户的书面化，而是让每一个用户都能在其中找到部分自己的影子。

2. 只可创建一款用户画像

即使企业通过大量数据总结得出的用户形象，也很难利用一个形象代表所有用户。因此，一款产品往往可以对应多个不同类型的用户画像。例如，音乐类产品的使用者中，既有喜欢追星的用户，也有喜欢分享评论的用户，还有单纯将其当作音乐播放器的用户，针对不同类别用户的不同行为习惯，企业可以分别创建其对应的用户画像。

用户画像的个数没有绝对明确的规定，企业需要根据产品性质与用户的情况来进行相应的考量，在发现用户之间差异较大时，可以归类为不同的用户画像，若绝大多数行为信息相同，只有一部分不同，就可以考虑合并为同一种用户画像。

3. 仅通过单一渠道收集用户信息

为防止由于个体用户导致的用户画像偏差，企业往往需要在采用定性和定量方式增加数据基数的同时，对通过用户访谈取得的定性结果进行验证。一般推荐采用问卷调查的方法。在设计问卷时，问题可以是访谈结果的量化版本，问题的选项则可以参考访谈后得到的用户反馈。

2.4.4　用户画像的作用

在互联网领域，用户画像常用来作为精准营销、推荐系统的基础性工作，其作用具体包括以下几点。

1. 精准营销

根据历史用户特征，分析产品的潜在用户和用户的潜在需求，针对特定群体，利用短信、邮件等方式进行营销。

2. 用户统计

根据用户的属性、行为特征对用户进行分类后，统计不同特征下的用户数量和分布，分析不同用户画像群体的分布特征。

3. 数据挖掘

以用户画像为基础构建推荐系统、搜索引擎、广告投放系统，提升企业服务的精准度。

4. 服务产品

对产品进行用户画像，能够更透彻地理解用户使用产品的心理动机和行为习惯，完善产品运营，提升用户体验。

5. 业务决策

业务决策包括排名统计、行业趋势、竞品分析等。用户画像的使用场景较多，主要目的是提升营销精准度、推荐匹配度，提升产品服务，从而实现企业利润。用户画像适合于各个产品周期：包括从新用户的引流到潜在用户的挖掘，从老用户培养到流失用户召回等。

2.4.5　用户画像的分类

用户画像可以根据参与研究的被试样本量大小、绘制的难易程度划分为以下三种类型：

1. 简易用户画像

简易用户画像一般用于对已有用户画像的快速调整，如在召开用户运营团队会议时，团队成员可以基于已掌握的用户需求，结合部分对用户的合理假设进行优化。在此过程中需要每位团队成员独立创建2~5个原型用户画像，通过分享与讨论，将原型用户画像的特征与属性进行组合，形成数量不等的简易用户画像。

这种画像对用户研究的要求较低，所呈现的用户形象整合了团队成员对用户的隐性假设。即使在后续的设计过程中发现与真实用户之间存在差距，也可以统一当下团队设计目标，后续就能够根据实际情况进行快速调整，在一定程度上提升工作效率。

2. 定性用户画像

对于大多数用户研究团队来说，对中小样本量（5~30人）的被试群体进行定性研究是绘制用户画像的最佳方式。

首先，通过收集访谈用户的行为、态度、痛点、期望等信息，完成对每一位被试者访谈内容中关键信息的整理与编码。然后，通过对比分析被试者之间的相似信息，提取共同的态度、目标、痛点、期望等要素，据此对用户类型进行细分。由于定性用户画像的原始资料来源于真实的目标人群，在保证定性分析过程有效的前提下，用户研究团队所得到的内容结果能够保证较大程度的准确性，并且能够提供关于用户动机、期望以及需求的关键见解，这些内容都无法直接从主观假设、人口统计信息或数据分析中得到。

但受限于定性分析的操作过程，定性用户画像很难进行大样本研究，无法确定所得到的用户画像在用户群体中所占的比例是多少。因为样本量较少，用户研究团队很可能在选择被试时遗漏了一些具有独特特征的用户，或是集中选择了一部分代表极端观点的群体，进而导致出现误差。

3. 统计型用户画像

统计型用户画像是在定性用户画像的基础上增加了定量研究而得到的。通过发放大量调查问卷（至少300份，最好为500份甚至更多），收集用户数据，再通过统计分析，定义相似用户群体。调查问卷的内容来源于前期的探索性研究（访谈、观察等），只有对目标人群的期望与需求有充分了解，才能最大程度上收集到有价值的数据信息。

定性用户画像与统计型用户画像的区别在于聚类用户的依据来源是根据定性研究的结果发放问卷。通过对回收数据进行统计分析，再将用户聚类到相似的群体中，在很大程度上消除了聚类过程中的主观偏见。由于大样本数据的参与，用户研究人员能够了解某一典型用户在目标人群中所占的比例，为选择重点用户提供决策依据。此外，还可以找出问卷中能够有效区分用户类型的问题，在未来研究中使用这些问题招募被试者，能够保证用户类型的符合度。

以上三类用户画像各有优劣，实际操作时可以结合项目需求、被试样本量以及用户研究团队情况具体选择。

职场零距离

用户画像信息收集工具箱

对于用户运营人员来讲，在工作中常见且好用的用户画像信息收集工具如表2-13所示。

表2-13　常见的用户画像信息收集工具

网站/工具	费用情况	使用场景
Blue MC	付费	查看指定微博KOL粉丝画像分析
百度指数	免费	查看用户搜索词、身份标签、媒体热点等
360趋势	免费	查看用户搜索词、需求、身份标签、兴趣等
5118站长工具	免费	查看用户全网搜索词、需求分析图谱
易观数据	免费	查看相应的专业报告
站长工具	付费	查看用户在淘宝、天猫的搜索数据、身份标签等信息
八爪鱼	付费	信息抓取（文章、评论、其他）

2.4.6　用户画像的绘制

用户画像的绘制一般可以分为目标分析、标签体系构建、画像绘制三步。

1. 目标分析

明确用户画像的目标是绘制用户画像的第一步，也是最基础和最关键的一步，更是设计标签体系的基础。用户画像绘制的目的并不相同，有的是实现精准营销，增加产品销量；有的则是进行产品改进，提升用户体验。

目标分析一般可以分为业务目标分析和可用数据分析。业务目标分析的结果有两个：一是画像的目标，也就是画像的效果评估标准；二是可用于画像的数据。

总之，画像的目标确立要建立在对数据深入分析的基础上，脱离数据分析制定的画像目标是没有意义的。

2. 标签体系构建

分析完已有数据和画像目标之后，并不能直接进行画像建模工作，在画像建模开始之前需要先进行标签体系的制定。这既需要有业务知识，也需要有大数据知识，因此，在制定标签体系时，最好邀请本领域的专家和大数据工程师共同参与。

在制定标签体系时，可以参考业界的标签体系，尤其是同行业的标签体系。用业界已有的成熟方案解决目标业务问题，不仅可以扩充思路，技术可行性也会比较高。但需要注意，标签体系不是一成不变的，随着业务的发展，也会发生变化。例如，电商行业的用户标签，最初只需要消费偏好标签，因为GPS标签既难以刻画也没有使用场景。而随着智能手机的普及，GPS数据变得易于获取，而且线下营销也越来越注重场景化，所以GPS标签也有了构建的意义。

3. 画像绘制

基于用户基础数据，根据构建好的标签体系，就可以进行用户画像绘制工作了。用户画像是一个长期工作，也是一件细活，不可能一步到位，需要精耕细作，不断地扩充和优化，才能实现真正意义上对用户的全方位刻画，才能让用户画像形象、生动、丰满。一次性绘制中如果数据维度过多，可能会有目标不明确、需求相互冲突、绘制效率低等问题。因此，在构建过程中，建议将项目进行分期，每一期只构建某一类标签。

用户画像与个人信息保护

用户画像最基本的要素为个人信息。企业需要通过收集与"人"相关的基本属性信息或行为数据等，描述"人"与其他要素如"物"和"环境"之间的关系，并最终形成特征模型。因此，用户画像离不开对个人信息的收集和处理。党的二十大报告指出："加强个人信息保护。"在收集和聚合相关信息，进行用户画像的过程中，企业必须遵循以下原则，保护个人信息。

1. 保障用户的知情权和选择权

从个人信息的收集、聚合到用户画像的形成，企业均需要充分保障用户的基本信息权利。例如，依据《中华人民共和国个人信息保护法》(简称《个人信息保护法》)，企业在收集和处理个人信息用于用户画像时，个人信息主体应被充分告知相关处理活动的情况，并有权限制或拒绝企业对其个人信息进行处理。同时，个人有权要求企业对其个人信息处理规则进行解释说明。

2. 告知同意原则

告知同意是《个人信息保护法》下处理个人信息最为常见的合法性基础。实践中，企业通常会在其隐私政策中向用户告知个人信息的收集会被用于用户画像和个性化展示，并征得用户同意。除了满足一般合法性基础外，在特殊领域还应遵循其相应的信息收集规则及禁止规则。例如，在统计方面，统计机构对统计工作中知悉的个人信息负有保密义务；在医疗方面，收集人口健康信息时需要遵循"一数一源，最少够用"原则，采集人类遗传资源则必须获得主管部门的行政许可。

3. 默认不开启原则

鉴于我国对个人信息保护的力度不断加强，通过用户画像来实现精准的广告投放与追踪需要更加透明化的实施方案。《个人信息保护法》明确了取得个人信息的真实性、准确性、完整性告知规则。企业在收集个人信息进行用户画像时，应充分重视告知同意的质量，清晰地向用户告知精准营销或个性化内容推荐等处理活动的目的和方式，并取得个人同意。建议企业在收集客户数据进行用户画像分析时，尽量避免对个人身份的识别，并在初始设置上给予用户更多的选择。

4. 最小必要原则

《中华人民共和国网络安全法》要求网络运营者不得收集与提供服务无关的个人信息。《个人信息保护法》也提出了处理个人信息两个最小原则，即对个人信息主体影响最小和处理目的的"最小范围"。而在处理目的"最小范围"内收集个人信息的规定是禁止"过度收集"，也是防止个人信息过度商业化利用的关键。

5. 对未成年人的画像和算法推荐

我国对使用未成年人的个人信息进行了严格的限制。根据《个人信息保护法》，企业处理不满十四周岁未成年人的个人信息时，应取得未成年人的父母或者其他监护人的同意，并制定专门的个人信息处理规则。不满十四周岁未成年人的个人信息，均属于敏感个人信息的范畴，需要取得单独同意。

同时，《互联网信息服务算法推荐管理规定》对使用未成年人的个人信息提出了更加具体的要求，避免未成年人陷入"信息茧房"带来负面影响。依据该规定，企业应当依法履行未成年人网络保护义务，通过开发适合未成年人使用的模式、提供适合未成年人特点的服务等方式，便于未成年人获取有益身心健康的信息。企业不得向未成年人推送可能引发未成年人模仿不安全行为和违反社会公德行为、诱导未成年人不良嗜好等可能影响未成年人身心健康的信息，不得利用算法推荐服务诱导未成年人沉迷网络。

因此，企业应谨慎收集未成年人的相关信息进行用户画像，未取得监护人的同意，企业不得对未成年人进行用户画像，且不得向未满十四周岁的未成年人推荐个性化产品或者服务。此外，企业还需要制定专门的个人信息处理机制，并对制度内容进行严格审查，避免涉及任何可能对未成年人造成不良影响的内容。

2.4.7　用户画像标签

1. 用户画像标签体系

构建用户画像的核心工作是给用户贴标签。目前主流的标签体系都是层次化的，首先分成几个大类，每个大类下再进行逐级细分。用户画像标签体系具体如图2-5所示。

在构建标签时，只需要构建三级标签，就能够映射到一级、二级标签。

一级标签都是抽象的标签集合，一般没有实用意义，只有统计意义。例如，企业可以统计有人口属性标签的用户比例，但用户有人口属性标签本身对广告投放而言没有太大意义。

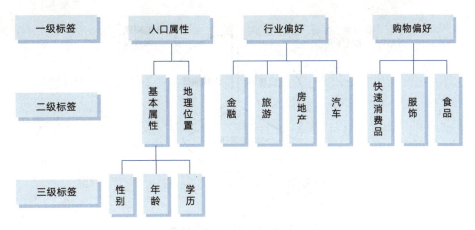

图 2-5　用户画像标签体系

用于广告投放和精准营销的一般是三级标签。对于三级标签有两个要求：一是每个标签只能有一种含义，避免标签之间的重复和冲突，便于计算机处理；二是标签必须有一定的语义，方便相关人员理解每个标签的含义。

另外，标签的颗粒度也需注意。标签颗粒度太大会导致标签没有区分度，过小则会导致标签太过复杂而不具有通用性。常见的三级标签如表 2-14 所示。

表2-14　常见的三级标签

标签类别	标签内容
人口标签	性别、年龄、地域、教育水平、出生日期、职业等
兴趣特质	兴趣爱好、常用App、浏览收藏内容、互动内容、品牌偏好、产品偏好等
社会特征	婚姻状况、家庭状况、社交信息渠道偏好等
消费特征	收入状况、购买力水平、已购产品、购买渠道偏好、最后一次购买时间、购买频次等

2. 用户画像标签分类

构建用户画像时使用的标签差异较大，但一般分为三类，具体如图2-6所示。

第一类是人口标签，这一类标签比较稳定，一旦建立好，很长一段时间内基本不用更新，标签体系也比较固定；第二类是兴趣标签，这类标签随时间变化很快，标签有很强的时效性，标签体系也不固定；第三类是地理标签，这一类标签的时效性跨度很大，如GPS轨迹标签需要做到实时更新，而常住地标签一般可以几个月更新一次。

（1）人口标签。人口标签包括年龄、性别、学历、人生阶段、收入水平、消费水平、所属行业等。这些标签基本上是稳定的，构建一次可以很长一段时间不用更新，标签的有效期都在一个月以上。同时标签体系的划分也比较固定。

图 2-6　用户画像标签分类

（2）兴趣标签。兴趣标签是互联网领域中使用最广泛的标签，互联网广告、个性化推荐、精准营销等领域最核心的标签都是兴趣标签。兴趣标签主要是从用户海量的行为日志中进行核心信息抽取、标签化和统计，因此在构建用户兴趣标签之前需要先对用户行为进行内容建模。

内容建模需要注意颗粒度，过小的颗粒度会导致标签没有泛化能力和使用价值，过大的颗粒度会导致标签没有区分度。

（3）地理标签。地理标签一般分为两部分：一部分是常驻地标签；一部分是GPS标签。这两类标签的差别很大，常驻地标签比较容易构造且标签比较稳定，GPS标签需要实时更新。

常驻地包括国家、省份、城市三级，一般只细化到城市。在常驻地挖掘中，对用户的IP地址进行解析，并对应到相应的城市，再对用户IP出现的城市进行统计就可以得到常驻城市标签。用户的常住城市标签不仅可以用来统计各个地域的用户分布，还可以根据用户在各个城市之间的出行轨迹识别出差人群、旅游人群等。

GPS信息一般可以从手机端收集，但很多手机App没有获取用户GPS信息的权限。能够获取用户GPS信息的主要是地图类、出行导航类App，而其他App收集到的用户GPS信息比较不稳定。

监管之窗

不得违法收集用户信息

2021年7月21日，国家互联网信息办公室依据《中华人民共和国网络安全法》《中华人民共和国数据安全法》《中华人民共和国个人信息保护法》《中华人民共和国行政处罚法》等法律法规，对滴滴全球股份有限公司（以下简称"滴滴公司"）处人民币80.26亿元罚款。据披露，在经营过程中，滴滴公司存在以下违法事实：

一是违法收集用户手机相册中的截图信息1 196.39万条；

二是过度收集用户剪切板信息、应用列表信息83.23亿条；

三是过度收集乘客人脸识别信息1.07亿条、年龄段信息5 350.92万条、职业信息1 633.56万条、亲情关系信息138.29万条、"家"和"公司"打车地址信息1.53亿条；

四是过度收集乘客评价代驾服务时、App后台运行时、手机连接记录仪设备时的精准位置（经纬度）信息1.67亿条；

五是过度收集司机学历信息14.29万条，以明文形式存储司机身份证号信息5 780.26万条；

六是在未明确告知乘客的情况下分析乘客出行意图信息539.76亿条、常住城市信息15.38亿条、异地商务/异地旅游信息3.04亿条；

七是在乘客使用顺风车服务时频繁索取无关的"电话权限"；

八是未准确、清晰说明用户设备信息等19项个人信息处理目的。

在新媒体运营活动中，企业须以此为鉴，不得违法收集用户信息。

（资料来源：根据人民日报资料改编，有修改。）

任务2.5　激励用户行为

当用户对产品本身满足需求的程度不足以增加用户使用次数时，运营人员就需要通过"外因"进行刺激，而"外因"之一就是用户激励体系。

2.5.1　用户激励体系的含义

用户激励体系也称用户成长体系，是指将用户在产品中的某一个或者一组行为可视化，以用户等级、荣誉或者积分的形式对用户行为进行激励和引导，提升用户的活跃度或产品的收入。用户激励体系是互联网产品游戏化设计思维的一种典型代表。

用户激励体系面向全部用户，以"维持并提升用户对产品的使用频次"为目的而设计。它的主要目标是增强用户黏性，提升用户活跃度，通过一套规则与用户行为进行关联和绑定，并及时给予反馈，让用户感受到与产品共同成长的喜悦，从而达到使用户长期活跃的目的。

值得注意的是，用户激励体系只是产品的一个辅助功能，用户不会单纯因为激励体系去使用企业的产品，它只能作为催化剂，用来提升产品功能的使用强度和广度。当企业产品的用户量已经达到一定规模的时候，简单的运营活动方式已经无法覆盖到全部用户，此时就需要将这些用户划分成不同的等级，根据每一层级的用户属性进行精细化运营。如果企业能够合理运用用户激励体系，就可以极大提高用户的黏性和忠诚度。

用户成长体系非常有必要在运营初期就进行清晰规划，之后可以在此基础上不断进行优化和提升，以有效降低和控制重新规划所带来的用户迁移成本。

2.5.2　常见的用户激励体系

常见的用户激励体系可以分为用户等级体系、用户积分体系和用户勋章体系，而用户激励手段一般有利益激励、荣誉激励和情感激励等。不同的用户激励体系侧重不同激励手段的使用。一般用户等级体系侧重荣誉激励，用户积分体系侧重利益激励，用户勋章体系侧重荣誉激励和情感激励。

1. 用户等级体系

用户等级体系是指根据用户在产品中的活跃程度，将用户划分成若干等级，不同等级的用户可以解锁不同的权益。常见的用户等级体系包含用户成长等级，用户特权等级，用户消费等级等。这种根据用户对产品的参与和贡献程度，将用户划分成不同等级的形式，可以根据不同等级的用户特性进行分层运营，能够较好地维系用户关系，提升用户参与度。

音乐平台的用户等级体系

某音乐平台的用户等级体系设计如表2-15所示。

表2-15 某音乐平台的用户等级体系

等级	特权
1	5G音乐云盘免费容量，黑名单上限20
2	20G音乐云盘免费容量，黑名单上限20
3	40G音乐云盘免费容量，黑名单上限20 云音乐商城满100减3元优惠券，价值50云贝
4	40G音乐云盘免费容量，黑名单上限20
5	40G音乐云盘免费容量，黑名单上限20 云音乐商城满100减6元优惠券，价值100云贝
6	60G音乐云盘免费容量，黑名单上限40
7	60G音乐云盘免费容量，黑名单上限80 云音乐商城满100减9元优惠券，价值400云贝
8	60G音乐云盘免费容量，黑名单上限100
9	60G音乐云盘免费容量，黑名单上限120 云音乐商城满100减12元优惠券，价值1 200云贝
10	100G音乐云盘免费容量，黑名单上限140

该音乐平台将用户分为10个成长等级，等级越高，可享受的权益越多。在等级说明页面中，它明确了用户升级的方式，主要是同时满足听歌量和登录天数两个指标，用户完成不同等级中的具体任务即可升级。

2. 用户积分体系

积分体系是指将用户在产品中的某一个或者某一组行为量化成数值积分。它是一种产品内部虚拟货币体系，通过积分的生成和消耗，可以提高用户对平台的黏性，降低产品的营销成本。

一个完整健康的积分体系应该包含积分的生成体系和消耗体系，只有这两大系统保持动态平衡，才能发挥积分体系应有的价值。一旦有用户积压了大量的积分无处使用时，就需要引导用户消耗积分，这样才能确保积分有足够的吸引力。

某电商平台的用户积分称为"×豆"，主要来源于签到、购物、评价和晒单。它的具体获取方式及分值如表2-16所示。

表2-16　具体获取方式及分值

具体方式	说明	分值
App签到领取	每日签到	数量随机
购物回馈①	购买计算机/办公、家用电器、手机、数码四个品类的商品	回馈数量为实付金额数值的5%
	购买其他品类商品（虚拟商品不返豆）	回馈数量为实付金额数值的10%
评价&晒单回馈（评价字数≥10）	20元≤实付金额<100元	10个
	实付金额≥100元	20个
物流评价发放	京东配送订单金额≥200元	10个
额外奖励	新用户完成首次评价	双倍奖励
	评价官用户	双倍奖励

① 实际支付金额（不包含运费）将取10的整数倍进行计算，单件商品最高回馈上限为1 000"豆"。

3. 用户勋章体系

用户勋章体系也叫徽章体系，是指用户在产品中完成某些行为后，给用户发放荣誉徽章，满足用户的成就感和荣誉感。与等级体系和积分体系这两种用户激励体系不同的是，勋章体系中对用户的激励主要是精神层面，这也使用户勋章体系的构建需要运营人员会同产品经理对产品属性和用户心理有足够的了解。常见的勋章系统应用如得到勋章系统等。

某学习App的勋章系统，包含升级勋章、特别成就勋章和绝版勋章三种类型，主要激励用户在App中的学习、评论和分享等行为。例如，在得到App中的连续学习超过30天，即可获得"天天向上"5级的得到勋章。升级勋章的具体要求如表2-17所示。

表 2-17　升级勋章的具体要求

勋章名称	激励行为	等级								
		1	2	3	4	5	6	7	8	9
课代表	发表课程评论	1条	5条	30条	50条	100条	150条	200条	300条	400条
终身学习	累计学习时间	>0.5小时	>20小时	>100小时	>300小时	>800小时	>1 800小时	>3 000小时	>5 000小时	>10 000小时
鉴书官	发表百字以上优质书评	1条	10条	30条	50条	100条	200条	365条	600条	900条
天天向上	连续学习时间	>3天	>5天	>10天	>21天	>30天	>100天	>365天	>500天	>1 000天
以德服人	分享音频课程、文章	首次分享	>10次	>20次	>50次	>200次	>500次	>800次	>1 000次	>2 000次
黄金屋	累计消费金额	>99元	>200元	>500元	>1 000元	>2 000元	>5 000元	>10 000元	>20 000元	>50 000元
刻意练习	完成学习计划	首次完成	连续3天	连续7天	连续21天	连续30天	连续100天	连续500天	连续1 000天	连续2 000天
推荐人	成功推荐好友并完成注册	1位	3位	5位	10位	20位	50位	100位	200位	500位
心流	阅读电子书	1本	3本以上	5本以上	10本以上	20本以上	30本以上	50本以上	100本以上	365本以上
笔记侠	记笔记	首次记录	>3条	>5条	>10条	>50条	>100条	>200条	>1 000条	>5 000条

2.5.3 用户激励体系的构建

不同产品之间的用户激励体系有很大的差异。一般用户激励体系的设计与产品属性、产品生命周期、产品能提供的资源等因素都有很大的关系。

构建用户的激励体系大致可以分为以下五个步骤，如图2-7所示。

图 2-7 构建用户激励体系的五个步骤

1. 明确产品激励目标

找到产品的激励目标是构建产品激励体系的前提，只有想清楚为什么要进行用户激励，才能有的放矢，寻找到合适的激励形式。

针对处于不同生命周期阶段的用户，产品需要解决的核心问题有所不同。除了部分外部用，大多数用户的激活、留存、转化、推荐流程都可以通过用户激励体系进行驱动。而根据产品所处的生命周期和产品属性的差异，用户激励体系的激励目标一定要有所区别。

2. 梳理激励关键行为

用户行为是指用户在产品中的动作，包含一次性行为、连续性行为和重复性行为。一次性行为是指注册、首次充值或认证。连续性行为是指关注、生产内容、评论或发帖。重复性行为是指签到、每日登录、查看商品、聊天、打卡或分享。

当然，每一个产品都有自己的用户主线行为，也有自己的支线行为。主线行为是指用户在产品中满足核心需求的行为，它与产品希望解决用户的核心痛点保持一致。支线行为是指在产品的主线行为之外，所提供的其他附加功能。在搭建激励体系之前企业需要梳理和确认需要提升或活跃的用户关键行为。

3. 选择合适激励形式

常用的三种用户激励体系各有不同的特点。用户积分体系可以使用户看到积分变化，进行实时反馈，不同产品间的积分可以打通，关键点是合理的积分生产和消耗系统。用户等级体系需要用户不断参与，成长过程长，关键点是明确区分不同等级之间激励的差异性，促使用户升级的动力是否足够强。用户勋章体系的关键点是勋章的稀缺性和获得勋章的成就感。企业需要综合产品属性、企业特性等因素进行选择。

4. 构建用户激励体系

企业在明确用户激励目标，确定了激励关键行为后，就可以根据所选择的用户激励形式构建激励体系了。

搭建用户激励体系时，运营人员需要注意以下四点：

（1）激励要具备即时性。在激励体系中要对用户的行为进行时时反馈。即用户在完成要求的行动后，一定要能立刻看到自己积分的变化或者等级的变化。

（2）激励要保持价值性。如果用户在完成行为之后，发现想要达到下一个等级，或者拿到下一个奖励的行动成本过高或者过低，那么这个体系的激励效果就会失效。例如，用户发现在某网盘推出的激励计划中，要想兑换一部手机需要花费25年的时间，这种付出与收获不对等的激励体系就不是一个好的体系。因此，运营人员在激励体系功能上线之前一定要反复测算，保持激励的价值性。

（3）激励要具备一定的不确定性。由于边际效应递减，对用户激励的效果最好是多变的。例如，可以在用户的等级系统中增加一些不定期活动或者不定期激励，这样能够使激励效果最大化。

（4）用户参与的门槛要低，天花板要高。根据二八原则，一个产品中80%的收入是由20%的用户贡献的，重要目标之一是将剩下80%的用户转化成能够带来收益的20%的用户。因此，对于一个成功的用户激励体系来说，用户参与的门槛一定要足够低，低到让产品的所有用户都能参与进来，这样才能引导更多非核心用户转变成核心用户，并将潜在流失用户拉回产品中，使其能继续使用产品。

而对于那些能够给产品带来收益的20%的用户来说，用户激励体系需要做的事情是维护好这批用户的忠诚度。也就是说，激励体系的天花板一定要高，让这批核心用户能有足够的参与动力。

5. 功能上线监控分析

构建一套用户激励体系并不难，难的是根据用户在激励体系中的反馈，对不同的用户进行研究，并提出有针对性的运营策略。因此，在功能上线前期，需要对功能的运作情况进行监控和调整。另外，还需要对系统的成长路径或者是积分/勋章的获取规则进行详细说明，告知用户如何升级，降低激励体系的参与门槛，快速占领用户心智。

项目考核

1. (　　) 无须抓取和定义大量用户数据就可推进运营工作。

    A. RFM模型　　　　B. 帕累托模型　　　　C. AARRR模型　　　　D. 金字塔模型

2. (　　) 是常见的根据用户价值进行三维用户分层的模型。

    A. RFM模型　　　　B. 帕累托模型　　　　C. AARRR模型　　　　D. 金字塔模型

3. 在用户生命周期中，(　　) 是用户获取阶段。

    A. 成长期　　　　B. 成熟期　　　　C. 衰退期　　　　D. 导入期

4. 根据用户画像的概念，用户画像是 (　　) 的虚拟代表。

    A. 虚拟用户　　　　B. 真实用户　　　　C. 具象用户　　　　D. 抽象用户

5. (　　) 包括年龄、性别、学历、人生阶段、收入水平、消费水平、所属行业等。

    A. 兴趣标签　　　　B. 地理标签　　　　C. 人口标签　　　　D. 心理标签

二、多项选择题

1. 用户运营的主要目标除了获客，还有 (　　　　)。

    A. 变现　　　　B. 活跃　　　　C. 留存　　　　D. 推荐

2. 用户生命周期包括导入期、(　　　　)。

    A. 成长期　　　　B. 成熟期　　　　C. 衰退期　　　　D. 流失期

3. 用户流失原因包括 (　　　　)。

    A. 自然流失　　　　B. 柔性流失　　　　C. 刚性流失　　　　D. 体验流失

4. 用户画像的作用有 (　　　　)。

    A. 精准营销　　　　B. 用户统计　　　　C. 数据挖掘　　　　D. 服务产品

5. 常见的用户激励体系包括 (　　　　)。

    A. 用户等级体系　　B. 用户成长体系　　　　C. 用户积分体系　　　　D. 用户勋章体系

三、判断题

1. 用户运营包含社群运营。(　　)

2. 用户分层是一种按用户价值高低特殊形态进行的用户细分。(　　)

3. 一般而言，处于"成长期"的用户可以为企业创造更多的价值。(　　)

4. 用户画像并不是为某一个用户专门画像。(　　)

5. 用户激励体系面向全部用户。(　　)

四、案例分析题

从"选择题"到"必答题"，吉利的用户运营

营销环境倒逼中国汽车行业进入存量市场已是不争的事实，话语权正逐渐快速向用户端转移。随着公域流量见顶，汽车行业的传统营销方式已难以为继，营销压力与日俱增，获客成本在以每年20%至40%的速度攀升，而转化效果却日渐降低。基于此，传统车企寄希望于精准营销，在全新的赛道上抓住固有用户及潜在用户心理的变化。

在数字化及年轻化消费浪潮下，品牌与用户之间的关系发生变革。用户运营对传统车企来说不再是"做不做"的选择题，而是"如何做好"的必答题。

1. 创设用户运营品牌

吉利发布了全新的用户运营品牌"我们"，和原有企业品牌处于同一维度。吉利之所以将用户品牌命名为"我们"，是希望能够找到一个更加亲近、更加贴合于吉利所希望营造的企业与用户之间的关系的名字。

吉利一直认为用户是家人，而不是粉丝。在"我们"的运营上，用户主理人、设计顾问团、用户设计师联手构建互联共创的独特生态，全面实现用户主理、用户选举、用户运营。

2. 用户俱乐部

吉利成立了"我们的赛车俱乐部"，将"缤瑞COOL"打造为吉利赛道文化的载体，通过赛事用车、专业赛事、用户社群等多个维度，为大众提供触手可及的玩车渠道的同时，也让更多人知道了缤瑞COOL。

通过"我们的赛车俱乐部"，吉利与用户一起探索更有趣、更实用的改装玩法。同时，通过吉利专业赛事平台"超吉联赛"的赋能，降低了汽车运动门槛，让普通赛车爱好者有机会上赛道，甚至成为"准职业车手"。

为了让用户了解博越"三好SUV"（好看、好开、好智能）这一产品，吉利自博越诞生之日起就配套跟进了一系列产品体验类营销活动，主题锁定"我们的爱100℃"。而后推出冰雪试驾和滑雪体验，正式成立"我们的滑雪俱乐部"。

除赛车和滑雪俱乐部外，吉利目前还拥有钓鱼、篮球等俱乐部。吉利还计划根据用户兴趣爱好不同，设置美食、露营等俱乐部。

表面上看，吉利的用户运营似乎以"玩"为主，但其之所以设置不同的俱乐部、不同的玩法，都是在针对不同的产品以及不同的用户群进行更精准的运营。换句话说，就是将不同的产品营销与个性化的用户运营联系在一起。

问题：

吉利的用户运营有什么创新？对于传统企业来说，在进行用户运营时会碰到哪些障碍？

项目实践：人人都是用户画像构建师

一、实训目的

1. 体验用户画像绘制。

2. 提升用户运营能力。

二、实训要求

1. 一周内完成实训。

2. 按照实训成果各项目要求（见表2-18抖音用户画像）分项填写相关内容。

三、实训组织

在教师指导下以小组为单位开展实训。

四、实训内容

1. 设计抖音用户调研问卷。

2. 开展抖音用户调研。

3. 绘制抖音用户画像。

五、实训成果

完成表2-18。

表2-18　抖音用户画像

刻画角度	内容
可视化剪影	
一句话定性描述	
人口维度定量描述	
行为维度定量描述	
地理维度定量描述	

项　目　三

新媒体内容运营

学习目标

素养目标

- 提升知识产权保护意识，培养与内容策划相关的创新思维和能力
- 实事求是，培养信息辨识能力，提升内容创作的社会责任感
- 增强文化自信，努力传播中华优秀传统文化，提升社会使命感

知识目标

- 掌握内容及内容运营的概念
- 掌握内容定位的方法
- 熟悉内容的形式和内容创作的基本流程
- 掌握内容发布的注意事项

能力目标

- 能够根据目标用户或平台进行内容定位
- 能够根据内容定位确定选题
- 能够根据定位和选题确定内容形式
- 能够选择合适的内容类型，进行素材搜集和整理
- 能够选择合适的内容发布媒介

思维导图

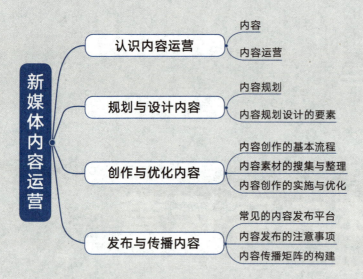

新媒体内容运营

- 认识内容运营
  - 内容
  - 内容运营
- 规划与设计内容
  - 内容规划
  - 内容规划设计的要素
- 创作与优化内容
  - 内容创作的基本流程
  - 内容素材的搜集与整理
  - 内容创作的实施与优化
- 发布与传播内容
  - 常见的内容发布平台
  - 内容发布的注意事项
  - 内容传播矩阵的构建

学习计划

■ **素养提升计划**

_____

_____

■ **知识学习计划**

_____

_____

■ **技能训练计划**

_____

_____

数实融合新视界

以内容驱动为核心竞争力

某直播公司坚持以内容驱动为核心竞争力，从信息内容、情感内容、娱乐内容、场景内容四个维度切入，强化新媒体内容构建和运营；同时在直播中融入风土人情、历史文化、个人态度和价值观，极大地丰富了直播内容和场景，形成了差异化的竞争优势，推动了直播带货模式的升级和创新。

（1）用信息内容提升价值感知。该公司的主播不仅讲述产品的基本信息，还以知识点、历史故事等形式拓展产品相关信息，赋予产品文化内涵，无形中提升了消费者的感知价值和感知有用性，也因此促进了消费者的购买行为。

（2）用情感内容与受众共鸣。该公司将受众定位在20~40岁的青年群体，由旗下的主播们分享个人成长经历和价值观，向目标受众传递积极向上的生活态度。直播间以文化和知识传播为特色，不定期邀请知名作家来做客，围绕中国传统文化、人生、理想等话题进行内容输出，使受众习得知识，产生情感共鸣。

（3）用娱乐内容活跃直播氛围。该公司的直播间充满了欢声笑语和特色内容，主播们尽情展示个人才艺和特长，还专程邀请国家非物质文化遗产传承人进行表演。同时该公司结合主播和产品特点，不断挖掘娱乐型内容，丰富直播内容形态，拓宽直播边界，活跃直播氛围，提升了观众的获得感和体验感。

（4）用场景内容丰富受众体验感。该公司注重"场"的重要性，采用"虚实结合"的形式搭建直播电商的"场"，设立了用于销售农产品、生活用品、图书等不同的直播间，通过背景和道具搭建形成特定风格特色。该公司相继开展了贵州行、山西行、陕西行等特色活动，通过文字优美、画面精致的活动内容将地方特色、风土人情、人文历史和优质农产品融合在一起，给受众提供了身临其境的场景感和良好体验，也对消费者产生了积极的影响。

该公司凭借差异化的内容运营和竞争策略吸引消费者注意，用持续的专业内容、丰富的直播元素来唤起消费者的购物兴趣。"既有瓜果飘香，也有诗和远方"——这种独特的内容运营模式创造了该公司的品牌价值。

案例启示：

本案例诠释了"新媒体内容驱动"的含义，在直播中，可以通过令人记忆深刻的精彩内容输出高密度、高水平的知识，分享生活常识、文化典故，通过有效的新媒体内容运营，成功地在用户和商品之间架起了桥梁。

任务3.1　认识内容运营

3.1.1　内容

1. 内容的含义

内容原本是指事物所包含的实质性事物，与"形式"相对，是事物内在因素的总和。随着互联网技术的发展，内容被赋予了新的含义。在新媒体环境中，内容通常是指由运营者向用户提供的文字、图片、音频、视频等信息的总和。

优质的内容是吸引用户、留住用户、提高用户体验和忠诚度的重要手段。因此，新媒体运营者需要重视内容运营，通过制作具有价值和吸引力的内容，不断提升新媒体平台的竞争力和用户黏性。新媒体内容作为一种创新形态的媒体表现方式，正在越来越广泛地应用于数字经济时代的各个领域，成为企业和个人宣传推广的重要手段之一。

2. 内容的形式

内容的形式包括文字、图片、H5、音频、视频、直播等。其中，文字是最基础的内容形式，适合快速表达简单信息；图片（包括动图）可以更加直观地表达复杂的信息；H5可以通过交互展示更丰富的内容；音频和视频可以更加生动形象地表达信息；直播可以实现信息的实时传递与反馈。这些不同形式内容的特点如表3-1所示。

除此之外，新媒体内容也可以利用AR/VR技术等新形式来展现，这些新形式可以让虚拟信息与真实世界相结合，让用户沉浸在三维空间中，感受更加真实的交互体验。

表3-1　不同形式内容的特点

内容形式	特点
文字	可以是标题、段落、列表，也可以是详细教程、案例或者深度分析，要清晰明了，言简意赅，突出重点
图片	可以是高清的产品图、设计图、美食图、旅游图，也可以是趣味图片或者艺术作品，要注意图片与文字的配合，要能更好地阐述主题；动图可以是趣味内容或者生活中的小场景，也可以是有代表性的事物或者品牌，要简洁明了，快速吸引读者的眼球
H5	可以是趣味互动游戏或者在线课程，也可以是实用的工具或者技巧分享，要创意新颖，交互性强，从而吸引用户的兴趣
音频和视频	可以是有感染力的音乐或者故事，也可以是科普知识或者实用技巧，视频要让声音和画面同步，以便能够更好地传达信息
直播	可以实现即时互动，用户可以通过手机、计算机等设备观看，并进行分享和讨论

3.1.2　内容运营

1. 内容运营的含义

内容运营是指运营者通过不同形式将产品或品牌信息通过新媒体平台，向用户广泛或者精准推送，激发用户参与、分享和传播，从而吸引用户、促成销售目标的实现。

2. 内容运营的作用

内容运营在新媒体运营中起着至关重要的作用，主要表现在以下几个方面：

（1）提供用户需要的内容。如今，用户获取信息的途径和方式越来越多，对信息的需求也愈发个性化。用户之所以会关注某一平台的某个账号，是因为其内容是自己所需要的，这里的需要可以是用户感兴趣的，也可以是对用户有价值的。通过内容运营，用户可以看到其想看的内容，满足其内容消费需求。

（2）提升用户参与感。内容可以引导用户参与互动，提高用户的参与感和互动性，从而提升用户体验和忠诚度。通过设计具有话题性、创新性的内容，可以引导用户持续参与互动，增加用户对企业的信任和认可。

（3）传递产品或品牌定位。内容运营可以使用户对产品或品牌形成特定印象，优质内容的创作和精准推送，可以让用户接触产品并了解品牌信息，从而接受产品品牌的定位。

（4）提升营销质量。内容运营可以帮助企业更好地进行营销推广，提高营销和转化效果。通过制作具有吸引力和互动性的内容，吸引用户的关注，增强其购买欲望，增加品牌知名度，提升用户体验。

总之，内容运营是新媒体运营中的重要环节，可以帮助企业更好地进行营销推广，提高产品知名度、营销质量、用户参与感和产品销售量。同时，优质内容也是吸引用户、留住用户、提高用户体验感和忠诚度的重要手段。因此，新媒体运营者需要重视内容运营，通过制作有价值、有吸引力的内容，不断提升新媒体平台的竞争力和用户黏性。

运营实践

内容创新为传统文化发展注入新活力

近年来，新媒体成为人们获取信息的主要渠道，在新媒体平台上，传统文化借助内容创新而不断焕发新生机。在内容创新的"加持"下，京剧、书法、昆曲、民乐等传统文化仿佛插上了翅膀，纷纷突破圈层，飞向更大的舞台。诸多专业机构、电商直播服务商也纷纷投身传统文化赋能、传播的热潮中，通过一系列新媒体内容生产和营销传播，让博大精深的中华优秀传统文化深入人心。

2022年年初，腾讯新闻携手中国农业银行推出首档国潮漫谈节目——《时间的礼物之盛宴唐潮》，节目海报如图3-1所示。它一经上线就收获大量好评。该节目围绕着唐朝妆容、诗歌、乐舞、商贸四大主题，结合时下丰富的热点话题，以轻松的综艺形式，开启穿越时空之旅，走进唐朝社会的日常生活，全景式再现唐朝文化与生活方式，吸引年轻群体感悟中华优秀传统文化的厚重底蕴。

与一般节目不同的是，它创新性地使用"文化+"的呈现方式，把国漫艺术与传统文化结合起来。用虚拟人物"唐小彩"将唐朝文化的前世今生搬到新媒体中，让

图3-1　节目海报

传统文化在"唐小彩"的引领下有了鲜活的温度。

将内容创新与传统文化结合，使用新媒体渠道来传播传统文化，这种传播形式具有创新性与示范意义。《时间的礼物之盛宴唐潮》的火爆，正是内容创新赋能传统文化的一个成功缩影。

传统文化不仅需要"火起来"，更需要融入生活、真正在创新中"活起来"。今后，需要更多的新媒体运营专业机构参与到传统文化创新发展的浪潮中来，用短视频和直播等创新内容形式不断探索新边界，为大众展现中华优秀传统文化的魅力。

（资料来源：改编自《中国日报》中文网文章。）

3. 内容运营体系

内容运营体系是一个由多个步骤和阶段组成的系统，其目的是帮助企业规划并执行一套有策略、有品质的内容生产、发布和管理流程，从而更好地实现满足用户需求、提高用户忠诚度、扩大品牌知名度和促进销售转化等目标。

一个完整的内容运营体系不仅与企业整体战略有关，而且要考虑到用户和市场的变化，主要包含以下几个方面：

（1）内容规划。为了满足企业目标，需要明确各种不同类型的内容应该如何配合企业的整体营销策略，以及哪些媒体平台和渠道是最适合内容发布的。

（2）内容创作。需要考虑内容的类型和质量，确定创作方案并完成制作，要形成一套统一的创作规范。

（3）内容发布。根据不同平台和用户群的特点，形成不同的分类信息，包括长短内容排版、标题设置等；量体裁衣地完成内容发布。

（4）内容传播。包括通过合理的传播手段触达更广泛的受众，与受众互动并获得反馈等。

（5）数据分析。根据实际数据情况和业界标准分析，对体系内的每一个环节进行优化和调整。

综上所述，企业需要一个完整的内容运营体系，将企业品牌和用户需求紧密地结合起来，为企业确立一个长期、稳定的内容营销模式，拓展营销渠道，提升品牌知名度和用户体验感，并实现更好的品牌销售业绩。

任务3.2 规划与设计内容

3.2.1 内容规划

内容规划是指通过有效的规划、组织和制作，将信息传递给目标受众，力求达到最佳的传播效果；是针对未来一段时间内容的定位、选题、表现形式、时间、渠道等一系列工作进行的提前安排。

职场零距离

内容创作前需要考虑的问题

- 他们具备什么样的特征？
- 什么样的内容风格适合他们？
- 在这个领域进行内容创作具备什么优势和资源？
- 有什么内容形式？
- 长期的内容计划是什么？
- 应该在什么时间推送内容？
- 应该在哪些平台上推送内容？这些平台都具备什么特征？

在内容创作前，需要考虑的问题主要有：

- 创作内容的目的是什么？
- 内容是给什么样的人看的？

1. 内容规划的意义

内容规划的意义在于帮助企业或个人更好地利用新媒体平台来传播信息、增加曝光度、吸引目标受众并建立信任感。通过内容规划，可以更好地了解目标受众的需求和偏好，设计合适的内容，提高内容质量和效果，同时根据平台特点和用户行为，优化推广策略，提高互动性和黏性。此外，内容规划还有助于节约推广成本，提高营销效率，增强企业或个人在市场上的竞争力。

2. 内容规划的基本要求

内容规划的基本要求包括以下几个方面：

（1）系统性。内容规划应该是系统完整的，它应该包括内容的形式、主题、时间等方面的规划。

（2）针对性。内容规划应该具有针对性，它应该针对目标用户的需求和市场环境的变化进行调整和更新。

（3）创意性。内容规划的创意应该新颖、独特，能够吸引目标用户的注意力和兴趣。

（4）可行性。内容规划要考虑内容的可行性，包括内容的表现形式、呈现方式、传播途径等；还要充分考虑内容的制作成本、传播效果、用户需求等因素。

（5）价值性。内容规划要具备价值性，要求内容能够帮助用户解决问题、提高技能、增长知识，能够满足用户的需求，增加用户对内容的信任和依赖。

（6）持续性。内容规划要具备持续性，要求内容能够持续满足用户的需求，保持内容的新鲜感和吸引力，增加用户对内容的关注度和参与度。

（7）合规性。内容规划要遵守相关的法律法规，保证内容的合法性和合规性，避免因内容违规而引发法律风险和连带责任。

综上所述，内容规划要进行全面考虑，制作新颖、独特、有价值、合规的内容，提高内容的传播效果和用户满意度。

3.2.2　内容规划设计的要素

1. 定位规划

内容定位是指确定内容的方向和范围，即确定内容的主题、形式、风格和受众等方面的具体方向和要求。运营者需要结合产品或品牌特点，不断调整优化，完善内容定位，形成差异化和竞争优势，提高受众的黏性和忠诚度。内容定位是新媒体内容规划的重要环节，它决定了内容的方向、受众和表现形式，是整个内容规划的基础。

（1）梳理内容触点。内容是影响用户心智的工具。因此，运营者需要了解在哪些场景下可以触达用户，并且理解什么样的内容可以引起用户的共鸣，从而建立牢固的用户关系。这就是所谓的内容触点梳理。

在制定内容策略时，运营者需要以建立优秀的用户关系为目标，根据用户需求和现有资源，思考哪些内容能够满足用户需求并得到他们的喜爱。通常可按照用户关系、用户需求、企业资源这三个顺序来思考，以确保策略的可行性和实用性。一般情况下主要有以下几个内容触点。

① 认识：用户定位。这个触点一般发生在公域，如电商平台、投放平台、新媒体社交平台等，也是用户初次和产品接触的时刻。

在建立用户关系时，用户最关心的是：你是谁？你能解决我的痛点需求吗？因此，业务方需要提供产品的详细介绍和吸引用户的利益点，如富有创意的产品介绍视频、短期试用产品套装、短期体验式训练营、7天或14天体验账号等，以告诉用户我们是谁，如何解决他们的问题，从而形成初步的用户认知和好感度。

② 了解：用户探索。在建立用户关系之后，用户需要进行更深入的探索，这时就需要提供更为详细的信息。然而，如果此前所提供的内容并没有引起用户兴趣，或者内容质量太低，那么用户关系就难以持久。每一个触点下所提供的内容都是一次品牌宣传，质量不佳的内容展示会对品牌形象带来很多负面影响。

用户在探索时需要获得相关的内容，以此了解产品。因此，与用户建立有效的社交联系是定位规划必要的组成部分。

运营实践
两类产品的常见触点内容

1. 母婴产品

母婴产品的用户群体是宝妈用户，这是一个需要充分沟通的群体；而了解一个人或者产品，聊天是非常高效的沟通方式。该类产品常见的触点内容有：①一次基本的沟通和介绍，包括一对一、社群一对多、直播等形式（需要达到社交层面的交流）；②一个用于沟通交流服务等的社群产品；③一次高质量的试用产品交付。

2. 教育产品

大多数教育产品都属于非标的，都需要长时间的内容触达，而达到用户了解这一层关系，需要更多社交内容的参与，常见的触点内容有：①一次干货资料的交付；②一次问题的解答交付：直播、一对一、一对多；③一次3~7天的训练营交付；④一次直播间的内容分享。

③ 熟悉：用户参与。为了更好地满足用户需求并与其建立关系，单方面的内容输出是不够的，还需要通过运营来促进用户参与，并实现内容和用户之间的快速互动。这种参与需要关注社交和内容两个维度，特别是在社交层面上，运营者需要深入地进

行需求探索，并通过深入的社交沟通来建立用户信任。在传统的内容层面上，运营者需要与用户进行内容讨论和共创。

因此，运营者需要更加积极地与用户互动，包括进行产品的深度互动体验，如试用产品后写反馈报告；主持圆桌分享会，或者参与由用户自发组织的活动；进行线上沙龙讨论，电话咨询沟通或深度连麦直播等。通过以上方式，可以让用户在已投放的内容上投入更多的时间和精力，有效拉近运营者与用户的距离。

④ 信任：用户认可。转化的前提是信任，信任的前提是优质内容的不断交付，是持续的积累。从用户关系的角度来看，信任关系的达成，需要重复"熟悉"这一步，持续高频率的交付，即：信任=熟悉×交付次数。而交付次数取决于交付质量、用户体验和需求强度。

⑤ 转化：用户付费。转化并产生购买行为是因为用户对品牌或产品的信任阈值被突破。购买并不是用户最后一刻的决定，而是一个持续的关系积累过程：用户从认识、了解、熟悉开始，逐渐建立信任，最终才会进行购买。这个过程中，以上几个步骤缺一不可。

在这一步中，产品表达同样重要，产品表达就是通过用户喜欢的形式表达出产品的关键信息，如价格、卖点、效果等。

一个合格的产品表达必须经历以下三个阶段：

a. 产品亮相。在此阶段，运营者必须确保基础信息（包括产品、价格、卖点和可解决的痛点）已经传递给用户，因为在用户表现出兴趣之前，运营者只能传递这些基础信息。

b. 表达节奏。运营者始终要有发售思维和持续运营思维，所有的运营都不是一次性的，准备期、预热期、发售期、售后期这四个时期都可以用来表达产品，产品表达需要持续进行。售后用户评价也是有效的产品表达方式，比如电商平台的评价系统，对产品表达至关重要。

c. 再表达。产品表达是一个迭代修正的过程。运营者需要在市场上验证所有需求痛点、卖点和表达内容，并不断获取反馈，持续修正和提升表达内容。

⑥ 复购：用户推荐。这是定位规划的最后一个触点，它分为自荐（即用户自己复购）和推荐他人购买两种类型。这里所需要的内容主要是产品的售后表达以及服务交付。

（2）内容标签体系搭建。在内容创作之前，需要给每一个内容打标签。标签是内容运营的基本配置，也是运营工作的基础，可分为用户、内容、使用和业务四种标签类型。如果这些标签能够进行互通，就会实现基于标签数据的精准运营。标签是一种强大的内容管理工具，具有内容生产、管理和查询三个维度。特别是在面对数量较大的内容库时，标签体系能够以简便而有效的方式管理内容。

其中，内容标签和用户标签都是用户洞察的基础来源，内容标签能客观地反映用户的需求。

通常，运营者可以先通过一些调研数据确定用户的基本特征，这些特征是用户的统计特征，可能与用户的真实行为存在差异。接着，再通过用户关联的业务数据和内容数据进行分析，逐步迭代修正用户画像。

运营者可以通过以下几种标签方向来打造内容标签体系。

① 内容标签。这是基于内容本身的标签体系，如表3-2所示。

表3-2 内容标签

标签	具体内容
主题关键词	一般设计成三级主题，如母婴→辅食→×××品类
形式	图文、短视频、长视频等
来源	作者、讲师、用户等
适用范围	自评或者他评，如初、中、高三级不同程度的评价标准
评价	要有评价体系，比如分值，对内容质量进行把控

② 用户标签。具体内容如表3-3所示。

表3-3 用户标签

标签	具体内容
属性类	性别、地域、喜好、年龄等
行为统计类	浏览、购物、互动等
来源类	渠道来源、营销途径来源等
产品使用类	产品名、频次、时长、时间等
用户价值类	用户等级、用户贡献等
预测类	潜在需求、流失预警、兴趣点预测等

③ 使用标签。具体内容如表3-4所示。

表3-4 使用标签

标签	具体内容
用户关系	了解、认识、熟悉、信任、购买、再购买等
使用场景	拉新、促活、转化等
使用平台	公众号、电商平台、线下门店、社交媒体等

④ 业务标签。具体内容如表3-5所示。

表3-5 业务标签

标签	具体内容
业务阶段标签	需求、商机、谈判、成交等
业务归属标签	部门归属、业务员归属等
行业标签	不同行业标的不同标签
其他标签	按其他属性打标签

（3）内容定位的注意事项。账号定位不清是新媒体运营中的一个常见问题，这会导致账号内容发布的随意性。新媒体平台不是个人朋友圈，根据内容设定标签并推荐给匹配的用户是新媒体运营中非常重要的一环。因此，新媒体运营者需要明确自己账号的定位，保证内容上的垂直度。只有明确了定位，才能更好地制定内容策略，吸引目标用户，提高用户体验和转化率。在根据目标用户和平台确定内容定位时，需要关注表3-6中的内容。

表3-6 内容定位需要注意的事项

要素	具体内容
目标用户	要以目标用户为出发点，了解目标用户的需求和偏好，以及所在平台的用户群体、行业趋势、品牌定位和内容特色等因素
内容领域	根据目标用户的需求和偏好，确定内容领域，尽量做到垂直细分，以满足不同用户的需求和兴趣
内容风格	内容风格确定要与目标用户的需求和偏好相符合，尽量做到独特、鲜明、有趣，以吸引用户的关注和分享
用户体验和互动性	要注重用户体验和互动性，采用问答、投票、评论等形式互动，以增强用户的忠诚度
平台画像	根据用户画像结果筛选目标平台并确定内容的形式与长度
多平台运营	如果企业同时在多个新媒体平台上运营，则需要根据每个平台的不同要求对内容进行调整，以保证内容符合平台的要求和规定
持续创新	应该持续创新，不断推陈出新，以保持账号与内容的活力和竞争力

虽然可以借鉴同行的定位方式，但运营者不能完全照搬，因为每个账号的特点和优势都不同，应结合自己的情况进行定位；同时，内容定位应该保持稳定。但如果后期运营目标出现变化，也可以根据实际情况进行细微调整。

2. 选题规划

选题规划是内容运营中至关重要的一环，内容需要通过一定的主题形式呈现出来。如果一篇内容的选题与用户的需求偏离，用户可能会对其失去兴趣，这将会对运营目标产生负面影响。因此，运营者应该尽早完成选题规划，为后期内容创作提供方向，避免内容主题的偏离。选题规划可以按照以下步骤执行。

（1）了解目标受众。运营者需要了解目标受众，以便确定选题的方向和内容类型。运营者可以基于目标受众画像，梳理出目标受众的痛点和需求，并以痛点的解决方案作为选题来规划内容。

（2）分析账号和内容类型。运营者需要分析自己的账号类型和内容类型，以确定选题的方向。对于新账号，运营者需要根据设定的账号内容定位来规划选题。对于老账号，运营者需要分析受众偏好的类型及阅读时间，从而确定选题方向。

（3）行业内容分析。运营者需要关注一些与自己目标群体相吻合的优质行业账号，对他们的内容进行分析，筛选出近期互动数据较好的内容，并提炼这些内容的选题关键词。

（4）建立选题库。内容运营工作需要长期稳定地输出高质量的内容，在平时整理行业常见关键词，建立自己的选题库，收集和整理选题，并进行分类和归档。在选题规划时，可以在关键词库中进行挑选，从而提升选题规划的效率，并从中寻找灵感和创意。

（5）持续优化选题。选题规划只是内容创作的第一步，运营者需要持续地对选题进行优化和调整，以确保其符合市场需求和用户要求。运营者可以分析运营数据、用户反馈和市场趋势，不断地对选题进行调整和优化。

3. 形式规划

运营者在确定选题后，需要确定内容以什么样的形式展现给用户，不同形式的内容特点不同，运营者需要根据用户的需求和阅读习惯来确定内容形式。

（1）图文内容。图文内容就是将图片和文字相结合的内容，图文内容的形式和类型非常多样，主要包括长图文、短图文、图集等。其中，长图文是指图文结合的内容表达形式，可以持续讲解某种故事和内容，具有较长的可持续性；短图文则是指篇幅较短，以图片为主的内容形式，适合快速传递信息；图集是指包含多张图片的内容集合，适合展示以图片为主的内容，让用户能直观、快速地接收到内容信息。

相对于传统的文字文案来说，图文内容有更好的可读性，能够提升视觉感受。高匹配度的配图除了能增加文案的观赏性，还可以提升文案质量。如果需要向用户传递有深度、有内涵，能引发用户思考的内容，如科普类、产品推荐类、品牌故事类等，可以用长图文的形式呈现。新品发布告知、活动告知、民风民俗、人文景观等内容则可以用短图文或图集的形式呈现。在创作图集内容时，需要考虑图片是否符合内容主题，以及图片的质量、版权、描述、数量等问题。

图文内容要努力做到文笔流畅、行文思路清晰、逻辑缜密、排版布局合理。

（2）视频内容。在移动互联网背景下，视频平台发展迅速，视频已经成为当下最主要的内容呈现形式之一。相较于图文内容，视频内容可以给用户带来更立体、更鲜活、更直接的感受。在使用视频作为新媒体内容的表现形式时，可以直接拍摄内容信息，也可以对视频进行编辑，不管采用哪种方式，都要努力确保画面清晰、表演真实、场景布置合理，要保证视频内容的真实性，不能拼接剪辑虚假视频片段。

视频内容按时间长短可分为短视频、中视频和长视频，不同时长的视频对比如表3-7所示。

表3-7　不同时长的视频对比

类别	短视频	中视频	长视频
时长	1分钟以内	1~30分钟	30分钟以上
主要展现形式	竖屏	横屏	横屏
平台代表	抖音、快手	哔哩哔哩	优酷、爱奇艺、腾讯视频
平台盈利模式	信息流广告、直播电商	广告、直播	会员付费、贴片广告

即学即练

哪些品类的内容适合引入短视频？哪些适合引入长视频？

（3）直播内容。这是指通过互联网平台进行直播的一种新型媒体形态，它是基于数字技术对传统电视直播进行创新的结果。直播融合了图像、文字、声音等丰富元素而逐渐成为互联网的主流表达方式之一，它比常规的视频更具有场景性和互动性，让观众更有参与感和体验感，转化效果更好。运营者可以通过大数据对用户的喜好进行分析，根据数据对结果用户进行精准定位，做到智能化推送。与此同时，用户也可以自主选择自己感兴趣的直播内容来观看，提高了用户的自主选择权。

直播内容要求场景布局合理、主播口音清楚、形象良好或有特色、沟通和应变能力强。

除了图文、视频、直播外，还可以采用动图、H5、音频、AR/VR技术等形式，每一种形式都有其特点。在进行内容形式规划时，运营者要考虑内容形式的特点和渠道的适用性，选择合适、合理的内容形式。内容形式需要结合运营平台、内容规划，以及创作者本人对内容形式的掌握程度进行确定。不同的运营平台，其主要用户的年龄、性别、所在地等用户的个人特质都有所不同，而用户的个人特质会影响传播效果。因此，需要结合目标受众需求，以及不同平台用户的潜在需求来确定内容形式。需要注意的是，内容的形式不是固定不变的，运营者在必要时要对规划好的内容形式进行调整。

即学即练

你见过哪些富有创意的内容形式？请对其进行整理分析。

4. 类型规划

内容生产的决定因素是运营目标和运营资源，其中，运营资源包括人力资源和传播资源等，这些因素决定了内容的结构安排和所生产的内容类型。运营者需要根据选题和内容形式规划内容类型，常见的新媒体内容类型包括以下几种。

（1）知识类内容。新媒体知识类内容又可以细分为信息型内容和问题型内容。

① 信息型内容旨在提供有关某个主题的信息，以帮助用户更好地了解该主题。这类内容解决"是什么"的问题，它可以为某个事物下定义，也可以针对该主题的某些方面提供更详细、更深入的解释。

② 问题型内容同样针对某个主题提供信息，通常是为了解答用户的疑问，或者对某个问题进行更深入的探讨。这类内容解决"为什么"的问题，类似于评论型内容，但更多的是对某个现象进行客观解释。

（2）应用类内容。应用类内容分为指导型内容和列表型内容两种。

① 指导型内容主要指"怎么做"，即告诉人们如何做某些事情，多采用建议或教程的形式。用户在互联网中进行搜索的主要目的往往就是解决某个问题，能提供解决问题的有效方法，就能吸引相当的流量。

② 列表型内容最常见的方式就是列表，如《中国十大名茶》《五一小长假旅游目的地排行》等，这种内容制作起来比较容易，也普遍受用户欢迎，被分享的概率比较大。

（3）分析类内容。分析类内容可分为比较型内容和研究型内容两种。

① 比较型内容主要表现为对内容进行比较。用户在面对选择的时候经常会利用网络搜索，运营者可以通过新媒体的内容来比较两种或多种事物，权衡他们各自的利弊，如各种盘点、评测类内容。

② 研究型内容是指进行深度研究的内容，这种内容需要花费大量时间去制作，但如果能得出有趣的结论或者有价值的结果，这么做将非常值得。通过适当的图表和有价值的数据把研究结果呈现出来，就会有越来越多该领域的作者引用或者链接这些内容。

（4）评价类内容。评价类内容可以分为评论型内容、批评型内容和谈论型内容三种。

① 评论型内容通常可以概括为"怎么样"。对任何一种事物的评论几乎都能在互联网上找到，其观点和角度各异。运营者可以对内容给出客观公正、颇有见地的意见，并可以征询其他用户的看法。一些评论型内容会有非常高的活跃度。

② 批评型内容通常可以概括为"这不好"。只有良好的、具有建设性的批评型内容才能有效地在他人心中留下印象。人们听到不同的观点和主张，即便不赞同，但只要内容见解深刻、富有建设性而且语气谦恭，就有助于提高账号在领域内的声誉。

③ 谈论型内容通常是指聊天行为。一些自媒体账号没有热点内容可制作，就可以通过访谈形式生产内容。一到两个合适问题的交流就能让账号得到良好的关注，也会给粉丝带去相关专家的意见。

（5）灵感类内容。灵感类内容主要包括启迪型内容、人物故事型内容、读书观影型内容、回顾与预测型内容。

① 启迪型内容通常指用来启发、励志的内容，可以讲述一个成功者的故事，也可以描绘未来的美好愿景。用户总是喜欢听自己关注领域内的美好故事，以对自己产生激励作用。

② 人物故事型内容通常指"看人物，讲故事"。如选择一个有特点的人物，对其进行研究后将成果展示给用户，并指出他是如何取得现在的成就的，描述他所具有的特征。或选择一个有意思的故事，通过讲故事的方式给用户提供某些经验和建议。该

类型内容通常都附有实践建议。

③ 读书观影型内容通常指"读书、观影、分享"，即对书籍及影音资料中的信息进行摘要、分析、总汇，以简单易懂的形式整理在一起，并附带自己的观点及评价。

④ 回顾与预测型内容主要指"回顾过去，预测未来"。人们会回顾过去发生的事情，也会展望未来，每年的年末或年初都有大量这种类型的新媒体内容。

运营实践

AIGC 赋能，
展现诗意江南

伊利作为杭州亚运会官方乳制品供应商，通过深度理解城市文化与江南风情，将具有朦胧美感的烟雨江南元素融入产品包装设计中。同时基于AIGC技术创新，创造出别样的沉浸式互动H5，让消费者以读诗的形式自主设计个性包装，体验江南之美。

在短片AI忆江南中，伊利将亚运会主题的定制包装展示转换为故事讲给消费者。以"日出江花红胜火，春来江水绿如蓝，能不忆江南"拉开短片帷幕，在孩童与夫子的一问一答中展现别具韵味的江南风貌。围绕何为千年之江南的主题，与AI展开对话，在一帧帧山水回忆录中穿插诗词歌赋，贯彻江南诗情画意的形象。随后笔锋一转："那现在的江南呢？"展开对杭州亚运会的描写，以"为梦想乘风破浪"描绘诸多体育健儿风姿，巧妙回扣亚运会主题。它在带给人别开生面的视觉享受的同时，加深了消费者对伊利定制包装纯牛奶的立体感受。

基于先进的AIGC技术，伊利还开发出一款富有趣味性的互动H5，号召并集聚了消费者们，利用"朗诵诗歌"的创新方式，通过AI绘制伊利定制包装。用户扫码读诗后便可以AIGC设计师的身份，利用AI绘制出专属的牛奶包装，最后还可以在盒面上收获一句AI对作品的诗意评语，增强趣味体验。通过这些内容形式，伊利让消费者更深入地感受到江南之美。

伊利借助AIGC技术将诗人们的名句还原为烟雨朦胧的江南水墨画，更加生动立体地展现了产品包装上的江南景象及差异化的城市影像。让用户通过H5吟咏江南诗词、AI绘图的游戏化交互体验创作私人化、定制化的亚运会主题产品包装，满足个性化互动需求，带给用户丰富、深度的参与感与互动感。伊利在人工智能技术与全新交互设计的加持下进行了新探索，既丰富了产品的文化内涵、扩大了包装焕新的品牌声量与吸引力，更彰显出品牌强大的市场洞察力、技术实力与研发实力。

AIGC技术作为一种新型内容创作模式，在内容生产上展现出强大的表现力，AI创作为品牌广告内容生产提供了更大的想象空间与更多元、新颖的视觉表达。

5. 渠道规划

内容需要通过各种渠道传递给目标用户，在对内容定位、形式等进行规划后，还需要布局内容的分发渠道。在内容的投放上，需要有针对性地选择发布平台。此部分内容将在3.4.1中详细介绍。

6. 时间规划

不管哪种形式的内容，通过何种渠道发布，都要注意时间规划。时间的选择和规划决定内容的效果，在最佳时间段进行内容推送，才能吸引更多的精准用户参与内容的阅读、分享、互动，达到内容效果最大化的目标。运营时间规划是结合目标用户的平台使用习惯来制定的，如表3-8所示。一般可选择一天中的四个时间段发布内容，可根据每个时间段用户的活动轨迹来制定内容。

表3-8 运营时间规划

时间段	用户行为	投放内容
6：20—9：00	起床、通勤时间	这时适合发布一些正能量的信息。例如，早安问好、天气信息、交通信息等，图文并茂，让阅读的人感觉正能量满满，改善当天的心情
11：30—14：00	午休	这时可以发布一些产品的软广告，利用这个时间段让用户逐渐了解产品
16：40—19：00	下午下班和晚饭时间	在下班的路上和吃饭的间隙，大家可能会浏览各种内容，这时可以发一些与生活相关的，能引起多数人共鸣的内容
20：30—23：30	一天中相对较安静和空闲的时间	适合考虑问题，这时候就可以发一些产品推荐类的信息，引导用户做出购买决策

任务3.3　创作与优化内容

3.3.1　内容创作的基本流程

内容创作
流程

内容创作是内容运营者一项重要的日常工作，在对内容运营做好了详细的规划之后，内容运营者就可以依据规划进行内容创作工作。内容创作的基本流程一般包括以下几项。

1. 明确内容创作的目的

在新媒体内容运营中，明确内容创作的目的是非常重要的，有了目的才能在创作过程中明确定位、把握方向。内容创作的目的一般有品牌宣传、用户维护、产品销售等。

（1）品牌宣传类内容旨在塑造、提升品牌形象。内容运营者通过运用图文或短视频等形式制作品牌宣传片，传播品牌故事等具有品牌宣传力、能提升品牌形象的内容，让目标用户对该品牌产生良好印象。

（2）用户维护类内容侧重于对用户的服务和维护，通过图文、视频、直播等形式，向用户传递服务类信息，进行答疑解惑或提供便利性服务，提高用户的满意度。

（3）产品销售类内容需要刺激目标用户的购买欲望，进而使其产生购买动机。在进行这类内容创作时，需要厘清产品卖点，结合用户使用感受，给出推荐理由。

为了实现内容创作的目的，运营者需要将其量化为可衡量的数据指标。以品牌宣传为例，运营者需要制订计划，在内容发布后多长时间内获得多少展现量，增加多少粉丝数量。在整个内容创作过程中，运营者应该以内容创作目的为核心，不能偏离目的。

2. 确定内容大纲

内容大纲是根据选题、内容形式、创作目的梳理出的内容纲要，它可以帮助运营者更好地规划和组织内容，以确保内容的质量和连贯性。

大纲是全篇内容的要点所在，运营者需要梳理出内容大纲，把内容分为几个部分，明确每个部分分别要向用户传递什么信息，并规划好每部分内容的长度。梳理内容大纲可以让内容更有逻辑和条理，也会让运营者更容易把控内容长度。

在选题确定后，可以先列草稿，记录观点、想法并捕捉灵感。很多时候，看到选题时在创作人员脑海里就会出现一些相关的观点以及转瞬即逝的创作灵感。因此，要及时记录下这些信息，形成草稿，之后进一步扩充、优化，为内容创作奠定基础。

3. 确定内容制作周期

为了确保内容能够在规定时间内按时发布，运营者需要提前规划好内容的制作周期。如果内容的发布频率和内容选题是固定的，需要提前准备一定的内容存量，保证在需要时能够快速制作出高质量的内容。

4. 确定团队分工

内容制作通常需要一个团队来完成，为了让所有参与者各司其职，完成内容创作任务，运营者需要进行分工和协作，确定每个参与者的职责、任务、完成时间、完成标准等，并确保所有参与者都能够按照要求完成任务。这样才可以保证所有参与者都能够充分发挥自己的能力，保证内容创作的质量和进度。

运营实践
新媒体内容生产方式的发展

UGC（User Generated Content）即用户生产内容，这既是一种内容生产方式，更是一种内容生产关系。作为媒体，将内容生产这一核心环节置于组织之外，让一部分用户（自媒体）为另一部分用户（内容消费者）生产内容，这是基于技术基因的平台型媒体的首创机制。其不仅真正定义了平台型媒体的内涵，定义了平台型媒体和自媒体这两种生产主体之间的差异，更定义了平台型媒体驱动自媒体进行内容生产这一新媒体时代独有的生产关系。

用户生产内容打破了传统媒体从内容生产端到信息传播端的"纵向一体化"结构，令内容生产与信息传播主导权分化，更细致的专业分工促使内容生产与内容传播的效率均得到了提升。

随着实践的发展，UGC又分化出PGC和OGC两种延伸模式。PGC（Professionally Generated Content）即专业生产内容，指的是内容生产者以资质、经验、学历等为基础，以专业身份或专家人设生产垂直领域内容。OGC（Occupationally Generated Content）即职业生产内容，指的是内容生产者以内容生产为职业。PGC和OGC并非独立的内容生产模式，而是UGC模式的衍化和发展，是UGC主体属性和来源的分化与丰富。因为从本质上来说，这两种模式都服从于自媒体与平台型媒体所构成的内容生产关系。

近年来，人工智能技术应用的发展催生了新的人工智能生成内容（AIGC）的方式。AIGC（AI-Generated Content）是一种新型的内容创作方式，它继承了专业生产内容（PGC）和用户生成内容（UGC）的优点，并充分发挥技术优势，打造了全新的数字内容生成与交互形态。随着科技的不断发展，AI写作、AI配乐、AI视频生成、AI语音合成，以及AI绘画等技术在创作领域引起了广泛应用和讨论。

3.3.2　内容素材的搜集与整理

1. 素材的来源渠道

素材指的是从现实生活中搜集到的、未经整理加工的、分散的原始材料，可能是一段文字、一张图片，也可能是一段音频或者视频，这些材料经过集中、提炼、加工和改造，就成了内容创作的基础。运营者在内容创业的过程中需要使用大量素材。一般来说，素材的来源渠道分为内部渠道和外部渠道两类。

（1）内部渠道。内部渠道获取的素材是内容运营人员自身或团队的经验、看法，一般包括个人的经历、个人的作品、个人的思考，其他人无法轻易获得。想要从内部渠道获取素材，要求内容运营人员在工作生活中树立素材意识，搜集有可能成为素材的资源，如品牌活动现场图片、产品介绍、产品相关信息等。

（2）外部渠道。来源于内部的素材相对有限，具有一定的狭隘性，在通过内部渠道获取的素材不足时，运营者需要从外部渠道获取素材。外部渠道类型如表3-9所示。

表3-9　外部渠道类型

类型	典型渠道
社交类媒体	如微博、微信、朋友圈、抖音、小红书等
社群类媒体	如豆瓣、知乎、贴吧、微信群、知识星球等
信息类媒体	如本地论坛网站、今日头条、微信公众号、百度、新闻类网站等
线下类活动	如产品发布会、用户体验活动等

2. 素材的归纳和整理

素材的来源渠道很多，为了提高工作效率，运营者应当在日常工作中养成收集、保存素材的习惯，将素材分门别类地储存在素材库中，在需要的时候取用。素材一般可以分为三类。第一类是运营者可以直接使用的素材，既包括从内部渠道获取的资料，也包括一些经过授权的图片、音频、视频等。第二类是经过运营者加工后使用的素材，主要包括一些已经公开的案例、故事、热点和数据等。第三类是运营者可以学习和借鉴的优秀作品，作品中的部分内容可以为运营者提供创业灵感，如内容的标题、选题、排版、脚本等。

在归纳素材类型后，需要对素材进行整理，整理素材实际上是一个选择和淘汰的过程，素材并不是越多越好，只有有价值的素材才能帮助运营者创作出高质量的内容。在整理素材时，应当遵循以下原则。

（1）及时更新。用户很容易关注具有时效性的素材，如热点事件、热点人物等。这些素材因为用户的关注而自带流量，在整理相关素材时，应及时更新。

（2）差异化选择。利用差异化呈现有吸引力的内容，有利于获得用户的关注。在选择差异化素材时，运营者还应当具备发散性思维，可以从多角度联想，提高素材影响力。

（3）选择性删除。网络上素材丰富，在选择时应避免侵权，对于无法确定来源、未经创作者授权的素材，可以选择性删除。

即学即练

五一劳动节临近，某企业计划推出一款家用智能擦窗机器人，假如该企业希望采用短视频的形式进行营销推广，请帮助企业搜集、整理相关素材。

运营实践

如何建立强大的素材库

1. 阅读、记笔记

阅读是获取写作灵感的首推方法，无论写作与否，阅读都很有必要。阅读时做笔记，可以把内容读薄，装进自己的素材库里。

2. 随时随地记录灵感

灵感无处不在，但稍纵即逝。灵感一出现，一定要记录下来。比如平时看书时的感悟、书上触动人心的好句子、工作时的笔记、走在路上突然出现的灵感、和朋友聊天时的好话题、电影观后感等。

3. 关注行业账号

关注一些所在行业的KOL，获取一手信息。

4. 选择适合自己记录的软件

此类软件比较多，如印象笔记、OneNote等，应根据自己的需求选择合适的记录软件。

5. 给素材做好分类

可以按主题、领域、时间等维度进行素材分类。

6. 提炼自己的素材

把看到的、有可能用得上的素材，简短地用自己的话写下来并进行提炼，通过模仿、联想等方式，内化成自己的东西。

7. 定期复盘

定期复盘，整理自己的素材库，可以通过删除不需要的素材、优化素材质量、更新素材等方式进行素材优化。

3.3.3 内容创作的实施与优化

1. 实施创作

在确定了内容的主题和形式后，就可以开始进行内容创作了。在实际创作过程中，需要注重不同形式内容的表现力，不同形式内容的创作方法与技巧将在后续项目中详细讲解。

在内容创作过程中，需要注意以下两点：

（1）注重情感的表达。注重情感表达的新媒体内容往往能够引起用户的共鸣，可以唤起用户心理与情感上的需求，从而提高他们对内容的认同感、依赖感和归属感。使用情感来包装内容，可以使内容富有感染力，通过真实表达、引用有感染力的故事、创造有共鸣的场景、塑造有代表性的角色等方式，建立与用户的情感联系，可以增强内容的感染力和影响力。除此之外，内容运营人员还要善于挖掘用户的情感需求，通过内容唤起用户心理或精神上的认同来激发用户产生思考，将内容深深印在用户的心中。

（2）保证内容有吸引力。优质的新媒体内容是能够吸引用户，促进用户评论、分享的，只有保证内容对用户具备吸引力，才能达到比较好的运营效果。具体注意事项包括以下几点。

① 与"我"相关。用户总会不自觉地关注与自己本身相关的内容。在新媒体创作过程中，内容运营人员要着重把握用户的这种心理来构思内容。

② 关注用户感受。内容运营人员在创作内容时，一定要以受众为中心，以受众思维为立足点去思考，只有知道他们想要什么、怎么做，才能打动他们，引起他们对内容的理解与认同。

③ 制造反差。人的感官会主动积极地搜索周围环境中的突发情况，如寂静空间中的响动、漆黑环境下的亮光等。反差的事物能够加强人的这种感官体验，引起用户的关注。

职场零距离

新媒体内容创作的核心能力

1. 内容选题能力

能够根据目标客户的需要、痛点等信息确定选题。需要了解市场趋势和热点，把握受众的需求和兴趣点，以便选择受欢迎的选题。确定选题需要有敏锐的洞察力，能够发现独特的角度和亮点，创作出更具特色的内容。

2. 内容写作能力

包括素材收集能力、素材加工能力，以及对各个自媒体平台运营规则的了解等。需要有广泛的知识积累，能够收集足够的素材，并对其进行加工和整理。需要了解各个自媒体平台的规则和特点，以便创作出符合平台要求的优质内容。

3. 内容运营能力

能够将内容推广到更广泛的受众中，并提高其价值。需要有营销和推广的能力，能够通过各种渠道将内容推广给更多的人。需要有数据分析和用户反馈能力，能够及时调整运营策略，提高内容价值。

4. 用户感知能力

能够深入了解用户需求和兴趣点，创作出符合用户口味的内容。需要有敏锐的洞察力，能够了解用户的需求和兴趣点，并将其融入内容创作中。需要有用户反馈和互动的能力，能够通过用户反馈和互动了解用户的评价和意见。

5. 用户运营能力

能够通过与用户的互动，建立和维护良好的用户关系，使作品得到更多的关注和认可。需要有沟通和互动的能力，能够与用户建立良好的关系，并保持关注度和认可度。需要有用户管理和数据分析能力，能够根据用户数据和反馈调整运营策略，提高作品的价值和认可度。

6. 大众审美能力

能够创作出具有吸引力和美感的作品，使其在众多内容中脱颖而出。需要有审美和设计能力，能够创作出具有吸引力和美感的作品。需要有对潮流和时尚的敏感度，能够紧跟潮流，创作出符合大众口味的作品。

2. 内容优化

为了保证内容质量，在完成内容编辑之后，还应该进行内容优化。运营者需要养成对已经编辑完成的内容进行检查和修正的习惯。对于比较重要的内容，可以在小范围内进行用户反馈测试。

（1）内容发布前的优化。内容一经发布，就会吸引用户查看，甚至可能形成广泛的传播。如果内容中出现严重错误或不恰当的言论，轻则影响运营效果，给用户带去不好的体验，重则直接影响企业或品牌在用户心中的形象，造成长期的负面影响。

所以，在发布内容前一定要仔细检查，出现以下情况时，需要及时进行修正：①内容中有错别字及错误的标点符号等；②内容中有可能侵权的内容；③内容涉及敏感话题；④内容中有偏激、消极、不健康的观点或言辞；⑤内容中有不符合平台规范的内容；⑥内容中有其他不宜发布的内容。

（2）内容发布后的优化。如果内容在实践中的转化率低或反馈不好，也需要对内容进行调整与优化。这里有两个重要环节：

内容运营中需要关注的数据

① 评估内容效果，关键看内容带来的价值。进行内容评估时，需要关注阅读量、完播率、市场认可度、转化率等指标。其中，转化率是最能反映内容价值的，它是内容创作与推广传播的终极目的。如果用户持续接收到有价值的内容，他就会关注，并在需要时进行主动搜寻。内容能够带来高转化率，就是因为它提供了对用户有价值的信息。

② 调整以用户满意为目的，优化以用户体验为中心。内容需要从用户满意的角度进行调整，否则，进行再多的优化都没有意义。内容调整的整体思路为，通过内容复盘，进一步清晰用户画像，找准用户痛点，分析用户的兴趣点，关注用户近期兴趣的变化，让内容符合用户的期待。

新媒体内容优化技巧

主要有以下三个优化的方向：

（1）提供有实用价值的内容。内容要让用户有所收获、能够给用户带来优惠、能够解决用户某一方面的难题或是为用户带来知识积累等。

（2）内容具有趣味性。用户都喜欢阅读有趣味性的内容，除了专业性很强的内容外，还可以适当将内容娱乐化，提升内容的阅读趣味和用户的阅读兴趣。

（3）内容有震撼力。有震撼力的内容能够给用户留下深刻的印象，特别是稀缺性和意外性的内容，震撼力度越大，越能引起用户的兴趣，引发用户的自主传播。

2. 内容具有扩展性

优质的新媒体内容应该具有强大的可扩展性，能够通过内容衍生出其他更丰富的物质或精神方面的需求，如品牌理念、价值观内涵等，引发用户直接购买或者带动用户产生二次跳转行为。

3. 内容具有延续性

可以借鉴小说中的"连载"方法，让内容引起用户的阅读兴趣，使用户对接下来的内容产生期待与继续阅读的冲动，牢牢抓住用户想要继续阅读的心理，将用户转化为内容的忠实粉丝。

1. 内容符合用户需求

要想通过内容吸引用户阅读、产生转化效果，就要从用户的切身利益出发。

任务3.4　发布与传播内容

3.4.1　常见的内容发布平台

多平台联合发布，是以新媒体内容运营为基础，将内容发布至多个新媒体平台，形成新媒体矩阵效应的运营方式。在新媒体领域，无论是头部账号还是刚投入运营的新媒体账号，都需要在多个新媒体平台发布内容，因为不同平台都有按不同属性标签黏合起来的大批用户，多平台联合发布能够帮助内容触达更多聚合于不同平台的陌生用户。

1. 新媒体平台的类型

新媒体平台的核心属性有内容和社交两种。

（1）基于内容属性的平台分类。这种分类方式主要取决于用户对平台的主要需求，可以按此将新媒体平台分为信息资讯、知识获取、视频和销售四种类型。信息资讯类平台以今日头条、一点资讯等为代表；知识获取类平台以知乎、喜马拉雅等为代表；视频类平台以哔哩哔哩、抖音等为代表；销售类平台以淘宝、京东等为代表。

（2）基于社交属性的平台分类，可以分为熟人社交平台和陌生人社交平台。熟人社交是指以熟人关系为基础的互动、交流类社交行为，比较典型的熟人社交平台包括微信、QQ、钉钉等。熟人社交平台的运营方向应该是刺激转发、价值观培养、粉丝黏合和转化。陌生人社交平台指的是发生在陌生用户之间的互动、交流类社交行为，比较典型的陌生人社交平台包括抖音、微博、小红书等。陌生人社交平台有良好的传播性，运营方向应该是宣传、曝光、引流，最终实现转化。

运营实践

平台型媒体对内容的审核方式

健康运行是平台型媒体必须履行的主体责任，也是其生存和发展的必备条件。在对自媒体内容产出进行生态治理方面，平台型媒体主要有两种截然不同的对策。

其一，发布前审核制。这是一种事前审核机制，网易号、头条号和抖音号都采用这种方式。这种方式在自媒体创作者发布内容之前筛查并禁止问题内容的传播。其优点在于确保内容安全，缺点在于延长了创作者的内容发布时间，在分秒必争的移动互联网时代容易错失内容的先发优势，也容易影响创作者的热情。

其二，事后纠错制。微信公众号体系使用的就是这种模式。它虽然面临着较高的风险，但对平台型媒体生态来说，也具有一定的促进作用，有助于激发创作者的动力。它尽量把评判标准交给内容用户市场，从结果反馈的角度来评判其是否应该进行管理规范。

2. 典型新媒体平台的特点

（1）微博。微博的主要特点包括用户标签极致化和内容极简化。微博对大部分用户的意义在于获取信息，且有较强的针对性。比如，用户使用微博热搜功能，是为了获知实时发生的热点事件。与其他信息咨询类新媒体平台的不同在于微博具有强社交性。微博用户基数庞大，包含各种类型的用户，他们的主要特点有偏爱娱乐、思维跳跃、热衷辩论、立场明确等。

微博内容分为两种形态，短微博和长微博。短微博能随时随地发布心情、见闻；长微博可以通过深度策划和创作，来发布分析、思考型内容。总体来看，目前短微博占比更高，长微博受众相对有限。

（2）今日头条。今日头条拥有完善的算法推荐逻辑，是一个功能元素丰富的信息资讯类新媒体平台。它的用户基数庞大，年龄覆盖范围广，用户内容获取的兴趣标签清晰，以"社会""娱乐"为主。不同于微博用户喜欢发表个人看法，今日头条用户受内容点赞数和评论数的影响较为明显。

今日头条内容以社会、娱乐两大标签为头部内容，集合本地、健康、时政、财经等内容类型，依托技术算法机制进行内容推荐，观点鲜明的内容会引发更强的引导性。

（3）哔哩哔哩。哔哩哔哩是年轻的新世代人群高度聚集的文化社区和视频平台。哔哩哔哩的用户具有创意性和优越感，渴望被认同。哔哩哔哩的内容具有丰富的创意和想象力，它的平台差异性主要体现在弹幕和圈层文化上。

（4）抖音。抖音是短视频平台的代表，抖音用户年龄跨度大，区域范围广，平均使用时间长。抖音平台更强调内容，标题、封面等属性相对弱化，可以通过制作热点内容获得流量推荐。抖音平台的算法推荐逻辑分为兴趣爱好推荐、视频热度推荐、粉丝推荐三种，分别根据视频内容标签与用户兴趣标签匹配程度，视频点赞、评论、转发量等数据，以及用户对相关账号的关注情况等推送内容。

（5）小红书。小红书开创了社区电商模式，最初以海外购物经验分享为主，聚集在美妆商品相关领域；后延伸至旅游、家居等多个领域。作为"内容+销售"的典型代表平台，小红书以其较为出众的商品品质，树立了高格调的新媒体平台形象。小红书的用户以年轻女性为主，追求精致、个性化，交互性强。小红书主打用户社区，每个社区都有专属领域的大量KOL，其内容以"笔记"形式呈现，发布方式与短微博类似，可以上传图片、视频；在此基础上又增加了与抖音类似的滤镜、贴纸等功能。

3.4.2　内容发布的注意事项

任何一种媒介的用户都不可能和产品或者品牌的目标受众绝对贴合。因此，在有能力、有预算的条件下，要选择尽可能多的平台发布内容。这样做的目的是使内容发布能最大范围覆盖有效人群，同时降低账号运营风险。例如，一款日用品的广告内容，如果只选择在购物平台上投放，那社交媒介平台上的大部分用户就没有办法获取信息。

新媒体运营者需要基于三个基本点选择平台：

1. 类型匹配

类型匹配指新媒体账号的主要内容形式要与平台承载的主要内容类型匹配。很多运营者认为，在投放过程中内容是核心和关键，而投放的渠道和媒介只是起到传播的辅助作用。这其实是一种误解，因为内容和媒介没有核心和辅助之分，而是互相适应的。媒介本身是内容的一部分，而内容也必须因为一些媒介的特性而做出相应的调整。只有二者相互协调，内容投放才能取得更好的效果。运营者需要确定账号发布的内容类型，对类型进行二级标签化处理，以帮助用户更好地理解和分类内容，然后再与新媒体平台适合发布的内容类型匹配。

2. 人群基数匹配

平台的基础用户数、平台App下载量、平台注册用户数、平台日活跃用户数均可作为基础用户数的参考指标。平台人数基数越大，运营者将其加入新媒体矩阵的优先级就越高。

3. 属性与风格匹配

属性与风格匹配指账号与新媒体平台之间的匹配程度。例如，今日头条的民生类话题流量相对更高，说明该平台用户大多关注社会热点。小红书销售的商品往往是中高端商品，说明该平台用户的生活水平和格调较高。先以新媒体平台属性与风格推导平台用户的大致画像，再与账号进行匹配，即可挑选出合适的平台。

运营实践

MCN：整合新媒体资源，提高创作效率

MCN（Multi-Channel Network，多渠道内容网络）指的是一种数字内容生产和商业变现的中介组织。在实际运作中，MCN通过寻找和锁定具有流行潜质的个

人内容生产者，先对其内容生产过程进行专业化支持，以提升其内容产出的质量，并为其寻求平台型媒体的流量支持，再通过代理和流量变现来获取收入。

MCN诞生于美妆、美食、旅游等垂直内容领域，这些领域个人内容生产者众多，资源分散，效率低下，MCN是对其的一种系统性整合和优化。MCN通过重组并进行专业分工的方式实现了资源在整个产业链内的优化配置，因此对数字内容产业各参与方都具有重要价值。

对于个人化的内容生产者来说，即便是具有很好的潜质，也很难凭借个人有限的资源和能力在专业门槛越来越高、用户越来越挑剔的数字内容市场中杀出重围，而MCN能够提供专业化的服务，帮助其补齐专业能力方面的短板。例如，全面满足如何设定和优化主播人设，如何进行专业的视频制作，如何吸引内容消费者的注意力，如何争取平台型媒体的流量倾斜这些细分领域的需求超越了个人内容生产者的能力范畴，需要专业人员和团队来协作完成。

同时，对于个人化的内容生产者来说，即便其具有很高的创作天分，可以通过输出优质内容来获取流量，但在商业变现方面也很难达到专业级别。例如，很难专业化地与广告主沟通，为广告投放和内容衔接确立策略，从而实现商业价值最大化变现；很难通过专业的手段将自己在内容消费者认知中塑造的IP价值进行跨产业、跨行业的变现，或者通过专业化的设计和营销推出内容周边产品。而MCN可以提供这样的服务。

MCN还有另外一个重要价值，即帮助内容生产者向平台型媒体争取更好的流量资源倾斜，如获得曝光机会、热门推荐和首页推荐等。

简单来说，MCN能够帮助内容生产者优化生产和培育流量，也能够帮助内容生产者进行商业变现，还能够帮助平台型媒体获得优质的创作者和内容资源。

3.4.3　内容传播矩阵的构建

内容传播矩阵是指将多个媒体平台组合在一起，包括视频平台、音频平台，以及图文平台，为同一个企业或者个人打造品牌，在内容输出时加入产品营销策略，相当于一个企业或者一个人同时运营多个平台。

1. 构建内容传播矩阵的意义

相对于单个平台的自媒体，传播矩阵更容易获得流量。首先，多平台面向的用户群体更大；其次，用户在不同平台重复看到产品或品牌信息，其进一步深入了解产品的概率就远远高于单平台接触。

每个平台的推荐机制以及受众都有一定的差异。同一篇文章发到不同的平台，收到的效果也会不一样。例如，某篇文章发在微信公众号上，可能反响平平，甚至无人问津；但是发在知乎上却有可能因其内容的专业性得到大量的推荐。所以，构建传播矩阵不仅增加了流量获取的渠道，也拓宽了流量池。简而言之，传播矩阵就是要让用户不管到哪个平台，都能看到推广内容的输出。但因为每个平台的类型及受众分类不同，在多平台推广时，要考虑内容与平台及用户之间的匹配度，而不是简单的"搬运"。

2. 构建内容传播矩阵时应该考虑的因素

（1）立足内容定位。构建内容传播矩阵是为了更好地宣传内容，要结合自身的内容定位，打造具备品牌属性的自媒体矩阵，快速提升宣传能力，达到宣传效果。科技用户一般会在新闻客户端了解资讯，彩妆用户比较关注视频、直播平台，知识型群体则普遍喜欢浏览知乎、豆瓣……了解用户的网络触媒习惯，是建立传播矩阵的重要前提。

（2）明确自身需求和平台功能。对运营者而言，并不是所有的媒体平台都是必要的，要清楚自己在初创阶段进行传播的目的，挑选合适的平台；要明确哪些平台用来曝光、哪些平台用来引流、哪些平台用来传播产品信息。

（3）合理规划媒体数量。比媒体矩阵规模更重要的是内容运营，特别是高质量内容输出。在构建内容传播矩阵时，一定要思考清楚账号所发的内容与账号的定位后再选择入驻平台，要考虑清楚所发布的内容需要达到什么目的，是否符合用户偏好。

运营实践

多形态，跨平台，构建传播生态——《人民日报》的全媒体矩阵构建

信息技术的发展重塑了媒体生态和传播格局，突出表现在三个方面：一是由过去的信息稀缺转向注意力稀缺，从人找信息变为信息找人；二是中心化传播与去中心化传播、泛中心化传播并存；三是从

"我说你听"的单向线性传播转向双向互动、多点散射传播，受众参与度越来越高。在技术革新的大环境下，传统媒体的数字化转型离不开主动改变、守正创新。

《人民日报》积极把握新传播格局下的舆论引导力和话语权，不断扩大优质内容产能，顺应移动化、社交化、可视化趋势，发挥先进技术的引领作用，守正创新，以内容为导向进行数字化转型，扩大并延伸宣传阵地，进行多元形式表达，打造基于社交属性和资讯聚合的平台媒体，增强宣传实效。

在内容创作上，《人民日报》融合的核心就是要呈现更优质、更多元的内容产品，在此基础上搭建平台、构建生态，以主流价值导向驾驭算法，在保证与用户需求精准匹配的同时，塑造正向"价值观"，让正能量有序循环。

在生产方式上，向扁平化、去中心化靠拢，鼓励创新和创意，探索"党媒算法"。推出人民号、融合号等内容平台，让更多的PGC和UGC参与到生产和传播过程中，让内容生产更多元，触角更丰富。

在表现形态上，从可知到可感，从可感到可在，创造"有我"的参与感。全媒体时代，人民日报社通过短视频、H5、动漫、VR等全媒体方式发声，新闻生产从"可知"迈入"可感"。

在传播渠道上，人民日报社主动布局各类终端平台，扩大地域覆盖面、人群覆盖面、内容覆盖面。

《人民日报》通过多维度的垂类内容品牌、多形态的全媒体内容形态、去中心化的内容生产机制、全覆盖的内容传播渠道，实现内容产品的百花齐放，《人民日报》不再是一张"纸"，而是无时不在、无处不在，以各种方式来到受众面前，破圈、跨圈传播主流价值观的全媒体矩阵。

（资料来源：改编自"人民号"文章。）

项目考核

一、单项选择题

1. 以下选项中，不属于内容含义的是（　　）。

   A. 事物内部所包含的实质性事物　　　　B. 内容与"形式"相对

   C. 事物内在因素的总和　　　　　　　　D. 内容是用户的经验和感受

2. 目标用户主要会影响内容定位中的内容领域和（　　）。

   A. 内容风格　　　B. 内容来源　　　　　C. 内容数量　　　　　D. 内容发布时间

3. 内容运营的作用是提供用户需要的内容、提升用户参与感、（　　）和提升营销质量。

   A. 搜集信息　　　　　　　　　　　　　B. 传递产品或品牌定位

   C. 记录企业活动　　　　　　　　　　　D. 营销机会评估

4. 来源于内部渠道的素材不包括（　　）。

   A. 个人的经历　　　B. 个人的思考　　　C. 个人的作品　　　D. 网络平台的资料

5. 素材整理的原则不包括（　　）。

   A. 及时更新　　　B. 差异化选择　　　　C. 选择性删除　　　D. 全面覆盖

二、多项选择题

1. 以下属于新媒体内容形式的有（　　）。

   A. 图文　　　　　B. 音频　　　　　　　C. 直播　　　　　　　D. POP广告

2. 内容创作的基本流程包括（　　）。

   A. 明确内容创作的目的　　　　　　　　B. 确定内容大纲

   C. 确定内容制作周期　　　　　　　　　D. 确定团队分工

3. 选题规划的执行步骤包括（　　）。

   A. 了解目标受众　　　　　　　　　　　B. 分析账号和内容类型

   C. 行业内容分析　　　　　　　　　　　D. 建立选题库

   E. 持续优化选题

4. 素材来源外部渠道的类型包括（　　）。

   A. 社交类媒体　　　　　　　　　　　　B. 社群类媒体

   C. 信息类媒体　　　　　　　　　　　　D. 线下类活动

5. 在发布内容前，如果出现不健康、消极、偏激的观点或言辞，以及以下的情况，需要及时进行修正：（   ）。

    A. 错别字及标点符号错误   B. 可能侵权的内容

    C. 涉及敏感话题   D. 不符合平台规范的内容

    E. 其他不宜发布的内容

三、判断题

1. 内容运营包括内容创作和内容优化两部分。（   ）

2. 文字是最基础的内容形式，适合快速表达简单信息。（   ）

3. 来源于外部的素材一般包括个人的经历、作品和思考。（   ）

4. 通过第三方平台发布内容，不需要关注内容和渠道的匹配度。（   ）

5. 构建内容传播矩阵时，应考虑的因素包括立足内容定位和合理规划媒体数量两项。（   ）

四、案例分析题

锐意创新，厚植文化之根

    李某是一位美食短视频创作者，她的视频内容主要是展示传统美食文化和自己的生活日常，如做饭、烹饪、剪纸等。李某的视频风格简洁、精致，画面优美，配乐恰到好处，受到了很多人的喜爱，她也因此获得了大量粉丝，成为一位备受关注的美食达人。

    优质且富有特色的内容是李某获得大量关注的重要因素，更是李某美食短视频能够长期发展的核心所在。

1. 内容定位

    随着市场竞争的日趋激烈，产品高度同质化，具有独特性、差异性的品牌才能吸引消费者的目光。李某的美食和手工艺视频的内容定位为田园古风。在她的视频中，她身穿汉服，手拿农具，穿梭在田间耕种作物，或在家中制作果酱，从人物服装到道具，劳作场景和背景音乐，均为风格统一的古风路线，内容风格简洁、精致，画面优美，配乐恰到好处，其中融入的中国文化不仅吸引了国内观众，而且让海外观众瞩目。

2. 内容创新

    李某不断探索和创新，她的内容形式和风格不断变化。在视频中所展现的现代化生活的诗意田园风格满足了人们对"桃花源"的追求。她在短视频制作中还融入了很多中国传统文化元素，如书法、剪纸、京剧等，为她的产品赋予了文化内涵，通过它们表达了生活的态度和追求。视频虽短，但内容丰富，呈现出一种仪式感。快节奏的社会环境使人们向往慢生活，而李某的视频正好满足了人们对美好生活的情感需求，美食和文化的传播得到了更多人的认同，同时，她还将传统美食与现代生活方式相结合，创造出了一系列符合年轻人口味的美食产品。

3. 内容优化

李某的团队注重拍摄细节，善于捕捉生活中的美好瞬间，并通过精细的后期制作将其呈现出来。她的制作团队在短视频制作方面的丰富经验和专业水准，为她的内容质量和影响力奠定了基础。

总之，李某的团队将中国传统美食文化和现代生活方式相结合，通过精致的画面、优美的音乐和精心的制作，吸引了大量粉丝和用户，实现了品牌推广和商业价值的双赢。

团队注重视频内容和形式的创新，提高视频制作质量，突出IP特质，依靠运作优良的团队运营，进行多平台传播，从而给其他自媒体品牌的网络营销提供借鉴。

问题：

请结合内容运营相关知识，解析李某的账号获得用户认可的原因。

项目实践：新媒体内容发布平台实践

一、实训目的

1. 掌握新媒体内容平台的特点。

2. 能够选择合适的新媒体内容平台。

二、实训要求

1. 两周内完成实训。

2. 制作汇报PPT。

三、实训组织

在教师指导下以小组为单位开展实训。

四、实训内容

在众多的新媒体内容投放平台中，请选择3个熟悉的平台，根据平台特点，给出在该平台进行新媒体内容创作和投放的建议。

五、考核要求

考核项目	考核内容
PPT 制作规范	• 设计统一，包括字体、颜色、布局等。 • 文字内容简洁明了，避免使用过多的文字。 • 内容清晰易读，字体大小合适，颜色对比明显
思路清晰，逻辑合理	• 有明确的主题和目的。 • 内容组织合理，能够清晰地呈现思路和观点。 • 使用的逻辑符号（如箭头、方框等）和编号能够清晰地表达内容的结构和层次。 • 内容的逻辑性强，符合听众的认知和接受能力
内容正确、完整、合理	• 内容要准确、完整、合理。 • 使用的图表、表格和数据准确可靠，清晰易懂。 • 内容要与主题和目的紧密相关
有自己的见解	• 内容需要有独特的见解和思考。 • 见解需要合理，有据可查，并且能够为听众提供思考和启示

新媒体活动运营

学习目标

素养目标

■ 培养协同努力、自愿合作的新媒体活动运营团队精神

■ 培养与时俱进、开拓进取的新媒体活动运营创新精神

■ 培养思路清晰、学思敏捷的新媒体活动运营逻辑思维

知识目标

■ 熟悉新媒体活动运营

■ 掌握新媒体活动运营的策划流程

■ 掌握新媒体活动运营的实施流程

■ 了解新媒体活动运营的复盘要点

能力目标

■ 能够制定可行的新媒体活动策划方案

■ 能够做好新媒体活动运营预热

■ 能够按流程实施新媒体活动运营

■ 能够复盘新媒体活动运营

思维导图

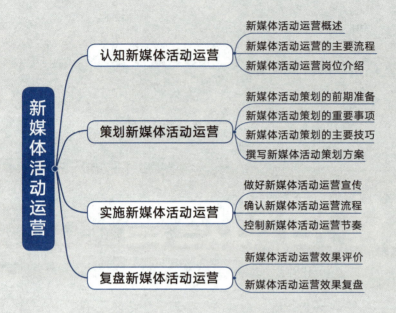

新媒体活动运营

认知新媒体活动运营
- 新媒体活动运营概述
- 新媒体活动运营的主要流程
- 新媒体活动运营岗位介绍

策划新媒体活动运营
- 新媒体活动策划的前期准备
- 新媒体活动策划的重要事项
- 新媒体活动策划的主要技巧
- 撰写新媒体活动策划方案

实施新媒体活动运营
- 做好新媒体活动运营宣传
- 确认新媒体活动运营流程
- 控制新媒体活动运营节奏

复盘新媒体活动运营
- 新媒体活动运营效果评价
- 新媒体活动运营效果复盘

学习计划

■ 素养提升计划

_____

_____

■ 知识学习计划

_____

_____

■ 技能训练计划

_____

_____

数实融合新视界

上快手看亚运，解锁不一样的观赛视角与亚运体验

2023 年 9 月 23 日晚 8 点，万众瞩目的第 19 届亚运会正式拉开帷幕。作为杭州亚运会持权转播商及官方短视频分享平台，快手通过全场次的赛事点播、多档自制节目、丰富的互动玩法等新媒体活动运营，为观众带来更多视角、更加立体化的观赛体验。

1. 赛事"高能瞬间"轻松捕捉，全景看亚运 24 小时不停歇

亚运会期间，在快手亚运会活动页面，亚运会的全部项目、热门赛事、角逐奖牌的决赛，以及有我国运动健儿参与的赛事信息一应俱全，用户可借此全方位概览赛事情况，轻松跟上比赛节奏。快手通过提供 24 小时点播内容、亚运热榜、赛事精彩集锦、专业人士点评等，随时更新比赛数据，同步赛事热点，助力大家关注热门赛事片段。

2. 明星冠军齐参与，多档自制节目点燃全民亚运激情

快手推出专题活动"挑战你！冠军"，通过线上线下联动玩法，打造全民参与运动，让快手达人、运动达人等与运动员同台竞争；推出亚运会运动员访谈类节目《冠军来了》，邀请亚运冠军走进会客厅，带大家感受夺冠人生之路，感受体育荣耀，了解金牌选手夺冠背后的故事，认识不一样的亚运冠军。

3. 全民加入亚运气氛组，"游戏+竞猜"引爆赛事互动参与热情

赛事期间，用户关注节目直播间即有机会抽到幸运大奖。此外，亚运会话题互动、AI 魔表等玩法也精彩纷呈，用户带"＃亚运会"等话题标签发布亚运相关内容，也有机会抽到幸运大奖。为了全方位提升亚运会赛事的趣味性，让更多人能参与其中，感受比赛的魅力，快手特别解锁看亚运新玩法，推出上线赢金币换好礼等活动。

案例启示：

活动运营是新媒体运营的重要方式，主要分为策划活动阶段、实施活动阶段和复盘活动阶段。为了确保活动运营的效果，新媒体运营人员应该系统有计划地开展新媒体活动运营。在本案例中，快手通过个体差异性和立体化为亚运会赛事带来播量级的全面提升，而互动玩法又极大增加了用户的黏性和停留时间，从而带给用户全方位的亚运精彩感受，

也给赛事和品牌带来商业开发的更多可能性。

任务4.1　认知新媒体活动运营

通过在新媒体平台进行图文发布、视频展示或者直播互动等日常工作，可以使企业的新媒体运营平稳进行。有计划地开展新媒体活动，可以帮助企业在某个阶段快速实现新媒体运营目标。因此，新媒体活动运营是实现新媒体运营目标的主要方式。

4.1.1　新媒体活动运营概述

新媒体活动运营是新媒体运营的主要方式，是指企业为了达到既定的运营目标，有计划、系统化地开展某项或某一系列活动的全部过程。新媒体活动运营的本质是通过营销活动和渠道组合传播，满足用户的既有或未来的需求，帮助企业以较低的成本达成运营目标。

1. 新媒体活动运营的特征

（1）持续时间短。运营一场新媒体活动通常是为了解决某个问题，而问题的存在理论上是阶段性的，有时间期限的约束。可以将业务或者产品本体视为长期有效的存在，而新媒体活动是嫁接在本体上的短期行为，新媒体活动的这种短期性可以给用户制造稀缺感，增强其购买欲望。

（2）爆发力强。正因为新媒体活动是短期的，所以要求快速直接地获得结果。爆发力强弱是衡量一个新媒体活动做得好不好的重要尺度。如果新媒体活动运营执行效果好，预期目标就会快速实现。

（3）针对性强。新媒体活动的设计是为了解决某个问题，或者适配某个场景，所以活动具备针对性强的特点。例如，针对某个群体、某个功能、某个时间节点或场景而开展活动。这种针对性是通过“主题+策略+触达”的组合方式来实现的。

2. 新媒体活动运营的目的

（1）以用户为导向，扩大用户规模。这主要是指为了提升新用户数、活跃用户数、会员数等指标的“用户活动”。新媒体活动运营在推介新品、展示品牌、识别品牌和定位品牌等方面发挥着重要作用。企业的活动策划得当且宣传到位，很容易吸引媒体关注，将活动推广到更多第一次接触品牌的用户面前，加深他们对品牌的认识，还可以影响品牌触达度比较低的用户，使其变成真正的忠诚用户。

（2）以销售为导向，提高业绩指标。这主要是指为了提升利润、订单、客单价等业务指标的"促销活动"。一场成功的新媒体活动能带来大量的订单，不但可以提高品牌的知名度，而且对销售也会有较大帮助，如秒杀、满减促销活动等。

（3）以品牌为导向，促进品牌推广。这主要是指为了提升品牌形象、知名度、品牌附加价值的"品牌活动"。一场成功的新媒体活动可以快速、精准地吸引目标用户的注意力，传递品牌的核心价值。特别是影响范围比较广的新媒体活动如果获得了成功，有利于提高品牌的影响力。

即学即练

回忆一下，有没有令你印象深刻的新媒体活动？该活动令你印象深刻的原因是什么？请从新媒体活动运营的特征和目的角度分析。

4.1.2 新媒体活动运营的主要流程

新媒体活动运营并不是仅仅构思一个活动创意或者发布活动信息而是一项系统化的工作。其主要流程分为策划、实施与复盘3个阶段。新媒体运营者需要做好流程中的每一项工作，即在活动开展前详细进行策划，明确目的、形式等，在活动实施时进行控制与监督，活动结束后进行跟进与复盘等。

新媒体活动运营的主要流程

1. 策划

策划是新媒体活动运营的第一个阶段。在此阶段，运营人员需要搭建活动的整体框架，规划好运营工作的每个步骤，并完成准备工作。在策划阶段，主要有以下工作：

（1）构思新媒体活动策划的总体方案。需要列出新媒体活动的主要事项，形成初步的方案雏形，指导后续工作的开展，包括活动背景、活动目标、活动用户、活动主题、活动玩法、时间周期、宣传推广、成本收益、分工合作、风险评估等内容。

（2）预估新媒体活动的整体费用。任何活动都需要资金，因此，策划运营人员要明确新媒体活动的费用，包括活动宣传费用、场地费用、物料费用、人员费用、设备费用、酒水餐饮费用等。

（3）明确新媒体活动内容的可行性。在完成策划方案构思和费用预算预估后，还要分析策划方案所涉及内容的可行性，确保活动策划方案真实可行。一般来说，运营人员从可执行性、实际操作性和绩效三个方面来进行分析。

（4）制定新媒体活动的详细工作安排。为保证活动每个环节的顺利进行，运营人员还需要制定一份详细的合作安排表，将活动策划涉及的内容分解成不同的小环节，明确每个小环节的时间和工作内容，确保策划方案顺利实施。

（5）确定新媒体活动的具体流程和备用方案。除了制订整个新媒体活动的工作计划外，运营人员还要对新媒体活动的具体流程进行安排和细化，只有让参与人员了解并熟悉新媒体活动的主要内容，才能使新媒体活动更加严谨，也更容易获得成功。备用方案是为了妥善解决新媒体活动过程中发生的无法预测的意外事故而准备的，如开场时间延迟、活动嘉宾缺席、设备故障或电力中断、安保人员不够等不可控因素。

2. 实施

在此阶段，运营人员需要将策划方案变为实际实施，包括新媒体活动预热及发布、新媒体活动执行、新媒体活动节奏控制等。

（1）新媒体活动预热及发布。预热的目的在于让新媒体活动获得更多的曝光，让更多的用户知晓。因此运营人员需要通过新媒体活动预热及发布，提高新媒体活动的参与率。

（2）新媒体活动执行。新媒体活动执行的首要工作是确认流程，确保相关工作人员都了解流程，并知晓各自的工作安排，以保证新媒体活动的顺利开展。同时运营人员需要按照新媒体活动策划方案推进进程，并做好数据监测与记录。

（3）新媒体活动节奏控制。新媒体活动的节奏会直接影响活动效果。因此，运营人员应该在新媒体活动执行的过程中关注其进展情况，保证新媒体活动平稳的节奏，营造舒适的参与氛围。

3. 复盘

在此阶段，运营人员需要收集和整理新媒体活动数据，并对整场活动进行回顾及总结。通过复盘，运营人员才能真正掌握新媒体活动的成功与不足之处，以便在之后的新媒体活动中不断调整和改善，为决策提供优化依据，提升自身的新媒体活动运营能力。

4.1.3 新媒体活动运营岗位介绍

1. 新媒体活动运营助理/专员

新媒体活动运营助理/专员的岗位职责如下：

（1）针对用户行为和产品定位，制定新媒体活动策略，对年度、季度、月度、周的新媒体活动进行规划。

（2）策划新媒体活动方案，确保新媒体活动在指定时间点上线，并对新媒体活动效果进行实时跟踪。

（3）负责新媒体活动宣传物料的策划、制作与宣发，包括但不限于新媒体平台推文、海报、短视频等。

（4）制定具体的新媒体活动规则及用户引导方案，确保新媒体活动的相关宣传需求沟通及资料供应。

（5）负责新媒体活动的组织及实施，全面把控新媒体活动质量，并对其效果进行分析；创新和丰富新媒体活动方法，增加用户的参与感和满足感，达成活跃、留存、转化等运营指标。

（6）负责运营数据分析工作，对用户数据、活动数据、平台数据等进行特征分析并实现可视化结果输出。

2. 新媒体活动运营主管

新媒体活动运营主管的职责如下：

（1）负责策划新媒体活动，包含方案策划、制定预算、供应商需求对接等。通过定期策划活动，用有效的运营手段与团队一起完成月度、季度、年度指标。

（2）根据用户需求、消费场景及数据表现、提出新媒体活动的构想、策略及方案，包括但不限于内容直播形式、互动方法、营销工具打造平台场景并提升用户认识。

（3）负责各类新媒体活动的执行落地及效果分析，独立对接产研团队及数据部门，不断优化新媒体活动形式并制定改进策略，完成目标要求，形成部门的活动库。

（4）根据阶段目标，整合站内和站外相关的活动资源，为活动提升曝光率和转化率；不断探索新的活动玩法，挖掘行业需求。

（5）深入挖掘相关数据，分析用户真实诉求，优化推广和分发策略、实现精细化运营。

（6）对新媒体活动进行复盘、总结和分析，能够沉淀出有效策略，不断优化营销方案。

3. 新媒体活动运营经理

新媒体活动运营经理的职责如下：

（1）输出新媒体活动创意，完成新媒体活动整合营销和跨界传播，基于品牌用户运营的不同阶段和业务的进展程度规划活动，根据资源策划富有创意、迎合热点、贴近节日及品牌的活动或专题。

（2）负责新媒体活动文案的撰写并组织评审；独立主笔或合作制作各类整合传播、营销活动、公关活动等策略文件。

（3）制定新媒体活动的奖励内容、市场推广方式及图文内容，设计活动专题稿；对用户复购、留存、转化等核心指标负责。

（4）建立并完善用户的促活、奖励等机制，跟进新媒体活动及热门话题的策划、执行，并追踪效果；策划并组织社群互动活动，以打造有黏性的高质量社群。

（5）跟进新媒体活动专题的制作和确认工作，跟进处理新媒体活动运营中的问题及用户的反馈投诉，对新媒体活动最终效果负责。

（6）策划系列活动，通过内容、活动等有效方式实现用户留存与拉新，积极与用户互动，促成用户转化；能对用户行为习惯进行分析并分享给相关业务团队作活动数据整理和预估，完成活动结案并对成果负责。

职场零距离
分步进行活动运营

新媒体活动运营，是新媒体运营人员的基础工作之一，它紧紧围绕用户和内容进行，是用户运营和内容运营的延伸。要想做出精华和亮点，需要明白三件事：①所有的活动都要考虑品牌因素；②要有活动预算，但没预算不代表做不了活动；③以结果为导向。

1. 准备阶段

（1）明确活动的目的。

（2）做好4个准备：积累用户资源、了解和学习竞争对手、协同部门的内外部资源、练习日常基本功。

2. 策划阶段

（1）构思活动策划的创意。

（2）撰写活动文案。

3. 执行阶段

（1）活动跟踪。运营人员每天都要盯紧活动的进展，关注用户参与的状态，优化活动过程的细节，保证预期目标顺利实现。

（2）亮点挖掘。要善于发现活动中的亮点，找到活动中的人、事作为核心亮点并进行宣传推广。

（3）提高执行效率。首先是用户的引导，要考虑活动每个环节如何让更多有质量的人参与进来，如何引导更多数量的人加入活动。此外，还要根据活动情况进行及时调整。

4. 总结阶段

（1）活动收获。

（2）活动的注意事项。

任务4.2 策划新媒体活动运营

作为活动运营的第一阶段，策划在整个新媒体活动运营过程中的意义不言而喻。

4.2.1 新媒体活动策划的前期准备

在正式策划新媒体活动之前，运营人员需要先开展相关的准备工作，包括明确活动目的、明确活动主题、明确活动用户等。

1. 明确活动目的

活动目的是新媒体活动运营的出发点和落脚点，对于新媒体活动的策划和执行都具有指导作用。常见的活动目的有拉新、促活、转化和传播四种。运营人员需要根据不同的活动目的设计不同的运营方案，采取不同的运营手段。如以拉新为目的的新媒体活动需要激励老用户邀请新用户，运营人员可以提前为老用户设置拉新任务，再通过奖励措施激励其完成任务。

针对不同的活动目的，设置不同的活动效果考核指标。拉新活动的考核指标主要有浏览量、下载量、新增用户数、获客成本等；促活活动的考核指标主要有用户活跃数、用户在线时长、用户打卡率等；转化活动的考核指标主要是购买转化率、成交额等；传播活动的考核指标主要有品牌曝光度、内容阅读数、内容转发率等。

根据活动目的制定相应的活动目标以后，运营人员还需要对活动目标进行拆分。一个完整的活动运营流程是由多个环节组成的，运营人员为顺利达成最终的活动目标，必须做好每个活动环节的工作。下面以某平台"6·18"活动目标为例进行阐述。

（1）活动目标拆解思路。主要按照获客与留存、新老用户、业务流程、指标计算等内容进行拆解，具体内容如表4-1所示。

表4-1　活动目标拆解思路

活动目标	具体内容
获客与留存	前期获取和后期留存 付费用户数=首次购买用户数+复购用户数 　　　　　=活跃用户数×首次购买转化率+付费用户数×复购率
新老用户	新老用户 活跃用户数=新活跃用户数+老活跃用户数
业务流程	核心业务转化流程 购买人数=活跃用户数×商品详情页触达率×加购率×订单提交率×支付成功率 其中，核心业务流程以电商产品核心产品转化路径为例：①访问App；②浏览商品详情；③加入购物车；④提交订单；⑤支付订单
指标计算	指标计算公式 成交总额=购买次数×笔单价=购买人数×客单价

（2）目标拆解公式。根据以上拆解思路，通过核心业务转化流程拆解"购买人数"，然后再从新老用户维度拆解"活跃用户数"后，可以得出如下公式：

成交总额=购买人数×客单价

　　　　=活跃用户数×商品详情页触达率×加购率×支付成功率×客单价

　　　　=（新活跃用户数+老活跃用户数）×商品详情页触达率×加购率×

　　　　订单提交率×客单价

（3）利用拆解后的目标指导运营工作。从上述拆解例子来看，拆解后的三大核心内容是新老用户数、业务流程转化和客单价。因此，要针对这些核心内容，结合历史数据进行分析并予以对应的运营举措。其核心内容拆解如表4-2所示。

表4-2　核心内容拆解

核心内容	分析内容	发力点案例
新老用户结构	整体规模与结构？整体变化趋势？ 新用户与老用户购买情况有何差异（品类偏好、价格区间等） 昔日没有购买的用户，之后还有购买的可能吗？ 随着时间推移，购买率将如何变化	从整体规模看，若现阶段主要是以新活跃用户为主，购买率比较低，则此次活动主要是以新用户转化为主，通过新客优惠或者新人专区等形式，引导新用户完成首单
业务流程转化	业务购买流程是否顺畅？ 转化率如何？ 主要流失点在哪里？ 流失原因是什么	从业务购买流程看，若用户大多在加购后流失，没有完成最后支付，那么活动期间需要在关键点多引导提醒用户，可以利用优惠券等营销形式，促成用户转化
客单价	用户购买的折扣率如何？ 用户跨品类购买情况？ 用户购买频次如何	从折扣率来看，若用户大多是偏好折扣商品或者使用优惠券支付，则活动形式应以用户偏好的形式设计

2. 明确活动主题

新媒体活动必须要有一个明确的活动主题。活动主题明确以后，在给活动做宣传的时候就有着力点，用户也能在第一时间对活动建立初步印象。活动主题是活动运营的依据，在活动运营中起着重要作用。活动主题是对活动的"包装"，能够有效地提升新媒体活动运营的效果，有助于活动目标的实现。运营人员在设计活动主题时应该注意：

（1）易于理解。在互联网世界中，人的注意力是稀缺资源。活动主题要第一时间吸引用户的注意力，从而增加用户参与活动的意愿。

（2）生动有趣。运营人员应该从目标用户群体的喜好、流行的热点入手，做到活动有趣、有悬念。

（3）投入情感。如果活动主题蕴含的情感能够引起用户的情感需求，产生共鸣，将有利于活动的顺利开展。

（4）给予利益。活动主题应该直接说出活动能够直接给予用户的利益，即这场活动能够给用户带来的价值。

3. 明确活动用户

通过不同维度划分用户群体，制定不同的营销策略，以此来实现用户精准营销。

同时，通过洞察不同群体的特征，激发灵感，优化营销策略。在策划时，活动预算往往是有限的，要合理分配资源，实现效果最大化，就需要认识用户、了解不同群体的特征，合理分配优先运营资源，以此来有针对性地制定营销策略，实现精准营销。明确用户如图4-1所示。

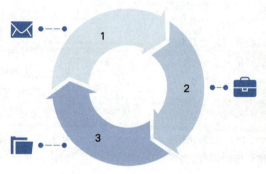

认识用户

对用户的产品使用习惯和带来的价值进行评估，了解每一个群体的共同特征，分门别类地研究不同群体用户的特点，以备后续的精细化管理。

精细化运营手段实施

针对不同特征的用户采取不同的运营方式，提升运营方式的精准性和有效性。

合理分配优先运营资源

运营资源往往是有限的，如何将有限的运营资源发挥最大的价值，需要充分评估使用资源的用户，分析用户过去及未来所产生的价值是否值得投入资源。

图 4-1 明确用户

🎏 **即学即练**

假如你经营一家美妆店铺，为了迎接"6·18"电商活动，请设计新媒体活动运营的主题、目标并分析用户群体。

4.2.2 新媒体活动策划的重要事项

在完成了前期准备后，还有两个重要的工作事项，即活动成本的估算和活动工作的详细安排，下面分别进行介绍。

1. 活动成本的估算

一般来说，一个较大型的新媒体活动的花费包括企业为开展业务和宣传活动所支付的费用、印刷各种产品宣传册所产生的费用、场地租赁费用，以及主持人、摄影人员和与活动相关的其他人员所产生的费用等。企业的预算是有限的，因此，运营人员就应当根据新媒体活动的实际情况，在有限的预算下列出新媒体活动的整体成本预算表，根据活动流程安排细化成本预算。不论是举办哪类活动，运营人员都应该有一套完整的预算方案。确认投入资源和精准效果评估的标准，对于一些并不明显影响活动效果的项目就应当根据预算进行选择和精减。

2. 活动工作的详细安排

为保证活动中每一个环节的顺利进行，运营人员还应当制订一份详细的工作安排表，将活动中涉及的内容分解成不同的子环节，为每个子环节都制订一个目标，所有的目标分别完成后整合在一起才算完成了整个活动目标。运营人员在进行活动策划的工作任务安排时，应该明确每个子环节的时间和工作内容，确保策划方案顺利实施。在进行活动工作安排时，最好先为一个部门安排一个环节的工作，待该工作结束后再安排新的工作，避免出现同一个部门同时负责多项工作的情况，这样才不会增加各部门的工作负担，影响其工作效率。

以某企业周年活动为例，其执行跟进表一般包含的详细内容如表4-3所示。

表4-3　某企业周年活动执行跟进表

序号	工作内容	执行要求	所需物料	完成时间	负责人
1	发布活动预告	在微博、官网、微信公众号同步发布活动预告	活动预告海报	4月20日20：00	甲
2	开启活动预报名	开放报名表单填写入口	活动报名表	4月20日20：00	甲
3	添加预报名用户	微信添加预报名用户	客服微信号	4月29日20：00	乙
4	预报名用户维护	通过微信向用户介绍产品、宣传活动	微信朋友圈文案、微信群话术	4月29日20：00	乙
5	第一波活动预热宣传	官网及微信公众号发布文章	老用户口碑宣传文章	4月23日20：00	甲
6	第二波活动预热宣传	微博、官网、微信公众号	产品介绍海报	4月26日20：00	甲
7	活动倒计时	所有渠道	活动倒计时海报	5月1日19：00	甲
8	活动正式发布	在官网及微信公众号开放活动入口	无	5月1日20：00	丙
9	活动监测	监测各项活动数据	后台数据	5月3日20：00	甲、丙
10	活动结束	关闭所有优惠购买通道	无	5月3日19：00	丙
11	宣布活动结束	在所有渠道宣传活动结束，感恩用户	活动结束海报	5月3日20：00	甲

4.2.3　新媒体活动策划的主要技巧

对于运营人员来说，能够吸引用户参与新媒体活动的重点是活动的内容设计，即活动开展的形式、活动能带来的收获等，下面就新媒体活动策划的常用技巧进行简单介绍。

1. 给予利益

想让用户积极地参与活动，给予利益是一种比较有效的方法。在策划时，运营人员可以采用赠送、抽奖等活动直接给予用户利益。

2. 借助情感

运营中，情感非常重要。有了用户情感上的认同，运营人员在打造人气活动时就会更加得心应手。要想活动走心，展现出情感魅力，让用户产生情感共鸣，运营人员就必须抓住用户的情感痛点，从用户的情感需求入手。

3. 借助节日

新媒体活动运营的最终目的是产品销售、品牌宣传或推广等，借助节日来策划活动，可以更好地促进销售、宣传和推广品牌。要想借助节日开展活动，先要找到节日与企业的产品或品牌之间的契合点；要想找到节日与产品或品牌之间的契合点并将它们关联起来，可以使用分解法，其步骤如下所示。

（1）节日分析。每一个节日都有其特殊的意义，运营人员在策划活动前应该深入了解节日的起源、内涵、目标消费群体等，将节日可能涉及的内容一一列举出来，方便开展头脑风暴。

（2）产品或品牌特点分析。产品或品牌是活动运营的最终对象，要想让消费者对产品或品牌感兴趣，就要在开展活动前对产品或品牌进行分析，将产品的功能、品牌的卖点、目标消费群体等信息一一列举出来，与节日进行匹配。

（3）节日与产品或品牌的关联。将前面两个步骤中整理出来的信息进行匹配，将具有关联性的内容挑选出来，通过内容包装与策划将节日与产品或品牌关联起来，引导消费者由节日联想到产品或品牌，强化消费者对产品或品牌的认知，最终引起消费者的购买兴趣，为产品或品牌带来实际转化。

4. 跨界策划

新媒体活动运营的效果一般会体现在活动的参与度上，但是持续提高用户参与度比较困难。一方面，用户的可选择性非常大，通常不会对某个特定的品牌、产品或活动产生浓厚的兴趣；另一方面，活动运营人员很容易在策划多次活动后暂时进入没有灵感的状态。因此，运营人员就需要做好跨界，在活动策划中，跨界是指不同行业、不同领域的品牌之间相互合作，策划活动。

4.2.4　撰写新媒体活动策划方案

新媒体活动策划方案，是指针对特定新媒体活动运营目标制定、编写的书面计划文档和操作执行说明，以更好地保证活动目标的达成。一份合格的新媒体活动策划方案有三个标准：①可评估，即能回答为什么去做活动；②可执行，即能回答怎么做活动；③可衡量，即能回答如何评估活动效果。在撰写活动策划方案时，可借助5W2H1E模型快速评估活动的可行性，构建系统的活动思路，保证方案的全面性，如表4-4所示。

表4-4　新媒体活动运营方案（5W2H1E模型）

模型要素	具体内容	方案要素
What	是什么？介绍活动的主题、内容，以及给用户的直接感知	活动主题
Why	为什么？介绍活动的背景、起因，解释为什么要做	活动背景
Who	谁？介绍活动的组织者、合作者、参与者，以及各自的分工和任务	活动用户
When	什么时候？介绍活动的时间安排，以及每个节点的运营动作	时间周期
Where	在哪里？介绍活动的场景、渠道，以及用户在哪里来参与活动	宣传推广
How	怎么做？介绍活动的规则，以及如何高效达成目标	活动规则
How much	多少？包括参与者数量、活动的费用预算和预期收益分别是多少	成本收益
Effect	效果如何？结合活动目标对效果进行评估分析	活动目标

（1）活动主题。多为突出活动核心利益和亮点的标题式文案，明确活动核心利益，保证活动策划运营的一致性；同时，突出活动亮点，有利于活动的传播推广，以吸引更多目标用户关注并参与活动。

活动主题

（2）活动背景。阐述活动开展的必要性，也就是在何种背景和问题需求下发起相关活动，即"为什么要做这个活动"。可以借助SCQA模型阐述活动背景。S（Situation，情景）：由大家熟悉的事实数据、情景现象说明现状；C（Complication，冲突）：找出现状与运营目标之间的差距和冲突；Q（Question，问题）：提出当前待解决的问题和运营方向；A（Answer，答案）：引出活动这一解决方案及其主要作用。

对于重要性、复杂度较高，或者创意较新的活动，在活动背景部分需要重点说明。对于大家共识度较高或者较程序化的活动，可适当简化活动背景。

（3）活动用户。即活动面向的用户群体。绑定活动目标，限定用户群体，能够指导活动的设计，提升活动效果。活动用户群体较单一时，直接定义用户群体，说明用户主要特征即可。用户构成复杂时，需要考虑差异化的活动策略，进行用户分层分析，以指导后续活动设计。

（4）时间周期。即活动运营全流程的时间阶段及运营安排，包括起止时间及活动分阶段时间。活动时间节点的确定影响运营的具体动作和效果，而分周期阶段的运营安排能够有效提升活动效果。在保证活动时效性的前提下，可优先选择节日/事件节点，也可结合限定时期的方式，放大活动运营效果。较长周期的活动可划分为推广预热期、起势高潮期、收尾返场期等，应综合考虑各阶段的运营重心和动作。

（5）宣传推广。即为了触达更多目标用户而使用的推广活动，提升活动曝光的渠道和方式，以吸引更多用户参与活动，保证参与活动的用户规模，扩大活动效果。运营人员需要梳理站内外的推广资源，确定适合活动的可用资源及排期，有针对性地设计匹配推广内容。

（6）活动规则。这是活动策划的核心内容，即活动主要的参与流程和规则说明。这部分内容决定活动策划运营的最终效果，也是方案评审和运营的核心。编写活动规则应以用户视角为主，以运营视角为辅，更要关注用户如何参与活动。规则说明即活动的细节规则（如奖励规则、失败规则等）的说明，应尽可能全面、清晰。

（7）成本收益。即活动的费用预算及预期收益的投入产出比（ROI）。活动的投入规模和效率是活动运营费用的基础，决定了活动的运营方式。成本项目包括奖励成本、推广成本、补贴成本等，先要结合活动目标进行预估，明确列出活动费用；再结合预估目标收益与成本费用，计算出活动的投入产出比，确定预期的活动收益效果。

（8）活动目标。即通过活动达成的运营目的和成果，尽可能用量化指标明确具体目标。活动目标是活动效果的预估和期望，反映出活动的导向性和可行性，并且在活动进行中和结束后作为活动效果的衡量标准。可以借助SMART原则阐述活动目标。S（Specific，明确性）：要求活动目标是具体和明确的；M（Measurement，衡量性）：要求活动目标是可以衡量的；A（Attainable，可达到性）：要求活动目标是可以达到的；R（Relevant，相关性）：要求活动目标是相关的；T（Time-bound，时限性）：要求活动目标是有时限的。

除上述内容外，在活动策划方案中还可加入活动分工、风险评估等内容。

📖 即学即练

假如你经营一家美妆店铺，为了迎接"6·18"电商活动，请撰写一份活动策划方案。

任务4.3 实施新媒体活动运营

新媒体活动实施是活动运营的根基，没有好的实施，活动的运营效果就达不到预期目的。

4.3.1 做好新媒体活动运营宣传

宣传对活动运营的成功率有着直接影响，活动宣传的主要作用在于增加流量，让用户知晓企业活动的存在。一个好的活动宣传既能吸引各大媒体的注意，又可以展示企业、产品和品牌的形象。

1. 结合产品卖点进行宣传

在进行活动宣传的时候，结合产品的卖点来进行活动预热是一种比较常见的宣传方式。运营人员可直接将产品的卖点抛出，以此吸引用户参与活动。

2. 营造稍纵即逝的紧迫感

运营人员需要通过活动时间限制与奖励限制来营造活动的紧迫感和稀缺感，让活动参与者对即将开始的活动感兴趣。

3. 营造神秘的气氛

为活动营造神秘的气氛，激发用户的好奇心。一旦用户的好奇心被牢牢抓住，就会时刻密切关注活动的动态。

4. 引发用户共鸣

除了活动内容设计，活动运营也需要注入情感。在活动中合理地渗入情感或赋予情感因素，可以提高活动的温度，让活动变得更有活力和生命力。

5. 激发用户参与感

可以通过社群、朋友圈、公众号、微信等免费的推广渠道加大活动曝光度，也可以在微博、活动发布平台、自媒体平台、短视频平台扩大引流力度。同时还可以设置一些创意规则，激发用户参与。

6. 借助热点话题推广

可借助时下的热点，打造活动爆点，最大限度地吸引人群。这种方式覆盖人群更广，用户基数大，投入的成本也不高，但要慎重选择热点事件，采用恰当的切入方式。

影响新媒体活动宣传效果的因素主要包含两个方面：一个是渠道，渠道的流量及用户画像的重合度，决定了是否能触达更多的目标用户；另一个是内容，内容的展现形式以及利益点决定了活动是否能吸引用户更深层参与。

4.3.2 确认新媒体活动运营流程

活动流程表是在活动策划期间就制作完成的，但是在活动开始前还要进行多次确认，确保工作人员都了解活动流程，熟悉自己的具体工作，并且了解相关人员的任务。一般来说，稍微大型的活动，大多会在活动开始前进行预演来确保活动流程的顺畅无误。特别是直播活动，每一个环节的操作都会立即反馈给消费者，一旦出错将很难补救。因此，确认活动运营流程非常重要，它是保证活动效果的一道屏障，可以保证活动的顺利开展，防范活动现场的失序。

在确认活动流程的过程中，运营人员应当高度关注事、物、人等方面，对于活动执行过程中需要完成的事项，可以提前设计"活动执行推进表"，以保证活动事项按照既定的方案精准进行。

对于活动所需的相关线上素材（如文案、海报、视频）或线下物料（如宣传单、条幅等），运营人员还可以梳理"活动物料清单表"，在活动执行时根据表格对物料完成情况进行跟进。"活动物料清单表"应当每日更新，对即将超期的物料还必须提前跟踪处理，防止延误。

确认活动运营流程的另一个重要点还在于与其他人员的沟通，如营销人员沟通等。任何工作的完成都需要工作人员之间的有效沟通与配合，因此，运营人员要保持与工作人员之间的顺畅交流，以便下达指令或统筹管理。沟通是双向的，除了运营人员单方面与工作人员沟通，还应该鼓励相关工作人员主动向运营人员反馈活动执行的情况，以确保活动的正常开展。

4.3.3　控制新媒体活动运营节奏

要保证活动节奏的平稳，营造舒适的活动参与氛围。运营人员可以从以下两个方面来进行活动节奏的控制。

1. 氛围节奏控制

氛围节奏控制在促销活动中较为常见，其原理与饥饿营销类似，是通过营造一种急迫感来激发消费者的购物欲望。氛围节奏控制只有与消费者的情绪配合时才能发挥最佳效果，如在活动初期先限制消费者购买，当消费者产生了急迫心理后再适当放宽条件。这种氛围会促使消费者快速产生购买行为，提升产品销量。

2. 时间节奏控制

任何活动执行期间都会经历起始、渐强、高潮、减弱、落幕5个阶段，其中起始、高潮、落幕3个阶段对消费者的影响最大，运营人员应合理控制时间节奏，在合适的时间启动、推进以及结束，以最大限度地促使消费者产生购买行为。以某电商平台"6·18"活动为例，其活动周期拆解如表4-5所示。

表4-5　活动周期拆解

阶段	预售期	专场期	高潮期	续售期
时间	04/21-05/31	06/01-06/15	06/16-06/18	06/19-06/20
活动具体措施	1. 预售：侧重高客单价、大包装、特色商品	1. 多渠道触达：数据分析显示用户在19：00-20：00打开率最高；通过微信公众号、短信、企业微信等多种方式触达用户	1. 秒杀：设定秒杀日和秒杀时段，制造紧张气氛和促销气氛，利用人际传播形成羊群效应	1. 盘点与返场：盘点库存和尾货情况，将产品二次上架，给定向人群进行二次促销，增加返场销售额

	2. 产业带源头好物：盘点高性价比品质商品，带动口碑传播	2. 全品类预售锁客：设置限时优惠，吸引用户付定金（如限时加赠礼品、限时折扣、赠送运费险等）提升用户转化	2. 品类专场：将不同的品类向不同的标签人群推送、设定国潮、新悦品牌等试验性促销栏目	2. 数据复盘：盘点活动期间客单价、销售额、转化率、计划达成率、库存率等数据，进行复盘
活动具体措施	3. "购物金"活动：提升转化率和预售比	3. 秒杀预售：提升用户活跃度，为专场期预热	3. 会员秒杀：设置会员价格和会员折上折，提升高价值用户贡献度	

从前期预热蓄水到整个活动结束，活动周期长则几个月，短则几天，需要根据以往的活动数据进行合理规划。

每一个活动周期都有数个关键活动和不同的运营动作，尤其在预售期和专场活动期。实时的数据监控和策略调整会直接影响到整个大促活动的业绩贡献。

在预售期，要将商品规则的测试做足，不断优化商品搜索、商品组合和坑位内容等；在专场活动期，要实时检测所有运营活动的转化率以及商品和库存的数量配比。

活动过程中的基础数据看板既要包含可以实时调整的产品档位，也要包含关键数据的转化指标，往往只需要几组核心数据就可以对活动策略做出快速的调整；如果涉及线下门店，还要考虑热销品、滞销品与库存的数量配比。

任务4.4　复盘新媒体活动运营

经过前期的策划、执行后，新媒体活动运营已经基本结束，但是运营人员还需要进行总结，即对活动效果进行评价、复盘。

4.4.1　新媒体活动运营效果评价

这是通过对新媒体活动的跟踪控制，对活动策划、活动执行等环节工作的检验，为后续活动提供优化依据。运营人员应当在活动结束后对活动效果进行全面综合评价，其主要事项如下：

1. 确定评价指标

根据活动效果的评价对象和评价内容来确定影响活动效果的因素，定义相应的评价指标，如经济指标（销售收入、销售费用等）、综合效果评价指标（品牌价值提高、客户满意度）等。

2. 确定评价指标的重要程度

不同评价指标类别的重要性和评价效果不同，运营人员应按照其重要程度来构建指标体系。运营人员可在活动目的的基础上，利用专家评判及对比分析等方法，从数量上确定各指标的重要程度。例如，某活动的目的是提高新品知名度，其评价指标的重要程度从高到低排序应该是品牌价值、产品销量、产品浏览量等。

3. 确定各指标的量化评价标准

根据指标的含义和评价内容，制定评判该指标优劣的标准。就以产品促销为目的的活动而言，可假定单日产品销量小于 5 000 件为不合格，单日产品销量在 5 000 至 10 000 件为合格，单日产品销量大于 10 000 件为优秀；然后进行指标优劣程度量化，确定产品销量在指标评价体系中所占的比重；最后分别为"不合格""合格""优秀"级别制定相应的评价分数，两者相乘即可得到该评价指标的最终得分。

4. 收集评价所需信息资料

评价信息资料可以通过三个途径获取：①企业各部门（财务、管理、销售等部门）的统计信息和数据；②通过咨询、访问、经验推断得到的数据；③通过专项调研、专家评判、网络调查等取得的数据。不管从哪种途径获得数据，运营人员都要在确认正确性和合理性后才可使用数据，否则评价将没有意义。

5. 对活动进行综合评价

根据收集到的评价信息资料，对各项指标进行评分，再根据评价指标的重要程度，对整个活动进行综合评价。

4.4.2　新媒体活动运营效果复盘

"复盘"最早是围棋中的一种学习方法，是指在下完一盘棋之后要重新复现一遍，看看哪里下得好，哪里下得不好，然后进行分析和推演，从而提高自己的水平。

新媒体活动运营中的复盘是指对刚结束的活动进行反思和总结，从回顾最初目标开始，深挖执行过程中的各个环节，找出导致目标未完成的原因和活动中的亮点，并总结经验和教训。活动复盘的主要思路如图4-2所示。根据复盘思路，其主要步骤包括：

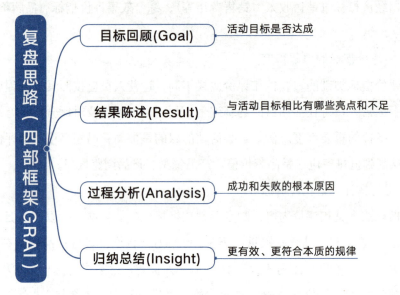

图4-2　活动复盘的主要思路

1. 回顾活动目标（目标回顾）

从前期准备到策划、执行的过程是一个完整的活动流程，因此，在对活动进行复盘时，首先需要回顾整个活动，分析活动的整个过程中是否存在对接上的失误、细节上的遗漏等。在回顾整个活动的过程中，最重要的是对活动目标的回顾，这是因为一项活动的各项工作大多是围绕活动目标开展的，只有将活动目标和后期活动结果进行对比，才能评估活动效果。

2. 对比活动结果（结果陈述）

活动结果的对比来自数据的准确对比。一般来说，新媒体活动的目标可能不止一种，如通过活动增加粉丝人数，或通过活动销售产品等。因此，在对比活动结果时，应当全面统计活动目标涉及的数据，如表4-6所示。

3. 深入分析原因（过程分析）

即根据计划目标和运营结果的差异，提出部分假设，分析原因，如是否高估了某个渠道的转化率，或者是否选择了最佳的投放时间点，或者是宣传文案是否出了问

表4-6　活动结果对比

复盘内容	参考指标
营销推广数据复盘	渠道投放ROI、渠道拉新和效果分析、UV价值、会场转化、核心人群包相似扩散
用户运营数据复盘	人群：访问用户、购买用户、粉丝 标签：基础特征、地域、消费能力 流量：站内、站外、App、H5、直播
商品库存数据复盘	选品矩阵、仓配物流效率、单品销售达成度、新品提升效果、逆向商品分布、逆向订单比率
成交转化数据复盘	老客户成交分析：成交商品、成交金额 新客户成交分析：单量占比、成交金额占比、来源渠道分析、画像分析 客服业务数据：咨询服务量、应答率、咨询转化量、综合服务时长
运营活动素材数据复盘	专题页/活动页、高转化设计元素分析、专属商品浏览深度分析、高转化活动计划

题没能打动用户等。有了这些假设之后，就需要去验证，常用的验证方法包括数据验证，回访用户并了解用户转化过程中用户的经历和困惑，找出转化率瓶颈等。

4. 经验总结（归纳总结）

经验总结不能流于表象，要尽可能地发现问题的本质，让问题不再发生，例如，活动的参与人数和转发量都超出预期，但是"涨粉"数量却低于目标数，在分析数据后就可以得出一个经验：后续类似的活动可以在微信后台设置"仅关注才可参与"的权限，从而增加"涨粉"数量。

运营实践

复盘一次失败的活动运营

一、背景介绍

某地1家影楼联合了40个不同行业的商家发起跨店优惠团购活动，在1个月内锁定了3万多名用户，活动流水超30万元，带动消费金额达数百万元。

二、活动内容

1. 活动主题

"3.8女神节"跨店优惠团购活动

2. 具体内容

运营团队借势节日热点发起跨店优惠团购活动，活动围绕吃、喝、玩、乐场景进行招商。招商15~20个不同类型的商家，每个商家提供一个优惠力度大的消费套餐，共同组成跨店优惠团购套餐，套餐定价38元，用户购买团购套餐后到活动商家店面进行核销即可享受优惠。

3. 活动目标

（1）活动目标。如表4-7所示。

表4-7　活 动 目 标

参与活动用户数	2 000人
活动定价	38元
平台预计流水	77 600元
平台服务费	10%平台流水提成
平台预计收入	7 760元

（2）预计宣传推广投入。如表4-8所示。

表4-8　预计宣传推广投入

宣传渠道	渠道名称	单价	数量	广告费
App广告	启动页、banner页、弹窗	无	3	0
社群	团购社群	无	1	0
广告投放	公众号1	推文2 000元/篇	1	2 000元
广告投放	公众号2	推文友情转发	1	0
商家展架	商家展架	72/张	15	10 800元
骑手随餐卡	骑手随餐卡	无	10 000	500元

（3）活动利益点。

① 用户：可享受优惠叠加。

② 商家：为门店引流、享受流量分成和核销分成，增加营收。

③ 平台：提升品牌影响力，树立商家信心，带动商圈消费。

（4）活动分成。流量分成50%，商家核销分成40%，发起者分成10%。

4. 活动执行情况

按计划3月6日活动内测、3月7日活动正式上线、3月8日投放广告，之后就要监测活动数据。实际结果是活动上线第一天就被紧急叫停了。叫停的原因很多，首要因素是活动效果很惨淡，上线的第一天有效消费量仅为13单而且基本都为公司内部人员所购买。其次就是运营节奏没跟上，原计划投入的各项运营资源因第一天的数据结果搁置了，因此活动仅上线一天就要进行下架优化。

活动上线后收到最多的反馈是：活动优惠力度不足；参与活动的商家感兴趣的少。

三、活动效果

活动时间为3月6日—3月18日，共13天。产生订单共68单，其中有效订单36单；退款订单13单；取消订单19单。在不算人力成本的情况下，活动亏损144元。

四、活动复盘与总结

1. 活动成果

成功走完同城联盟活动的全流程，熟悉了流程中各阶段的问题与风险。

2. 问题汇总

（1）活动本身的问题。招商质量不高，餐饮商家优惠力度有限；二次消费类商家选择少；活动定价过高，对用户的吸引力不足。

（2）活动执行中的问题。商家活动履约差，招商是商家老板做决策，门店员工做执行，在对商家做活动培训时，因门店员工流动性高以及员工只做执行等因素，导致用户到店消费时门店员工不清楚活动内容，不能为用户提供服务。商家未能理解活动，活动上线后通过走访发现，商家只是泛泛参与，对活动本身并不在意。

（3）活动风险把控的问题。缺少风险把控与及时复盘的控制机制。

项目考核

一、单项选择题

1. 新媒体活动运营的第一阶段是（　　）。

  A. 策划活动　　　　B. 实施活动　　　　C. 复盘活动　　　　D. 分析活动

2. 提升品牌知名度属于新媒体活动运营中的（　　）。

  A. 用户活动　　　　B. 促销活动　　　　C. 品牌活动　　　　D. 拉新活动

3. 属于拉新活动考核指标的是（　　）。

  A. 新增用户数　　　B. 活跃用户数　　　C. 用户留存率　　　D. 用户参与度

4. 新媒体活动策划的核心内容是（　　）。

  A. 活动主题　　　　B. 时间周期　　　　C. 活动规则　　　　D. 活动背景

5. 新媒体活动运营的根基是（　　）。

  A. 活动准备　　　　B. 活动策划　　　　C. 活动实施　　　　D. 活动复盘

二、多项选择题

1. 新媒体活动运营的阶段包括（　　）。

  A. 策划活动　　　　B. 实施活动　　　　C. 复盘活动　　　　D. 分析活动

2. 常见的新媒体活动运营目的主要有（　　）。

  A. 拉新　　　　　　B. 促活　　　　　　C. 转化　　　　　　D. 传播

3. 新媒体活动策划的技巧主要有（　　）。

  A. 给予利益　　　　B. 借助情感　　　　C. 借助节日　　　　D. 跨界策划

4. 影响新媒体活动宣传效果的主要因素有（　　）。

  A. 渠道　　　　　　B. 内容　　　　　　C. 用户　　　　　　D. 情感

5. 复盘新媒体活动的四部框架包括（　　）。

  A. 目标回顾　　　　B. 结果陈述　　　　C. 过程分析　　　　D. 归纳总结

三、判断题

1. 新媒体活动运营是一种长期行为。（　　）

2. 复盘新媒体活动对于活动运营的意义重大。（　　）

3. 新媒体活动运营方案是指针对特定运营活动目标制订编写的书面计划文档和执行操作说明，更好地保证活动的目标达成。（　　）

4. 新媒体活动主题多为突出新媒体活动核心利益和亮点的标题式文案。（　　）

5. 确定了新媒体活动的策划方案以后，还有两项比较重要的事情，即新媒体活动成本的估算和新媒体活动工作的详细安排。（　　）

四、案例分析题

天猫"双11"活动运营方案

1. 活动主题

多彩生活，就该这么爱

2. 活动内容及活动时间

天猫"双11"的活动整体分为两波，具体时间如下：

第一波：天猫"双11"抢先购

（1）预售：10月24日20：00-11月3日23：59

（2）现货：10月31日20：00—11月3日23：59

第二波：天猫"双11"狂欢日

现货：11月10日20：00—11月11日23：59

3. 活动方式

包括优惠券、跨店满减、喵果总动员瓜分20亿元、预售玩法等

4. 推广渠道

线下抓猫赢大礼、创新猜谜新形式，全民守株待"喵"。

5. 活动承诺

（1）"双11"活动商品（以下简称活动商品）是指带有天猫"双11"活动标识的商品，请消费者注意甄别。

（2）"双11"期间活动商品会有不同程度的优惠，具体的优惠幅度敬请关注活动页面；不同类目、甚至同款商品的不同颜色，商家都有可能制定不同的价格策略，请消费者在下单前通过商品详情页等活动页面核对所选购商品的优惠情况。

问题：

请从活动运营角度分析天猫"双11"活动方案。

项目实践：构思活动策划方案

一、实训目的

1. 撰写一份活动策划方案。

2. 培养学生的创新能力。

二、实训要求

1. 一周内完成实训。

2. 按照实训成果提交内容。

三、实训组织

学生在教师指导下以小组为单位（4人左右）开展实训。

四、实训内容

假如你是一家服装公司的运营人员，"6·18"活动将近，公司想借助这个时机开展促销活动，请试着撰写一份活动策划方案。

1. 按照活动策划方案的要素撰写活动方案。

2. 在构思出活动方案后，请试着制作本次活动的成本预算表、活动安排表和具体流程表。

五、实训成果

1. 活动策划方案。

2. 活动的成本预算表、活动安排表和活动具体流程表。

项 目 五

新媒体图文平台运营

学习目标

素养目标

■ 科学设计新媒体图文平台特色账号内容,培养创新思维

■ 培养兼具商业特性、人文情怀和审美情趣的新媒体职业素养

■ 主动传播民生热点,弘扬中华优秀传统文化,培养社会责任意识

知识目标

■ 了解主要的新媒体图文平台的运营规则

■ 掌握新媒体图文平台账号的开通和运营

■ 熟悉新媒体图文平台内容价值的提升方式

■ 了解新媒体图文平台的营销转化路径

能力目标

■ 能够在主流新媒体图文平台上按需开设账号

■ 能够在新媒体图文平台撰写并发布内容

■ 能够策划新媒体图文平台内的营销活动

思维导图

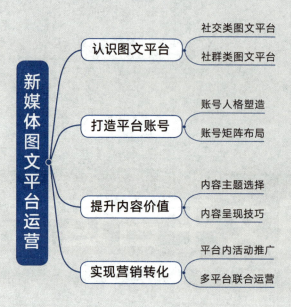

新媒体图文平台运营

- 认识图文平台
  - 社交类图文平台
  - 社群类图文平台
- 打造平台账号
  - 账号人格塑造
  - 账号矩阵布局
- 提升内容价值
  - 内容主题选择
  - 内容呈现技巧
- 实现营销转化
  - 平台内活动推广
  - 多平台联合运营

学习计划

■ 素养提升计划

_____

_____

■ 知识学习计划

_____

_____

■ 技能训练计划

_____

_____

数实融合新视界

人民日报——融合新媒介，走进人民心中

随着我国进入移动互联网时代，信息技术的发展开始重塑媒体生态和传播格局。作为传统主流官方媒介，人民日报在把握新传播格局下的舆论引导力和话语权规律下，不断扩大优质内容产能，顺应移动化、社交化、可视化趋势，守正创新，扩大延伸宣传阵地，进行多元形式表达，打造基于社交属性和资讯聚合的平台媒体，增强宣传实效。

人民日报社年度社会责任报告显示，人民日报社已成为拥有报、刊、网、端、微、屏等 10 多种载体的媒体方阵，综合覆盖总用户数超过 13 亿人。其中，人民日报新浪官方微博粉丝数超过 1.5 亿人，继续保持领先优势；人民日报微信公众号用户订阅量超过 4 800 万人，传播力、影响力在微信平台稳居前列。这些成绩都源于人民日报对内容的精准把控和对先进技术的实践运用。如今，《人民日报》不再是一张"纸"，而是无时不在、无处不在，以各种方式呈现在受众面前，破圈、跨圈传播主流价值观的新媒介。

在作为社情民意晴雨表，体现着舆论走向的微博平台上，人民日报始终坚持"新闻立博、观点强博"，第一时间捕捉热点，传递权威信息，沟通党心民意。2018年 5 月 12 日汶川地震十周年之际，人民日报微博发布原创短视频《生生不息》，播放量超 30 亿次、转发量超 2 079 万次，创造了微博平台短视频高转发纪录。

人民日报微博不仅关注个体、也勾勒家国，还在聚焦微观的同时，放眼中观、宏观。这使得人民日报既履行了主流媒体传递价值的责任，也在广大网友心中产生了情感共鸣和价值认同，极大地释放了影响力。

人民日报在微博平台通过塑造"＃你好，明天＃"等经典栏目引导理性思考，弘扬社会正气，树立品牌形象，受到了网民的好评。人民日报微评论栏目通过抓住事件或是现象的本质来阐明自己的观点，鲜明指出提倡什么、赞成什么、反对什么，通过不同策略来达到微言大义的目的。

而在微信公众号平台上，人民日报也设置了多种多样的栏目，集新闻、评论、广播、文创于一体，采用多媒体形式，融合声音、文章、图片、视频等多种方式，并且运用人工智能技术，为读者提供新闻内容。在内容上，人民日报用活泼的语言丰富

新闻报道的种类，将报道视角更多地聚焦在受众心理与情感交流；同时，添加音频视频等多媒体内容，增强内容的可读性。在手段上，它以传播技术为依托，兼用H5页面和3D动画，实现新闻的可视化；不但塑造了亲切可近的国家形象，还打造了平民化的叙事风格，提升了宣传效果。

人民日报的"两微"平台，已成为其多媒体矩阵中的两块重要阵地。

案例启示：

新媒体图文平台已经成为传播信息的重要媒介。为贯彻党的二十大精神，加强全媒体传播体系建设，塑造主流舆论新格局，人民日报锐意创新，兼顾民情民意，以更贴近大众的语言风格和表达方式直击人心，让信息更高效地传播，成功地践行了传播主流价值观的使命。

任务5.1　认识图文平台

随着移动互联网时代的到来，人们通过网络获取所需内容的需求不断上升。图文平台作为较早的一种新媒体内容提供方式，整个业态已充分发展，不仅覆盖了生活、娱乐、知识等各领域，而且在更垂直化的方向去持续满足网民个性化、专业化、深度化的信息需求。

图文平台已进入2.0时代，呈现出内容供应丰富多样，图文质量不断提升、头部效应日益显著的主要特征。根据服务属性，现有图文平台大致可分为三种类型，如表5-1所示。

表5-1　图文平台分类

类别	内容
社交类	依托于具有更强社交属性的平台进行内容产出，能较好地实现与用户的互动。代表性平台有微信、微博等
社群类	平台主要的服务对象是某一类群体，相关的内容产出类型也更为聚焦。代表性平台有小红书、知乎等
资讯类	平台内容更侧重于信息资讯的传播，通过丰富的资讯新闻来满足不同客户群体浏览内容的需求。代表性平台有今日头条、搜狐新闻、百家号等

相对来说，在资讯类图文平台运营自己账号的企业较少，所以本节主要介绍社交类和社群类图文平台。

5.1.1　社交类图文平台

根据中国互联网络信息中心（CNNIC）公布的《中国互联网络发展状况统计报告》相关数据，即时通信在网民的所有网络应用类型中以97.5%的绝对优势排在第一位。所以，能实现即时通信需求的社交类图文平台在应用层面拥有更多用户且黏性较强，它不仅为企业提供触达更广泛潜在群体的机会，还有利于企业找到种子用户，实现口碑传播。

目前，社交类平台的微信、微博是企业进行新媒体图文运营的两大阵地。两者之间的服务属性具有一定的差别，微信主要服务于熟人社交，微博则更侧重于陌生人之间的公众社交。所以，它们的影响范围和传播扩散路径不一样，企业在具体运营过程中，对内容的要求也不一样。

1. 微信

（1）平台特点。微信目前是中国最大的社交平台，在人们的生活中占有重要地位。根据腾讯官方统计数据，截至2023年6月，微信及wechat的合并月活跃用户数达13.27亿人。

随着近些年微信功能的不断迭代，其平台内的产品也呈现多元化，有公众号、视频号、微信群、朋友圈、小程序、客服号（关联企业微信）等。这也使得微信的内容平台具有更强的私域连接能力，即除了信息传播，企业也能更方便地实现用户沉淀和转化。

目前，以微信公众号（订阅号和服务号）为传播载体，打通生态内各项元素的连接，完成私域流量沉淀，是企业在微信平台上进行运营的重要途径。相较于其他图文平台，微信公众号具有以下突出特点：

① 信息传达工具多样化。在微信公众号内，企业可以利用图片、文字、音频、小视频等多种方式去实现更丰富的内容编排和呈现，且文章插入的图片数量相对不受限，摆脱了传统媒体的限制。在微信公众号文章内也可以自由嵌入H5、音乐、视频、小程序等，给用户带来更多的新体验。在受众多感官的满足下，能提供更有说服力的宣传效果。

② 内容表达方式更加丰富。网络语言、表情包、文字编排及字体颜色的差异化，以及语音视频的交互等，都为企业提供了更灵活的表达方式。这种丰富不仅提升了表达的趣味性和个性，也能更精准地突显品牌调性，更容易与阅读者产生身份认同和情感共鸣。

③ 信息能被高效接收。图文信息即发即达，高效快捷，而用户可随时随地阅读浏览、收藏分享，这不仅让企业能与用户进行即时交流，还能方便用户在熟人圈内分享，带来较强的自传播效应。同时，因为是熟人传播用户对信息的接收也更高效。

④ 用户拥有更强的"主动权"。企业公众号的内容需要用户主动关注才能接收到，用户可以对内容进行留言反馈，而且对于不良内容也拥有举报的权限。这种主动选择权在一定时间的培育下可以加深企业与用户之间的信任感。所以，企业需要主动以高质量的内容来不断巩固这种信任感。

结合以上特点，可以发现微信公众号平台为企业与用户产生稳定以及深度的连接提供了相关路径。这种连接构建在信息内容的基础之上，以及持续的彼此互动之中，最终以带给用户更多的情绪价值来实现用户忠诚。

(2) 入驻平台规则。

① 选择账号类型。微信公众号主要分为订阅号和服务号，企业可以根据需要进行选择。

服务号是为企业和组织提供更强大的业务服务与用户管理能力，主要偏向服务类交互（功能类似12315、114、银行，用于绑定信息，服务交互）。服务号1个自然月内可发送4条群发消息，信息会直接出现在用户微信好友的信息列表中。

除名称和微信号外，服务号的设置还包括了对定制菜单的设计。定制菜单的设计就相当于App的底层功能计划，企业可以从目标用户、使用场景、需求和平台特性等多个角度来考虑，最终确定菜单栏目。

订阅号是为媒体和个人提供的一种信息传播方式，主要功能是在微信侧给用户传达资讯（功能类似报纸杂志，提供新闻信息或娱乐趣事）。订阅号（包括认证用户和非认证用户）1天内可群发1次消息。订阅号信息会以折叠的形式汇总在订阅号专项入口中，用户点击之后才能看到。

② 完成账号名称和头像设置。选择适合的账号类型后，企业要进行账号注册。在注册过程中，企业首先要为自己的账号命名并设置头像。需要注意，微信号一个自然年只能修改1次。

账号的名称与头像是传达给用户的第一手信息，所以要精心选择，从而起到吸引用户的传播作用，也能让企业账号具有更高的辨识度。

企业账号主要命名方式如表5-2所示。

表5-2　企业账号主要命名方式

类型	命名方式	举例说明
以品牌名称命名	以品牌的官方名称进行账号命名，直接简单，可以增加消费者对品牌的印象，扩大品牌的知名度，也显得更为权威	华为、中国人保财险
以行业类别进行命名	在账号中通过直接显示所属行业来让受众了解企业的产品类型	××育儿生活、××电器、××口腔
以功效内容进行命名	在账号名中突出产品的独特功效来直接向消费者说明自己的服务范围，树立自己在这个行业中的权威感和专业感	头皮专家××
以产品本身进行命名	把主打产品显示在账号名中，告诉用户企业经营的产品是什么，以此来彰显竞争力	××健康轻食
其他命名方式	以地域、人物、行动等方法进行命名	××读书

③ 编写账号简介。在注册时，注册者会被要求填写一段有关账号的内容简介，一般在百字左右。虽然字数少，但它却是向消费者展示自己的一个重要窗口。它既能向消费者说清楚自己是干什么的，也能以一种语言风格显示品牌的调性。企业可以根据自己的特点和定位，采用不同方式来撰写账号下的简介，如表5-3所示。

表5-3　账号简介的主要撰写方式

类型	方式	举例
功能展示型	主要介绍服务内容和产品特点	××口腔："口腔护理专研品牌，参与你美好生活的另一半。为你提供个性化的口腔护理方案，让呵护口腔变成一种轻松愉悦的习惯"
品牌宣传型	突出品牌名称，以增强账号的公信力，突出相关知名品牌，增强信任度	××电器："品牌官方服务公众账号"
服务内容列举型	简单罗列出企业服务的项目内容，以加深品牌与服务内容的联想。当消费者有类似需要时能及时想到企业	××香氛："东方、人文、艺术、香气"
其他类型	以企业理念、企业文化等宣传语为简介	××企业："没有最好，只有更好"

④ 设置公众号星标。可以提醒用户设置星标，使自己变成用户常读的订阅号，这样文章推送的优先级会提升。

2. 微博

（1）平台特点。微博是依托用户关系进行转发、分享、传播以及通过关注机制获取实时信息的社交平台。在新媒体发展的大浪潮中，微博是国内最大的社交媒体之一，也一直成为企业触达用户的图文平台选择之一。据微博财报显示，截至2023年6月，其月活跃用户数达到5.99亿人，同比净增1 700万人；日活跃用户达到2.58亿人，同比净增500万人。

与其他图文平台相比，微博主要呈现以下特点：

① 用户年轻化。微博官方相关报告显示，其48%的用户是"90后"，30%的用户是"00后"。对于这些年轻用户来说，微博已经不只是信息获取平台，更多的是一种生活方式。

② 内容的发布即时性和舆论传播性。微博更注重内容的发布即时性和舆论传播性，社会上的热搜事件基本都是第一时间在微博上进行传播的。相对于微信公众号来说，在微博上，企业每天发布信息的次数不受限制，更加灵活自由。

③ 内容社交生态完整。微博通过构筑社交和垂直圈层，打造了数十个垂直线上社交圈，圈层覆盖娱乐、媒体、综艺、时尚、美妆、游戏和汽车等领域。在内容发布上，也从140字的文字、图片到现在的视频插入、长图文等多个形态，形成了完整的内容社交生态，塑造了"热点+社交"的独有模式。

总体来说，微博属于媒体工具，它以兴趣为纽带将用户连接起来，所以微博平台与微博用户之间的连接一般是弱连接。微博更加强调信息的快速传播和内容的公开透明，它能让信息传播达到较大的广度。

所以，基于以上平台特点，企业在微博上开设账号主要为了达到以下目的：

① 进行品牌传播。品牌传播是微博带给企业最直观的效果。微博的开放式社交让企业的传播推广更具有便利性。同时，微博官方以及各领域的知名博主的转发能吸引到更多潜在用户，实现更加精准的投放，而推广范围则可以从自己的微博账号推及整个微博平台。

② 对潜在用户进行运营，实现销售转化。一般微博的关注者都是企业的潜在客户，或是购买产品的消费者，以及被口碑传播吸引来的有力购买者。企业可以充分利用微博的转发、评论、私信等功能，与关注者进行适当的回复、互动，拉近企业和用

户之间的距离，深化企业和用户之间的关系，在无形中影响企业在用户心中的地位，从而更好地促进销售转化。

③ 成为企业宣传与公关的窗口，以培养潜在用户。微博的开放式传播特点也为企业宣传提供了便捷。它既可以作为信息发布的平台，也可以作为企业的"代言人"。企业可以通过微博去传递产品信息、品牌形象，同时也能及时对社会热点表达自己的态度与立场，展现社会责任感。

（2）入驻平台规则。企业在微博平台运营账号之前，需要先完成注册和认证，还要详细了解微博的基本功能和传播路径，才能掌握切实有效的运营方法。

① 基础资料设置。企业进入微博平台后，需要先进行注册，完成资料填写，之后才能拥有自己的账号。微博官方账号的认证类型包括：企业、媒体、网站、应用、机构、公益、校园组织等。非官方类用户直接在个人注册处注册即可。

企业用户需要持有营业执照及企业公章（财务章、合同章等无效），通过全国组织机构代码管理中心认证。企业官方微博名与营业执照上企业名不一致的，还需要提供相关补充证明材料。

注册后，企业需要针对自己的账号完成设置，详情如表5-4所示。

表5-4　微博账号设置

设置模块	设置内容	相关规则
个性化设置	昵称	企业昵称一般为公司名或者品牌名，大多数为公众所知道的品牌名称。一个昵称只允许一个用户使用
	头像	企业一般以公司logo或者企业主打产品图做头像，个人则以个人头像或者定制图做头像
	简介	简介主要向公众介绍自己是谁，发布什么信息。企业也可以在这做一些有特色的简介
	封面图	封面图可以进行自定义设计上传，也可以加上一些简单的广告介绍
基础功能设置	通知设置	打开或关闭互动消息的推送提醒，可以打开好友圈查看好友的微博信息，也可以选择是否接收微博热点消息；点击"新粉丝"按钮可以设置关注通知的范围，点击"特别关注微博"按钮可以调整特别关注微博的通知方式
	隐私设置	主要包括：以何种方式可找到我、是否推荐通讯录好友、我的位置、黑名单、屏蔽设置等

② 橙V、金V、蓝V认证。橙V指的是个人认证用户，现在按照官方提示上传

相关工作证明和证件即可，认证门槛较低。金V则是针对个人认证用户，同时要求每个月的阅读数达到1 000万次才可以，而且是动态更新的，在30天内阅读数不够则会失去资格。蓝V是指企业认证用户，需要提交一定的基础材料，如营业执照副本、加盖公司公章的企业认证公函，以及相关补充材料，具体可在认证界面详细查看。

对于企业用户，"加V"认证的好处是：能够防止别人冒充，维护企业声誉，同时让企业微博账号更具有权威性，产生一定的公信力；专享多种特权，如微博会员、粉丝头条专属折扣、搜索优先推荐等；还能拥有粉丝服务平台、管理中心等认证用户专属功能。

同一营业执照原则上仅可以申请3个不同用途的企业认证蓝V账号。如需认证3个以上，还要满足以下任意条件：拥有多个分支机构的连锁企业，注册资本超过1 000万元人民币的大型企业，含多个子品牌及业务线，是微博官方合作伙伴。

③ 微博的基本使用功能如表5-5所示。

表5-5　微博的基本使用功能

功能模块	具体功能的使用
头条文章	（1）用来发布较长内容的文章，正文字数不超过10万字即可，可以选填封面和导语。头条文章的发布可直接在手机端操作。 （2）根据需要还能设置文章专栏，将同一主题的系列文章归在专栏下，方便用户阅读，比如科普专业知识、发表连载小说、记述见闻与分享经验等类似文章。但创建专栏和添加文章都需要在PC端完成。 （3）自主选择是否开启打赏和阅读权限，开启打赏后用户有机会获得收益，勾选"仅粉丝阅读全文"选项后，非粉丝用户只能阅读文章的部分内容，而完整的内容仅限粉丝查阅
话题	（1）话题首尾都带有符号#，在两个#之间的字数一般不超过8个。 （2）可以发布自己的原创话题，也可以参与热点话题讨论，原创话题内容只有关注了企业账号的用户才能看到。 （3）微博会为用户推送时下热议的话题，鼓励用户参与热议话题的讨论并交流观点，这是面向所有微博用户，即未注册用户也能看到的相关信息。一个热门话题带来的用户转发量少则几万，多则上千万，曝光量十分可观。 （4）微博有热搜榜、娱乐榜、要闻榜、同城榜，包含时事政治、娱乐和经济文化方面的内容，企业也可以主动搜索不同领域的话题，了解相关新闻，进行话题原创或热点话题参与
微博点评	对关联物品、电影或地点等进行评价并发布自己的看法

功能模块	具体功能的使用
微博微公益	（1）一种是参与爱心捐款，为公益项目贡献自己的一份力；另一种是参与公益传播，即发布带有公益话题的微博，扩大公益项目的影响力，让更多人参与到公益中来；对于公益传播，只要选择感兴趣的公益项目并点击参与即可完成编辑发布 （2）捐款有两种方式：月捐，即每月从账户中自动扣款参与捐赠，用户需要提前设置捐赠金额并开通免密支付，捐赠金额每月相同，每月最高不超过199元，开通后用户可随时取消；单笔捐，即手动输入单次捐款金额
新鲜事	（1）这是微博推出的一款新产品，它是一个能够收纳整理微博的"盒子"，能够按照用户的创意收录微博并分享给他人。 （2）允许用户自建主题，所整理的微博既可以是用户自己发布的原创微博，也可以是其他用户发布的微博
超话	（1）主要对具有持续讨论性、非短期热点发起共同讨论。 （2）超话名称不能超过32个字符，限汉字、字母、数字和下划线。 （3）申请创建的超话和已存在的超话不能过度重合。 （4）申请创建该超话的人数超过10人将优先审核
微博视频号	创作者也可以在微博上上传发布视频类内容，微博会根据账号运营情况给予账号不同等级的权益，即产品权益、进阶权益和高阶权益。产品权益是加入即享有的权益，进阶权益需要满足对应条件才能解锁，高阶权益仅限深度合作的微博视频号享有
创作中心	（1）抽奖平台。用户可以通过抽奖平台设置抽奖，平台将于用户设置的时间自动开奖。 （2）粉丝红包。向特定群体发送现金红包，粉丝红包可以分为普通红包和口令红包两种，其中口令红包需要回复口令才能领取。 （3）V+粉丝订阅。粉丝可以按月付费开通此项功能，以表达对博主的喜爱和支持。只有粉丝数达到1万人，完成认证的微博账号才能开通
直播	用户可以通过手机端和PC端进行直播，同粉丝实时互动
问答	粉丝可以提出感兴趣的问题，账号用户也可以分享自己的独到见解和专业知识。问答包括付费和免费两种类型。问答的发布通常在PC端进行；开通问答功能，接受其他用户的提问，必须先满足两项条件：一是粉丝数达到1 000人，二是完成微博认证
微博会员	（1）开通微博会员后，用户可以享受几十项权益，体验更加完整的微博功能。 （2）用户可以获得十几项装扮特权和身份特权，以充分彰显其会员身份。 （3）除了装扮特权和身份特权，微博会员还可以享受功能特权和手机特权。比如微博会员可以选择一条自己发布的微博（原创或转发皆可）并将其设置为置顶微博，置顶微博将显示在用户个人主页的首条，一般企业会把关于产品广告内容的微博置顶，也可以带淘宝店铺、微博橱窗、微店及其他平台的链接，有利于实现一键式的销售转化；还可以将优质内容整理成合集并置顶，从而增加往期内容的曝光量

5.1.2　社群类图文平台

除微信、微博这样的社交平台之外，内容领域里还有许多社群类图文平台。它们以向某类用户群体提供更垂直领域的深度内容为主，也拥有比较多的稳定用户，比如知乎、小红书等。

企业在这些平台内同步运营媒体账号，能更精准地触达某类目标用户群体，以更深度的内容来构建信任和好感，有助于提升销售转化。

以下主要介绍知乎和小红书两个平台的特点和基本运营规则。

1. 知乎

知乎是目前中文互联网上最大的知识分享平台。根据其2023年二季度财报，知乎月平均订阅会员数达到1 400万人，平均月活用户数达到1.09亿人。知乎的主要用户人群具有较好的教育背景，高学历、高消费、高收入是知乎用户的三大特点。

近年来，由于知乎持续不断地输出高质量的内容（包括知乎大学、知乎专栏、知乎圆桌等），其用户群体越来越多。知乎能够满足用户多方位的需求。

不同于百科或词条，知乎更像是扮演着行业专业人士问题解答交流的角色，内容话题更有深度，所以对于企业来说，入驻前也需要做好相应准备去打造一个专业权威的角色。例如，2021年2月，美国经历了一场前所未有的寒潮，当时知乎就出现了一个角度新颖的问题："如果中国遇上极端寒潮，会不会'悲剧'？"一天之内有442万人参与回答。其中，南方电网在高赞回答中科普了在线监测、直流融冰、激光大炮和无人机喷火融冰等现代化手段，展现了中国电网系统强大的技术实力。

对于企业而言，入驻该平台具体能为品牌带来哪些效用呢？

（1）企业运营知乎账号的意义。

① 更高效触达高收入、高消费用户群体。知乎平台非常欢迎各大企业讨论垂直行业的专业知识点。所以，只要账号内的文章保持独有的见解，都可以通过知乎实现有效转化，高效触达高价值用户群体。

② 通过解答用户疑问、发布官方声音来扩大影响力和提升美誉度。企业可以通过问答、文章的形式来进行产品解说，全面展示企业的专业实力，精准吸引潜在目标用户。另外，知乎的内容在搜索平台上会有较高权重，只要用户在百度、搜狗、微信等平台搜索相关关键词，企业的产品就会优先展示，同时直接进入知乎，从而获得长尾效应。也就是说，只要有用户搜索，就一直会有流量，从而为企业带来转化。

③ 通过互动问答来收集用户需求。企业运营知乎号，可以通过提问、评论等多种方式与核心用户交流互动，收集用户反馈，了解用户需求。

（2）知乎机构号的运营

① 完成基本认证。企业进入知乎主页后，找到"注册机构号"点击进入，在注册页面，用邮箱（个人或企业的都可以）进行注册。注册后，知乎会发一封激活邮件，进邮箱激活后，企业就可以选择企业机构号入驻，并按要求上传企业营业执照副本等资料。之后便是运营人信息填写以及账号基本信息填写，包括：账号名称、账户头像、行业选择等，全部填写完成后点击提交，等待官方审核即可，审核一般需要5个工作日。审核通过后，需要将机构号简介、口号、头图等设置好，简要完成企业机构号装扮。

② 前期账号积累。企业机构号需要通过一段时间稳定的内容输出，去获取知乎系统的信任。因为知乎系统会通过内容去判断这个账号是不是机器人或者营销号，是否会破坏知乎的规则。企业要多发不含软硬广告的文章、回答、想法等内容，且让发布的内容尽量保持多点赞、多评论、多关注，才可能被知乎系统判定为优质账号。

成为优质账号后，企业的机构号的相关内容才能得到更多的流量倾斜。结合实践经验，一般做到以下几点的企业机构号有更大可能成为优质账号：基础信息完善；新账号不带外链，包括公众号二维码链接或者文章链接；保持在知乎上的活跃度，多浏览、关注、收藏、感谢，以及多写没有转化设置的回答；做垂直细分领域的定位，有利于该话题下的权重积累和推荐量增加。

2. 小红书

目前小红书有超2亿月活用户，其中50%的用户分布在一二线城市，72%的用户为"90后"，男女用户比例约为3∶7。年轻化、女性用户居多和消费能力强是小红书平台用户比较显著的特点。在内容上，小红书已经从美妆渗透到生活的各个领域，美妆、美食、母婴、宠物、穿搭五大细分领域占据了小红书笔记内容的半壁江山。

目前，小红书的内容生态定位已从"标记我的生活"变为"生活指南百科全书"，被冠以"国民种草机"的称号。尤其对于年轻女性来说，小红书已成为首选消费决策顾问。因此，企业品牌方可以通过小红书进行传播推广，来完成消费引导，彰显品牌背后所代表的生活方式。

（1）企业入驻小红书的意义。

① 对新入驻品牌友好，就算粉丝少也有机会上推荐页，拥有出圈的可能性。所以

特别适合新品牌去触达潜在用户群体。

②品牌可以通过小红书做正向曝光,促成用户的消费决策。比如上新品、有新项目等,都可以通过企业号对消费者进行宣传和曝光。

③以日常交流来增加品牌与用户之间的黏性。官方账号更具人格化,和平台的用户多进行交流,可以快速拉近品牌和用户的距离。

④实现交易引流。在小红书的笔记中可以添加商品标签,用户只要点击标签就可以直接跳转到店铺购买,这大大缩短了交易路径。

⑤引导及控制舆情。通过官方账号联系用户,积极帮助用户解决问题,可以树立企业的正面形象,获取潜在用户的好感,及时控制舆情。

⑥通过长尾流量带来持续关注。用户的搜索能为企业内容带来长尾流量,而长尾流量可以为品牌带来持续不断的关注。

(2)企业小红书号的运营要点。小红书是一个类似生活社区的分享平台。有用且丰富的内容供应让用户产生了行动之前先参考小红书的习惯,即在决策前先去小红书看看相关内容的分享。所以,在这种调性之下,打造爆款笔记,产生有价值的内容分享,才是品牌获取精准客户的核心方式。要想使笔记成爆款,企业需要从以下几个方面入手:

①图文要注重审美体验。小红书的内容风格偏重时尚,在审美上要求比较高,可以说"颜值即流量"。图文笔记主体的文字排版、封面设计都会影响用户的阅读体验,从而影响其关注量。企业号可以用作杂志的标准和心态来进行内容设计,最终实现扩大品牌曝光率和产品转化率的目标。

②内容要深入垂直领域。企业要做好内容的区分,需要权衡自己的资源与能力,结合目标用户的偏好找准自己的垂直领域。在图片和文字的选择上要偏向于目标用户的喜好,并且要能很明确地突显自己的品牌个性,让用户对品牌有更好的认知。

③信息要有可参考的价值点。小红书是一个笔记分享平台,但它不是一个简单的记录分享过程,而是通过某一件事情总结出来的经验和方法,或者是找到了一个好产品,给予用户有实际参考意义的信息。用户觉得有用才会点击收藏,关注相关账号。所以内容实用、可用是该平台内账号的价值所在。

④叙事手法要有差异化。面对海量信息,用户只会对新鲜的内容产生阅读兴趣。所以企业要从不同的视角、不同的价值观等方面来诠释自己的产品或观点,这样才能吸引用户的注意力,让企业账号更有辨识度。这种差异性可以体现在图片拍摄风格

上，也可以体现在内容观点上或是创作风格上。哪怕是细微的差别也能给用户带来不一样的观感。

⑤ 内容素材要准备充分。内容的输出要保持稳定，企业必须积累足够的素材，让用户每隔一段时间都能浏览有价值的图文内容。尤其是在节假日期间，更要提供丰富的内容，这样才能更好地维持运营效果。

任务5.2　打造平台账号

5.2.1　账号人格塑造

1. 账号人格化的意义与目的

目前，许多图文平台都已成长为巨大的流量入口，日活跃用户已达到千万或是上亿级别。它们通过提供不同的内容生态来吸引用户进入平台，以内容的价值来实现用户沉淀，让用户持续停留在平台内部，同时以更丰富的内容供应来拉长用户的使用时长，从而提升平台的商业价值，使其成为能广泛触达用户的公域流量池。

企业通过入驻这些平台成为内容的供应者，以内容来与潜在目标用户建立深度连接，取得用户的信任与好感，将公域流量转化为私域流量，并推动线上交易的达成。

而在今天信息内容供应过于丰富的移动互联网时代，企业要想吸引用户并有效完成信息传播，就需要以一种"拟人化"的姿态主动去与用户互动，在平等的交流中构建彼此的情感连接，而不是将账号打造成一个"冷冰冰"的信息通道或者窗口，产生让人不愿接近的距离感。

"拟人化"就是将企业的相关图文账号赋予人格特征，将无情感的"事物"打造成一个生动的"人物"，通过这个"人物"让企业形象在用户脑海中从抽象变成具象。账号人格化后，企业在与用户沟通和互动时更具有亲和力，也能在互动中给予用户更多的情绪价值以及独特的情感体验，正是这一系列的连接才能触动用户，使其产生情感共鸣和价值认同，从而引发用户品牌认知和态度的改变，最终促成购买行为的产生。

此外，企业也能通过账号与用户开展更高频、更深入的交流。产品信息、品牌理念、新品设计理念或研发过程等主题均可作为交流话题，这样能更全面地向用户展示企业的成长与发展，从而在品牌与用户之间建立熟悉感和认同感，培养和提升用户忠诚度。

2. 账号人格化的实施

（1）构建账号人格。账号人格构建就是企业利用图文内容的传播来对品牌持续进行人性化的诠释，使其具有独立人格魅力。让账号具有一些"拟人"的功能和元素，可以让抽象的账号具备社交辨识度，拥有可被消费者感知的"性格"，最终让用户对企业形成更深的认同和情感偏好。

账号（品牌）塑造如同人的成长，由媒介性质决定对外表达方式，不同的传播方式又吸引不同的受众。

所以，在图文平台上，企业账号（品牌）人格的形成由其内容的图文风格传达出来。以何种表达方式，选择何种图片，进行怎样的内容展示，都要围绕着这个"人格"来进行决策。

至于企业应该选择什么样的"人格"，是基于两个方面的考量之后做出的判断。一是要去深刻洞察目标用户，触达用户群体的真实生活场景，从而了解目标用户在"人格"上的偏好特征。二是要为自己打造既贴合账号（品牌）又能区隔竞争对手的独特"人格"，在用户心中留下差异化的记忆点。

例如，某口腔品牌的官方微博的"人格"特点就是外向活泼，还有一些幽默，会吐槽，也会苦恼，像极了大家身边的某个年轻人。它选择的对话话题也是当下年轻人比较关注的内容，如热播电视剧，以及一些生活中的无奈等。而该口腔品牌的目标客户群体就是这样一群有相似个性的年轻人，这种个性特征迅速拉近了彼此的距离，让客户对该品牌有了更立体的认知和更深的情感连接；该品牌也因为自己的独特"人格"而变得生动起来。

又如，以二手书交易为主的某品牌，其官方微博账号的"人格"更为知性和文艺，即使是表达一些生活化的随想随感，也是诗意和克制的，这与它的目标客户群体的个性特征有关。

（2）保持企业账号（品牌）人格调性。在确立企业账号人格后，账号（品牌）的行为要与这种整体调性保持一致，用符合账号（品牌）人格的表达方法与用户沟通，这样才能刻画出鲜明的、具有生命力的账号（品牌）形象；反之，则会造成用户的疑问与困惑。

心理学家认为，追求掌控感是人类的本能。当一个人对自己的生活、工作、未来发展、外部关系、内在心理变化等各个方面的掌控力变强的时候，他/她的焦虑就会减少，进而会产生一种"我能"的优越感。所以，对于用户亦是如此，更强的掌控感带来的是更愉悦的观感，进而会带来更深厚的品牌情感。

账号（品牌）内的内容输出不仅要有自己的人格特征，还要有稳定的外在表现，即品牌调性。如前所述，企业要以某些外在行为来具化自己的人格。同样都是幽默风趣的"人设"，有的是夸张的黑色幽默，有的是含蓄的冷幽默。所以，如何让用户更好地感知自己的特点，就需要有自己的品牌特性。这是要依靠长期内容输出和独特的语言文字风格等多维信息的塑造才能完成的。

有规律的发布节奏也能增强用户的某种掌控感，从而提升用户体验。各个企业具体的内容发布时间段，会有一定的差异，但每个平台的用户工作日阅读高峰期大范围都集中在11：00-15：00和21：00-24：00这两个时间段之间。如某奶茶品牌的账号固定在此期间发布相关内容，这种比较稳定的时间感就会给用户一个确定性预期，他们也会在这个时间去搜索最新消息。

5.2.2　账号矩阵布局

为了更多维地与用户建立联系，提供不同内容以满足用户的不同需求，企业可以在同一个平台内设置多个不同类型的账号，这又称为纵向媒体矩阵。如在微博、微信上注册多个有差别的账号，发布侧重点不同的内容。

对于新媒体矩阵，目前行业内还没有统一的定义，大部分人都倾向于将它理解为能够触达目标群体的多种新媒体渠道的组合。其中，除了纵向媒体矩阵，还有横向媒体矩阵，即企业在全媒体平台的布局，包括自有App、网站和各类新媒体平台等，这一内容将在5.4.2多平台联合运营中重点介绍。

需要注意的是，企业构建的纵向媒体矩阵不宜发布一样的文章或者视频，因为虽然是不同的账号，但是发布的内容还是同平台的，平台会检测并提示内容雷同；如果企业是多平台发布就影响不大，因为平台查重时只和同平台内的数据比对。

1. 微信公众号下的多账号运营

对企业来说，企业的微信公众号承担着品牌宣传、产品信息发布、客户管理等多项职能，而这些职能需要每天输出不同的信息内容才能完成，这就使得信息发布总量较大。每日信息量过多，会让一部分粉丝反感，而减少信息量又会使另一部分粉丝不能尽可能多地获得他们想要的信息。

建立合理的微信矩阵，则不仅可以满足不同用户的需求，还能更有效、更精准地辐射用户群体，扩大企业的影响力。微信矩阵的建立需要遵循一定的规律与技巧。一般以一个官方账号为主，多个不同内容账号为辅的形式来设置微信账号矩阵。不同的微信账号侧重不同的内容，具体如何分配要结合企业实际情况而定。

例如，某育儿自媒体品牌除官方微信公众号外，还有××育儿生活、陪玩时光、××挑好物、××新手班等不同账号，来满足不同年龄层儿童的妈妈们对不同内容的需求。

2. 微博平台下的多账号运营

微博多账号
运营与引流

微博运营矩阵一般也由核心微博账号和其他微博账号（至少三个）组成。每个账号的定位不一样，内容的方向也是各有各的侧重点。

下面主要介绍几种基本的微博账号设置：

（1）官方号。直接用品牌名称注册的账号。用户首先通过它认识这个品牌，所以运营好官方号非常重要。官方号的人设是由内容、选题和写作语言共同决定的，内容可以包括品牌资讯、行业知识、科普知识、产品展示以及营销活动预告等。

（2）权威个人号。以企业内部比较重要的个人名称进行注册的账号。权威个人号和官方号的不同之处在于，官方号一般是以"官方的口吻"直接推出产品，而权威个人号语言上会以专业人士的视角去探讨相关问题或分享一些干货知识，同时顺带提及品牌或产品。所以，权威个人号一般由企业的知名管理层人员或是专业的技术研发人员运营。

（3）客服号。以提供产品沟通和售后服务为主的账号。客服号可以通过与客户进行实时的互动和深度的交流，收集客户关于改善产品质量、提高服务水平的意见和建议。企业利用客服号可以与消费者进行更有效的沟通，及时获取消费者向企业反馈的相关信息，从而便于企业更快速地掌握消费者的需求。

即学即练

选定一个品牌，对其运营的图文账号进行调研并完成品牌图文账号调研表，具体内容如表5-6所示。

表5-6　品牌图文账号调研表

调研项目	调研结果
账号所在平台	
账号名称与头像	
账号"人格"特征	
账号内容调性	
账号内容发布规则	

任务5.3　提升内容价值

为了能够沉淀用户，使其持续关注企业账号发布的信息，企业还需要不断提升内容的价值，去培养用户的浏览习惯，从而实现用户留存。

而内容的价值不仅来自语言信息，还来自图文的美学体验。所以，企业需要掌握一定的撰写和排版技巧，才能更好地满足现代用户对内容的需求。

5.3.1　内容主题选择

在碎片化阅读时代，用户对内容的注意力变得越来越稀缺。能吸引用户打开的内容才能实现后续信息传播带来的说服、改变作用。因此，企业在图文平台上的账号运营首先要具备吸引用户的能力。用户对内容是否感兴趣，在第一眼浏览时就会快速完成决策，所以选题和标题就成为吸引用户注意力的关键。下面将以微信、微博为主，介绍选题和撰写标题的技巧。

1. 微信公众号

（1）主题选择。微信公众号作为长图文平台，能提供信息密度更大的内容。这也意味着企业在其平台上的发挥空间更大，可以选择的内容主题也更丰富。但主题要紧贴目标用户。企业要对自己的目标用户群体有清晰的认识与洞察，了解用户对什么话题感兴趣，再结合自己的产品以自己的风格呈现内容。同时，好的主题还能激发用户的分享欲，帮助企业扩大品牌声量。

相对来说，下列主题的呈现会更容易引起用户的兴趣并激发用户的分享欲。

① 有趣好玩。风趣幽默的图文内容能激发用户与熟人分享的欲望，从而有意愿去转发、扩散。

② 有用可收藏。如果发布的图文内容实用，可解决工作、生活中的某些问题，用户就会主动转发分享给自己的家人、朋友。

③ 替自己发声。文章表达的某些观点说出了自己的内心想法，产生了强烈的认同感。

④ 有谈资可讨论。新颖的资讯消息可以为用户提供谈资，激发用户与朋友分享探讨的欲望，如热点社会事件、娱乐新闻、影视剧等。

⑤ 为社交形象加分。能帮用户塑造和强化社交形象的内容，会促成分享。

⑥ 能彰显自我优越感。内容能让用户看起来更有地位、更有层次等。

（2）标题撰写。要想在第一时间抓住用户的注意力，就必须为自己的文章起一个足够有吸引力的好标题。好标题没有统一的衡量标准，但结合实践经验，具有以下几项特征的标题更容易被用户点击。

① 标题中含有数字符号。人的大脑会优先识别数字，数字能激发人们打开文章的兴趣。

② 标题要有代入感，从身份标签、描绘场景或是情感共鸣等方面去增强与用户之间的关联性。用户代入感越强，越能吸引其注意力。

③ 标题中可以制造矛盾，矛盾就是冲突，冲突可以激发用户阅读兴趣。比如疑问中的反问，或是制造戏剧冲突、进行事物对比、制造悬念等。

④ 标题要懂得和热点有机结合，但要注意时效性。比如，热点人物、事件或是知名权威人士、机构等。

⑤ 标题中含有关键字眼，比如用户痛点词汇或是需求词汇，让用户一眼就抓住重点。

2. 微博

在微博平台上，企业的内容投放更多侧重于话题的即时分享和互动。内容类型主要分为两类：一是常规内容，即需要日常每天稳定向用户推送的信息；二是热点内容，即企业借助微博平台围绕话题去吸引用户，从而扩大品牌声量，在短时间内获得较高的流量和曝光度。

两者的侧重点是有差异的，常规内容投放更多是去深化与用户的关系，类似"陪伴"的功能；而活动内容投放的营销目的则更强，主要是在更大范围内去提高品牌曝光量，赢得受众好感。所以两者的运营方式也必然存在差异。

（1）常规内容的选题。对于企业而言，微博账号的常规内容是对自己多维度的展示，是去和潜在用户建立稳定、高频的日常连接，从而保持自己在用户面前的曝光量和情感联系。所以，常规内容的输出不仅要宽泛多维，还要有稳定的自我特征。

微博常规内容的选题既要与产品相关，又要有阅读的愉悦感，比如新鲜、有趣、有用、好看等。企业可以更多地从企业文化、品牌故事、知识分享、感受分享等不同视角去与用户进行沟通和连接。

企业也可以从内部的重要产品入手，将产品从研发到面市的过程呈现给用户，为新品创造熟悉感并提升好感度。比如某化妆品公司在产品研发阶段就和用户进行分享沟通，赢得了用户的好感。等到新品上市时，企业在微博做限时秒杀活动，仅三分钟新品就销售一空。

企业还可以在固定时间发一些特定的话题，如深夜话题，让关注的用户形成阅读习惯，就像每日来微博打卡一般，增强交流和互动性，从而获取用户某个时段的注意力。

（2）热点内容的选题。

① 借势。热点事件是天然具有巨大吸引力的话题，企业可以结合当下热点，实时策划营销内容，发表自己对热点事件的观点，参与话题讨论，抓住注意力，扩大品牌声量。但策划此类选题之前要对事件本身有深入了解，且观点新颖，符合社会正能量。比如在某年冬奥会开幕式上主办方设置了由五片"雪花"转变为奥运五环的创意仪式，但有一片雪花因故障未能顺利打开，导致五环变四环。红牛便在自己的微博上借势发布自己的广告文案："打开的是能量，未打开的是潜能"，得到了网友的一致好评。借势因为是在借助事件的热度，慢人一步很可能就失去了热度的势能，所以非常考验品牌方迅速拟定文案的能力。

② 造势。热点事件的出现是不可控的，所以其难以成为企业话题运营的一种稳定素材来源。但企业可以利用一些时间节点，自己制造热点话题，吸引用户关注和参与，扩大品牌声量，来实现与借热点话题之势的同样效果。比如专攻下沉市场的某奶茶品牌就曾把自己的品牌标识变成黑色，从而引发网友关注讨论，来为自己的桑葚口味新品造势。

职场零距离

勿做"标题党"

随着网络媒介的高速发展，受众获取信息内容的方式和渠道也变得更为丰富多元。这也意味着用户将面临海量信息的浏览抉择。所发布的内容要想脱颖而出，如何有效抓住眼球、获取点击率就成为一个关键问题。在此之下就催生了一批"标题党"，以"个性标题"吸引用户点击文章。

在微观层面上，"标题党"指社交媒体时代内容生产者为片面追逐流量而形成的以引诱网民点击为目的的标题写作风格。网民在点击此类标题后往往会产生一种被标题误导或上当的感觉。在宏观层面，这是指社交媒体时代，内容生产者以"诱使网民点击，追逐流量"为中心的一种不正常的内容生产方式。

在这种过于片面追求标题吸睛的发展下，产生了一系列的危害行为。

（1）伤害了新闻当事人。现阶段由于各类社会压力的增加，受众更加倾向于"快餐式"的阅读，因此，文章的标题便显得十分重要，其成为抓住用户的关键。一些门户网站对当事人的话语断章取义，使用一些具有较强误导性的标题使新闻当事人被受众集体误解，引起网友的愤懑之情并对新闻当事人进行了全方位的攻击，对新闻当事人造成了不应有的心理压力和精神负担。

（2）严重损害了媒体声誉和公信力。全媒体时代信息传播的"快餐化"特点，使得广大受众对标题的敏感度远大于其内容。在这样的传播环境下，把握好时效，及时传达准确信息，彰显公信力是媒体的立足之本。标题党为博取眼球，脱离正确轨道，无序竞争，这些断章取义、扭曲事实的标题使得受众难以准确接收新闻，甚至误解事实。标题党通过采用断章取义、弄虚作假的手段制作的标题，不仅不能实现其扩大受众、扩大影响、提高地位的目的，反而适得其反，损害了自身形象，降低了其公信力。

（3）很容易误导受众。从新闻传播的角度看，标题党严重违背了新闻客观性、真实性的表达原则，具有明显的诱导情绪，错误、歪曲的报道还会误导人们的思想，损害社会利益和个人利益。互联网的存在本身就创造出了一个全新的"拟态环境"，当一些别有用心的标题党通过夸大、失真、"三俗"的人为操纵等手法试图影响及控制信息传播时，身处其中的大众看到的已经不仅是折射后的信息，而且是严重变形的信息世界。

党的二十大报告指出："健全网络综合治理体系，推动形成良好网络生态。"

从2017年起，国家就开始有规模地治理"标题党"现象。2020年，网信办针对社会反映强烈的商业网站平台和"自媒体"扰乱网络传播秩序突出问题，在全国范围内开展了集中整治。企业有责任去共同维护网络媒介环境，不要为一时利益而成为"标题党"。

5.3.2　内容呈现技巧

用户能不能完成阅读，能不能高效地接收到信息，取决于内容的呈现。企业在进行图文平台内容运营时要运用一定的技巧才能持续吸引用户的注意力。微博平台主要以短字数的话题为主，所以相较于微信公众号文章，企业在具体的内容呈现上会更为简单。本小节主要以微信公众号的内容呈现技巧为例，分析图文平台用户在内容上的偏好。

微信公众号
的内容运营

1. 具有视觉感的内容描述

微信公众号文章因为面对的是普通大众，而且是碎片化阅读，所以语言要更偏向口语化、娱乐化，用户阅读的愉悦感才会更强。但口语化不等于大白话，口语化是要求作者的表达尽量更为直白、不绕弯子，遣词造句不要过于讲究，让人觉得难以理解。且在具体内容的表达上要突出视觉感，即以文字来营造画面感，以此来增强用户的阅读意愿和投入程度。以下几种表达手法可以帮助企业提升文章的视觉感。

（1）数据化表达。以一种更具体、精确的描述来增强描述的画面感。

（2）案例化表达。让抽象概念、观点融入具体案例，以类似故事的方式娓娓道来，既能让观点更具有说服力，又能更有画面感。

（3）形象化比喻。用比喻或拟人化的手段让内容更生动形象，从而产生一种真实的既视感，仿佛出现在用户眼前。

（4）场景化描述。从细微处入手对场景进行生动表达，也更容易营造氛围感和细腻感。

（5）多用动词、名词。以大量的动词、名词来营造情景，增强文章内容的画面感。

2. 逻辑清晰的全文结构

（1）进入主题要快，否则用户的注意力难以为继。一般可采取"总-分-总"的结构，开门见山，先交代自己的观点，再在后续分段论述自己的观点，最后在文章尾部进行主题升华，以强化用户的记忆点。同时，为了提供更好的阅读节奏，尽量不要用太长的句子，以短句为主。

（2）段落要比较短小，营造"一呼一吸"的节奏感。这种节奏感既能给用户带来一种自然的阅读感，也能不断保持用户的注意力，使其更有效地接受文章信息。整个文章的阅读完成率会更高。

（3）不同论点分部分阐述，让文章逻辑更清晰、结构更明朗。每一个部分都要取一个小标题，并且上下文要用逻辑关系连接在一起，这样方便读者在文章里不费力地看到有用的东西。序号类型、分割线类型的小标题使文章线路更清晰，小标题的字体样式要和正文内容形成一定的反差对比感，更凸显内容核心要点。

（4）论证论点要有理有据，最好以讲故事的叙事手法，增强内容的情景化，让用户更有沉浸感和画面感。

（5）整体字数要有控制。用户阅读的时间都是碎片化的，如果文章太长，用户的阅读完成率会比较低。一般来说，主流文章篇幅为800~2 500字，最合适的篇幅一般是1 000~2 000字，接近2 500字的文章已经算是比较长的篇幅了。

3. 美观的图文排版

对于图文平台而言，图文的编排能带来视觉上的审美享受，还能增强文章的氛围感和意境感。如果与内容搭配得体，就可以给读者留下美好而深刻的印象；反之，则有可能因为第一印象不佳而让读者缺乏继续阅读的兴趣。尤其是在内容过多的今天，想要吸引用户，在图文排版上必须有自己的出彩点。

具体排版内容涉及以下几个方面。

（1）选择主色调。色调是排版的灵魂。每个优质的公众号都有自己的图文主色调。主色调至少要确定一种，最多不超过三种。使用统一的主色调能增加阅读的连贯性，文章色调太多，会使段落间充满割裂感，让读者眼花缭乱。主色调确定后，头像、文章的强调部分、头尾引导图、样式等都要围绕此展开。长期使用一个主色调，还能增加品牌辨识度，可以根据品牌、公众号调性确定选用何种主色调。

（2）确定正文文字大小与颜色。文字大小与颜色选择关乎用户的阅读体验。在不断与用户交互的经验下，针对移动端（尤其是手机端），行业内对文字大小和颜色选择形成了以下共识：

① 文字大小。为了更好地适应手机屏幕，一般会选用14~16号[1]字。14号字适合文艺类、情感类等账号类型，适用于深度阅读型文章，如时事评论、人物采访、学术内容等。15号是比较中规中矩的字号。16号是微信平台默认大小，一般还没有进行排版的文章使用的是16号。另外，16号字看上去比较大，更适合主要受众偏向老年人的文章，而篇幅很长的，或者居中排版的图文也可以使用16号。

② 文字颜色。人们习惯阅读黑、灰色的文字，如果用其他颜色作为正文字体，会增加读者的阅读负担。所以，一般选择黑色字体，但不要选择默认的纯黑色值（#000000），它饱和度比较高，在手机上看很刺眼。可以选择黑色偏灰的色值（如#565656、#595959、#3f3f3f等）。

如果文章需要突出某些重点内容，可以使用加粗、改变文字颜色、字号变大、反色处理等方法，与其他文字区分开。重点内容的颜色和反色的底色都建议只使用一种主题色。

③ 对齐方式。在微信公众号的文章里可以选择的对齐方式有左对齐、右对齐、两端对齐、居中对齐等。

左对齐适合于多种类型的文章，如干货类、故事类、诗歌类等，这种方式也比较符合用户的日常阅读习惯。不足之处就是右边看起来没有那么整齐。

右对齐相对用得比较少，一些时尚类内容会采用。

两端对齐能提升文章版面的整洁度，适合于追求统一感的文章。建议正文部分使用两端对齐的方式，这样在手机上显示出来的效果才会更加整齐，不会呈现出长短不一的效果。

居中对齐以短句居多，它的视线更集中、整体感更强。如果居中对齐的一行文字太长，就会使人容易疲劳、阅读体验也会变得非常差；如果数字太多，就会出现一行放不下的情况。

④ 字间距、行间距以及页边距。文字之间必须有一定的合理间距，如果间距过于狭小，就有种随时会相互碰撞的感觉；如果间距过大，就会失去张力和紧张感，使得文字阅读变得乏味。字间距通常可设置为1倍。行间距也是同理，两行之间的距离不能太宽也不能太窄，比较常见的行间距是1.5倍或1.75倍。为了减少阅读者眼睛不断转动的疲劳感，让视线更集中，阅读更流畅，可以缩进页边距。

---

[1] 在新媒体图文平台上，一般用"px"表示。

⑤ 段落留白。如果一篇文章段落很长，满屏都是密密麻麻的字，人们读起来就会很吃力，而将长文按照逻辑结构或叙述节奏分成3至5个段落，再提炼小标题，就能减轻阅读压力。

小标题与上文之间留白，空2行，与下文空1行，这样能从视觉上把各个段落区分开。句子间适当留白，能增加文章"呼吸感"。一般是3至5行句子，空1格换行，这样更清爽、整洁，便于阅读。上下文和配图之间的留白则以空1行为佳。

另外，传统印刷读物会用首行缩进来区分段落，但在网页端和手机端，书本式的排版往往会让人感到有压力，左边首行不缩进，改用空格分行，通常会让读者的阅读体验更好。

⑥ 列出重点。为了帮助用户更快地抓住阅读重点，需要区隔关键文字，即通过增大字号、改变色号、加粗等方式作为提示，把核心、重点单列出来。增大字号的方法一般用在小标题上，作为整个段落的重点提炼，小标题的字号要比正文的大；也适用于情绪文的结尾，作为情绪放大器，帮助读者释放情绪，这时字号只需要比正文大 1 号即可。

色号讲究视觉排版的统一性，要跟主色调相搭，或者直接使用主色调。改变色号的同时一般默认加粗，下划线、斜体则一般不建议使用。

需要的注意是，文章内全是重点反而没有重点，所以重点强调部分不能太多，一句话、几个词就足矣。如果是注释性文字，行数可以多一点，但一般也不超过 3 行。

4. 精心选择配图

配图可分为封面配图和正文配图。两者的作用也是不一样的。

（1）封面配图是图文内容的门面，是影响点击量的重要因素之一。如果不主动设计与设置，平台会随机截取正文配图进行显示，容易影响美观。

封面配图有两个尺寸：首图（2.35∶1）、次图（1∶1）。涉及的排版元素包括：底图（纯色、图片、插画、漫画）、IP、logo、上通栏、人像、日期等。主要的处理方法包括抠图、调整背景色、使用立体效果等。

另外，在封面配图上可以添加企业公众号名称水印，如企业的品牌名，这样也有助于企业品牌的反复传播。

（2）正文配图一般每张都有其作用，不能单以好看与否进行衡量，要看与文字搭配时是否相得益彰。一般来说，正文配图有以下几点作用。

一是辅助说明。有些信息单靠文字很难直观表达，通过配图能进行解释说明，帮助读者理解。

二是减轻阅读压力。图片能打破视觉的单调性。如果一篇文章全是密密麻麻的文字，会给读者很强的压迫感，让人兴趣索然。通过配图可以调节视线，给读者休息的空间，减轻疲惫感。一般建议 3 屏文字 1 张配图，也可根据文章的严谨性程度灵活调整。

三是渲染情绪。在文章情绪高潮点，合适的配图能搭配文案将情绪放大。图片要与排版风格统一，也要与文案风格保持一致，否则会给文章造成撕裂感。

在使用图片时要注意版权的问题，否则会有侵权风险。

即学即练

选择一款家乡的特色农产品，创作微信公众号宣传图文并发布在平台上，观察其宣传效果。

运营思辨

短视频时代，图文平台还是流量入口吗？

根据 CNNIC 的统计数据，截至 2023 年 6 月，短视频用户规模为 10.26 亿人，各项数据都显示短视频已成为内容平台的第一梯队。

许多从业者纷纷转型，将自己的内容迁移至短视频平台。有人甚至提出"短视频基建论"，认为短视频在未来不仅是娱乐工具，更是能承载一切社会活动与服务的基础入口。

那么，大家都去看短视频了，图文内容平台还有流量吗？还有运营的价值吗？

其实这两年，作为短视频一级流量入口的抖音，也在图文创作方面发力。2022 年年底，抖音在其创作者大会上公布了自家图文业务的最新进展，自 2021 年年底上线至今，抖音图文内容的创作者数量提升了 10 倍，单日阅读量已超 100 亿次。抖音也已经明确表示，图文将会成为平台未来重点聚焦的业务。

这背后究竟有着怎样的逻辑呢？

（1）短视频流量见顶，增长乏力。这几年，短视频发展迅猛，但目前用户已在整个网民中占 9 成，后期增长空间有限。作为短视频内容第一平台的抖音也不得不提早为自己寻找新的增量来源。所以，图文创作成为其布局点之一。而抖音入局图文赛道背后也是整个流量运营思维的转变，即要从原来用户被动"投喂"向赋予用户更多"主动权"转变，包括表达真实体验、商品商家推荐等。

（2）图文信息密度更高，内容呈现更为全面。而这些优势将帮助短视频平台提升电商复购率，并增强平台的用户黏性。一直以来，直播电商存在客户净推荐值（NPS）为负的问题，这意味着用户买完商品之后不推荐复购的人数超过推荐的人数，进而会给电商带来高退货率和低复购率。与短视频相比，图文信息密度高，信息传递效率高，能帮助用户找到有用信息理性"种草"，优化购物体验。而站在更高的维度看，短视频向图文发力，其实反映出短视频平台正步入一个新阶段，未来短视频的增长逻辑将由流量红利驱动切换到盘活存量用户价值。

所以，图文内容作为一个成熟的内容输出方式，作为"品质内容为王"的载体，在现有市场上依然有广阔的空间和价值，更是一种深化品牌与用户关系运营的手段。

而对于相关从业者而言，专注用户需求的"定位"，通过优质内容传递价值观的"坚持"，或许才是成就内容从业者的真正"风口"。

任务5.4　实现营销转化

内容运营的最终目的是实现销售转化，所以企业可以利用平台账号做一些推广活动，来刺激用户完成购买。随着图文平台在内容领域的不断深耕，很多用户已经形成站内搜索的行为习惯，一键式的转发和分享功能也为用户的二次传播提供了便利。所以在这些平台里发布相关营销活动，能让信息在更短的时间内被更多的用户所看到。关键在于企业能否策划出让用户有分享和转发欲望的活动内容。

目前，大多数图文平台已形成交易链路闭环，用户可以在平台内部搜索相关信息、查看评价、实施购买。对企业而言，这种便捷大大增强了用户的线上体验，从而带来了更好的用户转化效果。

为提高营销活动的覆盖面和影响力，企业会同时在多个媒体平台上运营联动活动来扩大宣传声量，从而提升营销活动的销售转化率。

下面将从平台内活动推广和多平台联合运营两个方面介绍常用的营销活动方式。

5.4.1 平台内活动推广

1. 微信公众号的活动运营

企业微信公众号运营的最终目的是在积累和沉淀目标用户之后，把潜在用户转化成现实用户。想要活动取得更好的营销效果，需要从活动策划、活动形式选择，以及活动复盘三个方面实现积累和摸索。

（1）活动策划。提前做好活动策划，对重点节日要列出专门的活动时间表，既可以选择一般内容策划，也可以紧跟一些时事热点运营。不同的新媒体平台也会提供不同类型活动的策划灵感，如在豆瓣或知乎上可以找到一些有深度的问题；今日头条网络传媒的新闻报道总体上可以反映当前的社会热点、热点关键词；在微博上可以找到有热度的娱乐新闻等。

（2）活动形式选择。常见的活动形式有签到，抽奖，红包，有偿投稿，游戏等，重要的是要让用户参与到活动中来。为了提高用户黏性，也可以线上线下活动相结合，如沙龙、分享会之类的。最关键的是要让平台和目标用户产生共鸣，让用户有参与感和分享欲，去实现二次传播，来帮助企业扩大活动的传播范围。

（3）活动复盘。要对微信公众号后台数据进行分析，活动结束后要对具体效果进行评估，通过数据分析复盘活动过程，为下一次活动提供经验。

2. 微博的活动运营

企业在微博上常运营的活动类型有：

（1）节假日活动。在典型购物节或节假日的时间段，如"双11""6·18"等，企业可发布与品牌相关的促销类宣传活动，如参与互动、话题领券等。

（2）有奖活动。包括有奖转发、砸金蛋赢大奖、免费试用产品等，主要是增强活动的社交属性，提高用户的活动参与感，让优质用户成为产品传播体系的一部分，从而形成用户与产品的完全互动。

（3）征文活动。搜集用户撰写的与公司之间的故事，如使用该公司产品的体验、对公司有什么样的感受或意见等。

（4）投票活动。通过投票形式来吸引用户关注，且投票内容也要能进一步曝光，如对冠名比赛节目发起投票支持活动，能吸引众多网友参与。

（5）线下活动联动。利用微博发布线下活动信息并与用户互动，持续传播线下活动情况。

即学即练

挑选一个品牌，对其在微信公众号以及微博账号上发起的营销活动进行总结，完成表5-7的填写。

表5-7　品牌图文平台营销活动总结

观察对象	观察结果
品牌活动形式	
活动效果统计	
活动特点	

5.4.2　多平台联合运营

1. 多平台协同

对于今天的企业而言，要想更好地实现营销活动效果，多平台协同已经是必选的模式。企业打造新媒体矩阵的主要作用在于：

（1）实现内容多元化。每个平台都有自己独特的内容风格，企业在多个平台上建立账号，可以使内容形式多元化，吸引不同受众群体。例如，某老字号食品品牌除了有微信公众号、微博账号，还入驻"90后""00后"聚集的B站，发布原创视频，吸引年轻用户的关注。

（2）协同放大宣传效果。建立矩阵后，不同平台的产品及调性可以形成互补。企业为了获得更多的流量和更大的曝光量，就需要更多的平台来宣传推广。目前众多的新媒体平台为企业提供了良机。企业可以根据不同平台的要求，申请入驻，由易到难，逐步构建新媒体矩阵网络，从而获得更多的流量。

（3）分散风险。企业集中在某一平台进行单一化运营，如果不幸出现"黑天鹅事件"，则会导致账号被封停，前功尽弃。多个平台或账号运营者可以及时将粉丝引流到新平台，从而降低这种突发风险。

当然，在人员限制的前提下，想要所有的渠道都做得面面俱到不太现实，企业可以选择推广效果最好的2至3个平台进行重点运营，将主要精力集中在重点平台上，努力提升自己的核心竞争力。

2. 微信内部联动

微信集公众号、社群、小程序、视频号、搜一搜、朋友圈于一体，这为企业实现了从宣传到用户转化的全链路打通方案。例如，果壳就形成了自己的微信内矩阵，如图5-1所示。

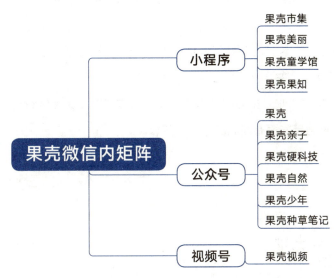

图 5-1　果壳微信内矩阵

目前，微信生态内的营销工具包括小程序、公众号和视频号，能够通过公众号推送等功能帮助消费者唤醒需求，并通过搜一搜等功能帮助企业收集信息和验证需求。以优质内容吸引用户后可以引流至微信群，沉淀为私域流量。再以一对一的触达来实现用户转化，直接在小程序平台内完成交易。后续的会员服务依然能以公众号、社群等形式完成关系维系。所以，对于企业而言，布局微信生态能更好地实现私域流量积累，减少运营成本，提升用户转化率，并且能与用户建立更紧密的连接关系。

职场零距离
图文平台相关运营岗的基本要求

不同的图文平台账号对运营的具体职责会有一定的差异，但在基本素养和要求上具有一定的共性。

图文平台的运营岗主要涉及以下工作内容：

（1）选题策划。根据目标用户提前策划对应选题。

（2）内容创作。负责日常推文及深度内容创意的撰写、排版、编辑工作，也负责公司产品内容和相关推广、宣传资料文案的撰写。

（3）引流转化。在公共平台发表相应的文章，引导用户添加微信关注，以及策划促销活动。

（4）渠道维护。包括参与平台活动、回复平台私信、了解运营规则、处理违规内容。

（5）社区运营。包括分享社区信息、进行问题答疑、组织社群活动。

（6）商务合作。主要有账号互推、寻找达人做广告等。

该岗位对相关从业人员的创意思维、文案写作能力、文字组织能力、新闻敏感度、数据分析能力等方面有较高的综合性要求。

项目考核

一、单项选择题

1. 以下属于社群图文平台的是（　　）。

    A. 小红书　　　　　　B. 知乎　　　　　　　C. 今日头条　　　　　　D. 百家号

2. 以下属于微信公众号平台特点的是（　　）。

    A. 话题热度高　　　　　　　　　　B. 熟人社交属性

    C. 提供知识付费内容　　　　　　　D. 用户拥有更强的"主动权"

3. 账号（品牌）人格化是指（　　）。

    A. 塑造账号（品牌）调性　　　　　B. 设置账号（品牌）内容

    C. 账号（品牌）"拟人化"　　　　　D. 进行账号（品牌）传播

4. 账号（品牌）塑造如同人的成长，由（　　）决定对外表达方式，不同的传播方式又吸引不同的受众。

    A. 媒介性质　　　　B. 传播环境　　　　　C. 人格特征　　　　　　D. 品牌形象

5. 以下哪一项不是图文内容中配图的作用？（　　）

A. 辅助说明　　　　B. 减轻阅读压力　　　C. 渲染情绪　　　　D. 塑造形象

二、多项选择题

1. 图文平台的运营需要做的工作包括（　　　　　）。

　　A. 打造平台账号　B. 提升内容价值　　　C. 实现营销转化　　　D. 完成活动复盘

2. 在微博平台上开展多账号运营，可设置的账号类型主要包括（　　　　　）。

　　A. 官方号　　　　B. 权威个人号　　　　C. 客服号　　　　　D. 订阅号

3. 微信生态内的营销工具包括（　　　　　）。

　　A. 公众号　　　　B. 微信群　　　　　　C. 小程序　　　　　D. 视频号

4. （　　　　　）的微信公众号的内容主题更容易引起用户的兴趣并激发其分享欲。

　　A. 替自己发声　　B. 为社交形象加分　　C. 有用可收藏　　　D. 有趣好玩

5. 企业在微博上常运营的活动类型有（　　　　　）。

　　A. 有奖活动　　　B. 征文活动　　　　　C. 投票活动　　　　D. 沙龙活动

三、判断题

1. 小红书的内容生态定位已从"标记我的生活"变为"生活指南百科全书"，被冠以"国民种草机"的称号。（　　　）

2. 账号的行为要与整体调性保持一致，用符合账号人格的表达方法与用户沟通，才能刻画出鲜明、具有生命力的账号形象。（　　　）

3. 为了更多维地与用户建立联系，提供不同内容，满足用户的不同需求，企业可以在同一个平台内布局多个不同类型的账号，又称为纵向媒体矩阵。（　　　）

4. 在微博平台上，企业的内容投放更侧重于话题的即时分享和互动。（　　　）

5. 热点事件是天然具有吸引力的话题，企业可以结合当下热点，在微博平台实时策划营销内容，发表自己的观点，参与进来，抓住全网注意力，扩大品牌声量。（　　　）

四、案例分析题

微信平台上的内容深耕

　　观夏是一个于2018年成立的原创香氛类品牌，主打东方植物香产品。它从线上起家，2019年正式面市，2021年销售额已达1.43亿元。官方微信小程序购买曾是它唯一的线上购买渠道。2020年观夏开了线下第一家门店，2022进入传统电商平台。

1. 产品顺势而为，满足旺盛的日常美学需求

艾瑞咨询的一份消费者洞察报告指出，随着教育水平的提升和时尚消费信息的浸染，消费者的审美意识开始觉醒，开始追求日常生活的美学设计及其内含的精神诉求，"审美"成为消费升级的核心驱动力。

2020年以来，人与家的关系变得密切，大家的消费热点也转变到了能提升生活美感与幸福感的物件上。观夏从家居香氛类目做起，主要有香薰、香膏、香水、洗护几条产品线，其中香薰是核心，以满足这一美学需求。

2. 品牌调性独特，用东方香唤起东方文化的共鸣

观夏抓住了"东方香"的差异化定位，致力挖掘香气背后的东方文化故事，迎合了中国消费者的东方情结。

从产品包装到命名，都体现了观夏的东方美学。它在包装上大量采用了"留白"的简约设计，而"梅水煎茶""颐和金桂""昆仑煮雪"等一系列富有东方美学符号的产品名，则让用户快速想象出画面感，强化了独特的东方香文化印记。浏览其私域商城，就像在香味博物馆中，香味产品依次排列，充满东方美学。

3. 深耕微信私域，以内容获得情感共鸣

2022年之前，观夏并没有上架大型电商平台，而是充分利用私域流量来进行产品的宣传和转化。如通过小红书、微信公众号将流量引向自己的小程序店铺。目前，观夏的微信订阅数已达百万级，忠实用户超过10万人，复购率超60%。据估算，单凭微信小程序商城，观夏的GMV已超过1亿元。

观夏擅长用细腻的文字来为用户营造一种贴近生活，同时又富有美感的氛围感，用文字氛围"脑补"并"种草"了一幅香水画面。例如，在其最新产品"松美术馆系列"的推文中，用细腻的文字描绘了使用场景、五官感受，舒适的排版加上同样有氛围感的配图，引人遐想。

在人物内容方面，观夏创设了一个栏目叫"我独自生活"，分享一些具有与品牌相似特质的人物故事，再以呈现她们的生活和用香场景来让观夏倡导的品牌价值观"认真生活"更为立体。观夏认为，对某一种香的选择就是对某一种令人向往的生活方式选择的具体体现。

发展到现在，观夏不仅在北京、上海、成都布局了线下门店，也开始探索将香气与东方建筑、技艺、器物深度联系，以拓宽品牌对东方历史文化理解的维度。

问题：

结合以上品牌案例，谈一谈在用户的审美门槛不断提高和内容需求不断多元化的今天，品牌如何才能拥有持续创作吸引用户的内容的能力？

项目实践：图文内容制作

一、实训目的

1. 将理论融于实践，掌握图文内容制作技巧。

2. 培养结合数据复盘的思维，完成图文内容的优化。

二、实训要求

1. 一周内完成实训。

2. 按照实训成果提交内容。

三、实训组织

学生在教师指导下以团队为单位开展实训。

四、实训内容

1. 3~4人为一个团队，完成微信公众号的注册和设置。

2. 选择一种家乡特色美食，对其进行图文宣传。

3. 将宣传内容转发至朋友圈，统计点击率、阅读完成率、转发率、点赞数等数据，结合数据进行分析优化，及时更改文章标题和图文编排方式，发布新内容。

4. 所有小组对一周后的最终数据进行复盘，分析自己图文作品的优点和缺点并相互交流。

五、实训成果

每个小组对微信公众号平台内容的运营结果进行分析，形成分析报告PPT。

新媒体短视频平台运营

学习目标

素养目标

- 培养客观务实的新媒体短视频平台运营思维
- 培养遵纪守法的新媒体短视频平台运营责任
- 提高传递价值内容的新媒体短视频平台运营使命，增强文化自信

知识目标

- 了解主要新媒体短视频平台的特点
- 了解新媒体短视频平台运营的流程
- 掌握短视频内容策划与拍摄的主要工作内容
- 熟悉短视频剪辑、发布与推广的流程

能力目标

- 能够开展新媒体短视频平台运营
- 能够策划、拍摄和剪辑一个完整的短视频
- 能够将短视频上传发布到主流平台上
- 能够精准有效地推广短视频

思维导图

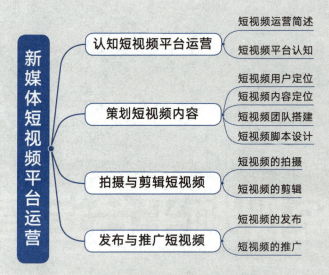

新媒体短视频平台运营
- 认知短视频平台运营
  - 短视频运营简述
  - 短视频平台认知
- 策划短视频内容
  - 短视频用户定位
  - 短视频内容定位
  - 短视频团队搭建
  - 短视频脚本设计
- 拍摄与剪辑短视频
  - 短视频的拍摄
  - 短视频的剪辑
- 发布与推广短视频
  - 短视频的发布
  - 短视频的推广

学习计划

■ 素养提升计划

_____

_____

■ 知识学习计划

_____

_____

■ 技能训练计划

_____

_____

数实融合新视界

让乡愁不再愁，让乡民不再愁

名为"乡愁"的抖音号拥有近1800万粉丝，大多数点进账号观看视频的网友，不仅沉浸在返璞归真的乡土人情中，也被该抖音号作品散发出的传统之美、自然之美所吸引，被作品中蕴含的对生活的热情所打动。

家乡风物，饱含每个人的乡愁。如何让乡愁不再愁，让乡民不再愁？该账号运营者把地方宣传、文化推广融入生活，用朴实的话语介绍家乡，让大家了解武夷山、了解福建。号主说，乡愁不能定义为武夷山的乡愁，而要定义为中国人的乡愁、每个人的乡愁，只有讲好中国故事，以文化为笔墨绘就美好画卷，才能让产品具有历史沉淀和价值。"利他也是利己，与其说是我帮助了村民，不如说村民也在帮助我，这是双向互动，大家一起回馈生养我们的家乡。"

"乡愁"已发布的两百多条短视频作品都传递着真善美的能量，没有多余的言语修饰，一丝不苟地完成手中的工作，或在锅台灶前熟练地张罗饭菜，或在乡间小路上悠闲地骑车、遛狗，或在田间地头热火朝天地务农，或在开阔的后院里默默晾晒着农副产品，武夷山成为她作品中亮丽的风景线。其作品之所以打动人心，是因为她在网络的喧嚣中开辟了一方净土。

曾有不少机构闻风而动，试图用千百万元的收益说服"乡愁"号主，帮助她用体系化运营的模式变现。但"厚德载物"的初心告诉其运营者，商业化团队不可能体会她对家乡的深厚情感，也不可能体会她对积极打拼的深刻理解，只会以卖货为目的，一味迎合粉丝喜好。她说："其实在农村待久了，整体的物质欲望会降低，钱的多少真的没那么重要。我更想要追求一份事业。走得再远，我都会记住来时的方向，我愿意作为年轻人返乡创业的代表，为家乡腾飞助力，为推进美丽乡村建设助力，为乡村振兴助力。"

（资料来源：改编自央广网文章。）

案例启示：
相较于那些"浮于表面"的演戏式、炒作式内容，新媒体运营者在短视频平台应回归真诚，配合稳定的投放和引流能力，将真正有需求的用户带入短视频场景中，再通过品牌力、服务力去实现目标用户转化。

任务6.1　认知短视频平台运营

随着智能手机、5G网络的普及，时长短、传播快、互动性强的短视频已获得用户、企业和各大平台的青睐，并逐步发展成为一种主流的新媒体运营方式，各大短视频平台也如雨后春笋般出现。

6.1.1　短视频运营简述

1. 短视频概述

（1）短视频的概念。短视频通常被认为是一种在互联网中快速传播的视频形式，其传播时长因不同平台的要求而不同，从几秒到几分钟不等，一般不超过5分钟。短视频以短剧、日常生活视频为主，供用户利用碎片化时间观看。

（2）短视频的发展历程。短视频的发展历程可以分为萌芽时期、探索时期、分水岭时期、发展时期和成熟时期。

① 短视频的萌芽时期通常被认为是2013年以前，特别是2011—2012年。这一时期最具代表性的短视频平台就是快手，用户可以在快手上记录和分享日常生活。萌芽时期实质上也是大众的启蒙期，人们开始意识到网络的分享特质和短视频制作的可行性，这为日后短视频的发展奠定了基础。

② 短视频的探索时期是2013—2015年。这一时期以美拍、秒拍和小咖秀为代表的短视频平台逐渐进入公众视野，它们与社交平台结合，使用视觉特效工具对短视频进行美化包装后即可分享，因此受到一定数量网络用户的喜爱。在技术、硬件和内容创作者的支持下，短视频这种形式已经被广大网络用户所认可，并表现出极强的社交性和可移动性，其中一些优秀作品提高了短视频在互联网各种内容形式中的地位。

③ 短视频的分水岭时期是2016年。这一时期短视频行业中的应用平台和内容创作者都快速增长，一大批优秀的短视频App上线，如抖音短视频、西瓜视频、火山小

视频等。短视频行业在2016年迎来了"爆炸式"增长，海量网络用户涌入短视频平台，用户在传播和分享短视频的同时，创作出大量、各种类型的短视频，这种良性循环也使得短视频行业的发展前景更加明朗。

④ 短视频的发展时期是2017—2019年，呈现出百花齐放的发展趋势。众多互联网公司受到短视频市场巨大的发展空间和红利的吸引，通过收购、创建和合并等商业手段，加速布局短视频领域，电视、报刊等传统媒体也纷纷开始在短视频领域中竞逐争夺，大量资金的不断涌入为短视频行业的未来发展奠定了坚实的经济基础。

⑤ 2020年至今是短视频的成熟时期，各种短视频内容不断涌现，形成了很多内容垂直细分领域，如音乐、舞蹈、美食和时尚等，它们旨在通过不同内容的打造，吸引不同的用户。成熟时期的短视频行业发展呈现出"两超多强"（抖音、快手两大平台占据大部分短视频市场份额，西瓜视频、美拍等多个平台占据剩余市场份额）的态势，商业变现模式趋于成熟。在各种政策和法规的规范下，短视频已经步入正规发展的行业化道路。

2. 短视频运营流程

短视频运营是指通过短视频平台进行商品或品牌的宣传、推广和营销，向用户广泛或精准地推送信息，提高用户参与度和品牌知名度，从而达到相应的营销目的。

短视频运营流程包括短视频内容策划、视频素材拍摄、视频素材剪辑和短视频发布推广，如图6-1所示。

图 6-1 短视频运营流程

职场零距离

短视频运营人员的工作职责

这是一家公司短视频运营人员的工作职责，看看你是否符合条件吧？

◆ 负责短视频IP账号相关内容的剪辑、制作、发布等工作。

◆ 负责短视频账号运营，日常视频选题和素材收集整理。

◆ 负责视频账号维护、资料补充、其他内容发布等工作。

这是另一家公司短视频运营专员的工作职责，看看你是否符合条件吧？

◆ 对接了解大客户需求，创作符合客户需求的视频物料，并配合前端进行物料制作投放。

◆ 运营账号，根据客户需求进行相关账号内容制作和投放维护。

◆ 策划视频创意，完成脚本编写、制片、基础拍摄、基础剪辑等工作。

6.1.2 短视频平台认知

1. 短视频平台的类型

观看短视频目前已经成为网络用户最喜爱的娱乐方式之一，短视频行业也蓬勃发展，涌现出了一批出色的短视频平台。根据企业的组织关系，可以将我国的短视频平台划分为以下几种类型。

（1）头条系。以北京字节跳动网络技术有限公司为主导，而字节跳动的业务又以今日头条为核心，故称为头条系。头条系的短视频平台主要包括抖音短视频、火山小视频和西瓜视频。

（2）快手系。以北京快手科技有限公司为主导，如前所述，它是较早进入短视频行业的平台。

（3）腾讯系。以深圳市腾讯计算机系统有限公司为主导，主要包括以腾讯微视为主体的产品体系。

（4）百度系。以百度在线网络技术（北京）有限公司为主导，主要包括好看视频、度小视等。

（5）其他。在网络中也有一些和以上4个大企业没有直接归属关系的短视频平台，都可归为此类。

2. 短视频主流平台的特点

短视频平台的数量众多，其中部分主流平台占据了较大的市场份额，很多个人或企业都会选择在热门的短视频平台中开展营销。不同的短视频平台有不同的特点，下面介绍一些主流短视频平台的特点。

（1）抖音短视频。抖音短视频最初是一款音乐创意短视频社交软件，经过多年的发展，目前已经成为短视频领域的超级平台，也是进行短视频设计和制作的首选平台之一。抖音短视频在用户数量支持、相关平台服务，以及官方补贴、帮助等方面都为短视频内容创作者提供了极大的便利。抖音短视频平台的一些基本特点如表6-1所示。

表6-1 抖音短视频的基本特点

口号	记录美好生活
呈现方式	竖屏短视频为主
主要用户属性	年轻、时尚的女性，一二线城市的用户比较多
平台特色	采用智能推荐算法，平衡流量、内容、用户、商品之间的关系，提升商业变现和内容生产能力，以及短视频内容创作者的能力

（2）快手。快手与抖音短视频一样，都是目前短视频行业的领头羊。快手是成立较早的短视频平台，用户群体主要集中在三四线城市。这批用户对移动互联网有更多的探知欲和更高的接受度，所以快手对于短视频内容创作者的支持力度也相对较高。快手的基本特点如表6-2所示。

表6-2 快手的基本特点

口号	拥抱每一种生活
呈现方式	竖屏短视频为主
用户属性	生活在三四线城市、热爱分享的群体
平台特色	多元化，依托算法打通推荐和关注的协同关系，更新速度非常快，是好物、生活、趣事的分享平台

（3）腾讯微视。腾讯微视是腾讯旗下的短视频创作与分享平台，可以将拍摄的短视频同步分享到微信群、朋友圈和QQ空间中。腾讯微视的基本特点如表6-3所示。

表6-3 腾讯微视的基本特点

口号	发现更有趣
呈现方式	横屏小视频
用户属性	以女性为主要群体
平台特色	垂直短视频平台，目标人群划分专业，能够轻松与其他流量平台进行链接和引流

（4）好看视频。好看视频是百度旗下一个重要的短视频平台，用户的地域、年龄分布都比较分散，内容以泛娱乐、泛文化和泛生活为主。在短视频创作方面，好看视

频是一个非常优秀的传播平台。作为百度系的产品，它享有百度搜索的支持，因此具有很高的搜索引擎权重，其基本特点如表6-4所示。

表6-4　好看视频的基本特点

口号	分享美好，看见世界
呈现方式	横屏短视频为主
用户属性	以三四线城市人群为主，年龄层呈多样化分布
平台特色	在视频场景识别方面，已经实现了机器自动分类，分发无痕化，优化了用户的体验感

（5）美拍。美拍是泛生活类的垂直短视频平台，用户以女性群体为主，非常适合设计和制作美妆、美食、健身和穿搭等类别的短视频，其基本特点如表6-5所示。

表6-5　美拍的基本特点

口号	在美拍，每天都有新收获
呈现方式	竖屏短视频为主
用户属性	女性居多，覆盖美妆、美食、服装等泛生活类别
平台特色	年轻人喜欢的短视频社交平台，在美妆类垂直领域优势比较大

即学即练

选择3个不同的主流短视频平台的不同内容主题，对其短视频进行观看比较，如创意类、日常生活类、美食类等，归纳总结各个短视频平台的特点，分享观看感受。

短视频平台名称	内容主题	短视频平台特点
1.		
2.		
3.		

任务6.2　策划短视频内容

利用短视频进行品牌推广和商品营销是目前较为常见的一种新媒体运营方式，大到华为、小米这样的大型企业，小到大山深处的某位农人，都会通过短视频平台发布短视频来推销自己的商品。但无论是大型企业还是单个用户，在进行短视频制作之前，都需要完成一件非常重要的准备工作——策划短视频内容。短视频的内容策划通常包括用户定位、内容定位、团队搭建和脚本设计等具体内容。

6.2.1　短视频用户定位

短视频可以如此流行的一个重要原因就是短视频内容可以吸引海量用户，这些用户是短视频内容策划和制作的基础。短视频制作的前提是吸引用户，所以，短视频内容策划者需要了解其用户群体，分析用户并对其进行画像。关于用户定位，本书项目二已经介绍过，此处不再赘述。

6.2.2　短视频内容定位

在对短视频用户进行定位之后，就需要对短视频的内容进行定位了。内容才是短视频的核心，只有符合用户需求的内容才能吸引足够多的用户关注，只有满足用户需求的内容才对用户有价值。短视频内容定位具体包括以下几点。

1. 选择短视频内容领域

在内容领域的选择上，最简单有效的方式就是选择内容创作者最拿手、最有资源的领域，这样在后期的内容制作上才能更加自如，使短视频在选题和资源上都有保障。如果能够选择关注度高的内容领域制作短视频，则通常会起到事半功倍的效果，更容易获得高播放量和高关注度。选择如表6-6所示的这些内容领域制作短视频，通常会获得较高的用户播放量。

表6-6　短视频用户偏好的内容领域

类别	具体内容
干货类	是指精练的、实用的、可信的内容。这些内容通常是从实际经验中经过一定提炼总结出来的，也可以运用到实践中去，有一定的指导性，可以直接或间接适用于当前环境，进而给出一个有理有据、让人信服的建议。因为是干货，所以很多用户都想学习，如旅游攻略、商业思维、健康常识和生活小妙招等
情感类	能够使用户感同身受，引发用户共鸣，很容易获得高播放量，也很容易引起用户点赞和转发

类别	具体内容
正能量类	正能量是一种健康乐观、积极向上的动力和情感，可以影响自己和周围的人，此类短视频能够唤起用户内心的积极情感
美好事物类	美好事物是指一切能带给用户视觉和听觉享受，并产生愉悦心情的事物，包括美丽的风景和人物、精美的食物、优美的音乐等，作为短视频内容也容易获得用户的喜爱

2. 确定短视频内容风格

在选定短视频的内容领域后，接下来就要确定短视频的内容风格。不同风格的短视频的展现形式也是不同的，因此，确定内容风格对于短视频后续的制作十分重要。目前比较流行且受用户喜爱的短视频内容风格如表6-7所示。

表6-7　短视频用户偏好的内容风格

类别	具体内容
图文拼接类	以图片和文字为主要内容，并辅以背景音乐，通常是使用短视频平台自带的模板制作，较为简单
故事类	有新意、有创意的故事风格短视频总是能够吸引用户的关注，特别是内容脚本较好，具备正能量，且能够引起用户共鸣的系列故事短视频
反差类	通过形成强烈反差，达到吸引用户关注的目的，并使其产生一种代入感。例如，在短视频前半部分展示主角的困顿，而在短视频后半部分讲述主角是如何通过自身努力实现人生反转的
讲座类	通常以讲座形式向用户讲解各种知识或传递正能量，并提供十分有价值的内容，可以吸引用户的关注和转发，提高播放量
心理慰藉类	通过短视频内容对用户进行精神安慰，具有强化动机的作用，可以让用户深入其中，引起情感共鸣
模仿类	模仿其他流行的短视频制作，很多短视频制作新手都会采用。需要注意的是，如果想要获得更多用户的关注，短视频内容要在模仿的基础上突出个人特色，形成独特风格
Vlog类	这是指记录日常生活的短视频内容，能够吸引大量想了解不同地方风土人情和生活方式的用户的关注

3. 确定短视频内容形式

在确定短视频内容风格后，需要确定短视频内容形式，也就是短视频要以哪种形式进行拍摄和制作，并最终呈现在用户面前。短视频的内容创作者可以根据制作方式和出镜主体的不同来对短视频内容形式进行选择。常见的短视频内容形式如表6-8所示。

表6-8　常见的短视频内容形式

类别	具体内容
以真人为主	以真人为主的短视频往往具备更多的拍摄形式和创作空间，可以让短视频拥有非常深刻的记忆点。在获得较多用户关注之后，主角本人往往也可以获得较大的知名度，并获得一定的商业价值和影响力
以肢体或语音为主	因为缺失脸部这个记忆点，所以需要使用特殊物体作为标志，如辨识度极高的声音、某种特殊样式的头套等
以动物为主	需要通过配音、字幕和特定的表情抓拍等手段赋予动物"人的属性"，特别是配音和字幕，有了这两个要素才能让用户看懂短视频内容
以虚拟形象为主	需要专业的人员进行虚拟形象设计，会花费比较高的人力和时间成本。精致可爱的虚拟形象容易被用户所喜爱，从而获得关注和播放量
以剪辑内容为主	以各种影视剧或综艺节目为基础，剪辑制作截取精华看点或情节，进行二次传播、节目宣传或话题营销。这种形式既节约人力成本和时间成本，也有助于高频率地进行创作，具备较大的传播优势

4. 选择短视频发布平台

在短视频的设计和制作过程中，选择一个适合自己的平台是非常重要的。大多数短视频内容创作者制作短视频内容的目的是获取收益，要想获得持续的收益，就需要选择合适的短视频发布平台，并建立自己的内容品牌。

在成本有限的情况下，创作者可以将短视频授权给多个平台发布，这样不仅可以节省成本，还可以扩大影响力，获得更大的收益。

运营实践

非遗+短视频，让传统老手艺"破圈"

短视频平台把那些与日常生活渐行渐远的传统手工艺再次拉回到了大众视线中。遇上新媒体短视频技术，古老而低调的非遗老手艺被注入了新的生机与活力。

如何抓住机遇传承创新，增强非遗项目的自我生存和发展能力，让传统文化"活"起来，是传统老手艺的传承人和传播者面临的崭新课题。

中共中央办公厅、国务院办公厅联合印发的《关于进一步加强非物质文化遗产保护的意见》中提出，要适应媒体深度融合趋势，丰富传播手段，拓展传播渠道，鼓励新闻媒体设立非物质文化遗产专题、专栏等，支持加强相关题材纪录片创作，办好有关优秀节目，鼓励各类新媒体平台做好相关传播工作。

抖音面向全国手艺人、手艺商家组织了"看见手艺"计划，这项计划通过流量扶持、费用优惠、官方培训等多项举措，发挥视频直播、电商的作用，助力传统手工艺被更多人看见。计划运营期间，包括10位非遗传承人在内的85位手艺人通过电商实现百万元年收入，新媒体短视频为众多老字号打开了新销路。

非遗技艺是人类宝贵的历史财富，有着丰富的文化内涵与历史记忆。非遗与短视频的结合，使其再次进入大众视野中，获得了更多的曝光度与关注度，为非遗"活"在当下、实现长足发展提供了有利条件。

6.2.3　短视频团队搭建

从短视频策划、拍摄、剪辑到发布推广，每一步都有比较复杂的流程，需要组建专业的团队来运作。只有打造一个专业且战斗力强的制作团队，才能保证短视频的质量和效率。

1. 短视频团队的基本要求

多人分工协作、互帮互助，以团队的力量来完成短视频内容运营，就能提高工作效率、提升短视频内容质量，更好地获得用户的关注和传播。作为一个优秀的短视频创作团队，所有成员都应该具备一些基本能力，而这些能力也是对短视频团队的基本要求。

（1）内容策划能力。短视频的内容是其核心竞争力，在定位和创作短视频内容时，脚本是主要工作之一。制作出有创意、有看点、能吸引用户注意力的内容是短视频团队的主要任务。好的内容需要整体策划，内容策划不只是团队中相关岗位成员的工作，而是需要整个团队共同完成，发挥团队的力量来集思广益。

（2）运营推广能力。对短视频内容创作者来说，每一个短视频的发布都是一次市场推广，推广主体就是短视频内容。这项工作不仅需要专业的运营人员完成，而且需要短视频团队的其他人员通过点赞或转发等方式，向身边的朋友或关注自己的用户推广。因此，运营推广能力也是短视频团队成员必须具备的能力。

（3）其他工作能力。除了内容策划能力和运营推广能力，还有一些工作能力也是短视频团队成员应具备的，包括视频拍摄和剪辑能力、学习能力和自我心理调节能力等。

2. 短视频团队的角色分工

短视频团队岗位和人员的多少通常是由资金和内容定位决定的，资金充足就可以搭建分工明确的团队。具体角色分工如表6-9所示。

表6-9　短视频团队角色分工

角色	具体分工
导演	导演在短视频团队中起统领全局的作用，短视频制作的每一个环节，包括选题、策划、拍摄、剪辑、发布和推广等，都需要导演的把关和参与
主角	主角是真人出镜的短视频中不可或缺的角色，要通过主角的人物设定，以及语言、行动和外在形象等表现，打造具有特色的人物形象，以加深用户记忆
内容策划	内容策划人员的主要工作是搜寻热点话题，确定选题，以及题材的把控和脚本的撰写
摄像	摄像人员的主要工作包括短视频拍摄、摄影棚搭建，以及短视频拍摄风格的确定等工作
剪辑	剪辑人员需要对最后的成片负责，其主要工作是把拍摄的短视频内容素材拼接成完整的视频内容，涉及配音、配乐、添加字幕文案、视频调色和特效制作等工作
推广	推广人员的主要工作是针对不同平台和不同用户的属性进行推广，提高用户的期待，尽可能地提高短视频的完播量、点赞量和转发量等数据，并进行用户反馈管理和评论维护
灯光	灯光人员的主要工作是协助搭建摄影棚，运用光线明暗效果进行画面构图，并创作出各种符合短视频格调的光影效果，以保证短视频内容画面清晰，角色突出
配音	对于以动画或虚拟形象为主要内容形式的短视频，配音人员的水平甚至能够直接影响用户的关注度和账号的运营数据

职场零距离

组建短视频内容制作团队

一个优秀的短视频制作团队可以最大化地保证短视频成品的质量，高效地产出短视频成果。快速组建一个短视频内容制作团队的重点是：先确定需要哪些工作人员，再根据具体情况进行结构调整，最后形成一个最佳的人员配置组合，并确定团队内部具体的工作流程，这是短视频内容制作工作能够有条不紊地开展的重要保证。

整个团队要有一个编导，其余人员要根据短视频的内容来进行安排。在编导的统筹领导下，需要有执行人员，包括摄影师、剪辑师、演员等工作人员。如果预算不足或是团队成员能力较强，也可以身兼数职，这样能有效地缩减成本；如果对短视频的内容要求较高或者资金比较充足，则可以增加相应数量的工作人员。例如，某短视频内容制作团队对后期剪辑的要求比较高，还可以再增加一名后期剪辑人员共同完善拍摄成果。总的来说，短视频内容制作团队一般包括3~6人，包括编剧、导演、剪辑师、摄影师、后期人员、演员等。一个处于起步阶段的短视频内容制作团队，至少要配备编导、拍摄、剪辑人员各1名。

6.2.4 短视频脚本设计

如果把一个短视频比作一篇情节丰富的小说，那么脚本就是这篇小说的提纲和框架，能够为后续拍摄、剪辑和道具准备等工作提供流程指导，明确分工职责。可以通过短视频脚本设计，创作出反转、反差或引发共鸣的情节，引起用户的兴趣，提升短视频的内容质量，使其在众多的短视频中脱颖而出，获得更多的关注。

1. 主题定位

短视频的内容通常都有主题。比如，拍摄美食系列的短视频，就要确定是以制作美食为主题，还是以展示特色美食为主题；拍摄评测类的短视频，就要确定是以汽车评测为主题，还是以数码商品评测为主题。在创作并撰写脚本时，应先确定要表达的主题，然后再开始脚本创作。

2. 框架搭建

确定短视频的主题后，就需要规划短视频的内容框架。规划内容框架的主要工作就是要想好通过什么样的内容细节和表现方式来展现短视频的主题，包括人物、场景、事件和转折点等，并对此作出一个详细规划。例如，某个短视频的主题是表现大学生初入社会的艰辛，可以设置合理的情节来表现该主题，最终形成一个完整的故事。

在框架搭建环节需要明确的内容如表6-10所示。

表6-10 短视频脚本框架搭建

项目	内容
人物	要明确短视频需要设置几个角色，以及每个角色的作用等
场景	在脚本中要明确拍摄地点，如确定是室内拍摄还是室外拍摄，是用摄影棚拍摄还是绿幕抠像等
事件	指具体的情节，可以用各种方式展示主题

项目	内容
影调运用	指画面的明暗层次、虚实对比和色彩搭配等关系的运用，应根据短视频的主题、类型、事件、人物和美学倾向等综合要求来决定，如冷调配悲剧，暖调配喜剧等
背景音乐	符合画面气氛的背景音乐是渲染剧情的最佳方式。例如，拍摄中国风主题的短视频，可以选择慢节奏的古典音乐或民族音乐
镜头运用	包括推、拉、摇、移4种基础的运镜方式，以及远景、全景、中景、近景和特写5种景别（将在后文中详述）
机位选择	指利用正面、侧面拍摄或俯拍、仰拍等方式进行短视频拍摄，不同的机位展现的效果也是截然不同的

3. 故事情节填充

短视频内容的质量好坏很多时候体现在一些小细节上，可能是一句打动人心的台词，也可能是某件唤起用户记忆的道具。短视频细节最大的作用就是加强用户的代入感，调动用户的情绪，让短视频的内容更有感染力，从而获得更多的用户关注。

（1）台词。一般而言，无论有没有人物对话，短视频台词都是必不可少的，在脚本中应该根据不同的场景和镜头设置合适的台词。台词是为镜头表达准备的，可起到画龙点睛、加强人设、推动剧情发展、吸引粉丝留言和增强粉丝黏性等作用。台词要精练且恰到好处，并以能够充分表达短视频内容主题为宜。

（2）时长。通常指的是单个视频镜头的播放时间，撰写脚本时需要根据短视频整体的时间、故事的主题和主要矛盾冲突等因素来确定每个镜头的时长，以准确表达整体的故事性，同时也方便后期剪辑人员进行编辑处理，从而能够更快地完成后期工作。

（3）道具。在短视频内容中，好的道具不仅能够推动剧情发展，还有助于角色人设的树立，以及优化短视频内容的呈现效果。选择足够合适的道具会在很大程度上对短视频发布后的流量曝光、短视频平台对视频质量的判断、用户的点赞和互动数有正向的影响。

监管之窗

2023 年"清朗"系列专项行动

2023年"清朗"系列专项行动将聚焦新情况、新问题，以及制约治理成效的难点瓶颈，开展一系列专项整治。其中9方面的问题是重中之重，具体包括：整治"自媒体"乱象；打击网络水军操纵信息内容；规范重点流量环节网络传播秩序；优化营商网络环境，保护企业合法权益；整治生活服务类平台信息内容乱象；整治短视频信息内容导向不良问题；整治暑期未成年人网络环境；整治网络戾气；整治春节网络环境。

短视频平台和热搜热榜，既是网民获取新闻信息的一个重要渠道，也是网络流量的一个重要入口，同时也是网络舆情的实时"风向标"。网信办将在2022年相关专项行动的基础上，用实招、出重拳，从严整治内容导向不良的短视频。

短视频专项整治行动的主要内容有三个方面：一是全面清理通过伪造场景、编撰细节、虚构经历等手法摆拍制作的导向不良、误导公众的短视频。二是全面打击传播以丑为美、以耻为荣、损人利己、好逸恶劳等挑战人民群众认知底线，违反社会公序良俗的短视频。三是全面整治传播错误的事业观、婚恋观、金钱观、历史观、民族观等，有错误内容、负面内容的短视频。

同时，短视频平台也需做到三个优化：一是优化算法推荐机制，加大对优质内容的人工筛选力度，并赋予较高的推荐权重，将用户找内容的逻辑升级为优质内容找用户。二是优化审核策略，坚决防止首页首屏、热搜热榜成为导向不良信息的放大器，坚决防止"劣币驱逐良币"现象。三是优化账号管理。建立健全账号内容质量和信用评价体系，建立账号黑名单和 MCN 机构分级处罚机制，强化账号全流程、全过程管理。

新媒体运营人员，特别是负责短视频平台运营的相关工作者，应全面学习、把握、落实党的二十大精神，建设全媒体传播体系，塑造主流舆论新格局，加强网络内容建设管理，以完善网络综合治理体系，营造清朗网络空间。

（资料来源：根据人民网资料改编。）

任务6.3　拍摄与剪辑短视频

6.3.1　短视频的拍摄

在短视频运营过程中，拍摄与剪辑是承接前期的策划、准备和后期发布、推广的重要中间环节。拍摄人员是将脚本创意直接转化为视频画面和造型语言的中间人，其基本技能和画面意识是决定短视频图像质量的关键因素。所以在制作短视频的过程中，不仅要选择合适的拍摄设备，还要掌握拍摄的常用技巧和构图方式。

1. 短视频拍摄的设备

（1）手机。手机已经成为人们日常生活中不可缺少的用品，直接使用手机就能够拍摄出短视频，也可直接将其发布到短视频平台中。使用手机中的短视频 App 拍摄，通过滤镜和道具等设置，可以提升短视频画面的最终效果。

（2）单反相机。如果短视频运营人员具备一些拍摄的基础知识，且运营资金较为充足，那么可以考虑选用专业的单反相机作为短视频的拍摄设备。单反相机拍摄短视频的优势主要在于高画质和丰富的镜头选择，同时其价格又低于摄像机，相较于摄像机而言有更高的性价比。

（3）摄像机。摄像机是最专业的视频拍摄设备。一般而言，短视频的时长和制作周期都比较短，且制作成本也较低，不适合使用专业且操作复杂、成本高的摄像机进行拍摄。通常只有一些企业制作宣传推广类的短视频时才会使用。

（4）传声器。短视频是图像和声音的组合，所以在拍摄短视频时，还要用到一种非常重要的设备，就是收声设备，这也是最容易被忽略的短视频拍摄设备。拍摄短视频常用的收声设备是传声器，通常手机、单反、相机和摄像机等拍摄设备都内置传声器，但这些内置传声器的功能通常无法满足短视频的拍摄需求，因此需要增加外置传声器。

（5）稳定设备。在进行短视频拍摄时，抖动的画面容易使用户产生烦躁和疲劳的感觉，因此为了保证画面的质量，需要确保拍摄设备的稳定性。由于拍摄设备的防抖功能有一定的局限性，因此手持设备拍摄时必须借助稳定设备来保持拍摄画面的稳定。

（6）无人机。无人机拍摄目前已经是一种比较成熟的拍摄手法，在很多影视剧中涉及航拍、全景、俯瞰视角的镜头时，往往会使用无人机作为拍摄设备。无人机现在也被广泛应用于短视频拍摄，它具有高清晰度、大比例尺、小面积等优点，且无人机的起飞降落受场地限制也比较小，在操场、公路或其他较开阔的地面均可起降，其稳定性、安全性较好，实现转场也非常容易。

2. 短视频拍摄的技巧

一个优秀的短视频除了精彩的内容创意外，其画面的精美度也是吸引用户流量的关键因素，能够带给用户视觉享受与冲击的短视频更容易获得用户的关注。下面将从以下几个方面来介绍短视频的拍摄技巧。

（1）景别。景别是镜头语言中的一种，而镜头语言是指用镜头拍摄的画面，像语言一样去表达拍摄者的意图。景别是指由于拍摄设备与拍摄对象的距离不同，而造成拍摄对象在摄像设备录像器中所呈现出的范围大小区别，主要有远景、全景、中景、近景、特写5种主要类型。

① 远景。一般用来表现与摄像设备距离较远的环境全貌，用于展示人物及其周围广阔的空间环境、自然景色和人群活动的画面。远景相当于从较远的距离观看景物和人物，视野非常宽广，以背景为主要拍摄对象，整个画面突出整体，细节部分则通常不太清晰。

② 全景。用来展示场景的全貌与人物的全身，在影视剧中用于表现人与人之间、人与环境之间的关系。与远景相比，全景画面在叙事、抒情和阐述人物与环境关系的功能上可以起到独特的作用，更能够全面阐释人物与环境之间的密切关系。

③ 中景。通常指下边缘位于人物膝盖左右部位或场景局部的视频画面。在所有景别中，中景的重点在于表现人物的上身动作，环境处于次要地位，所以中景具备最强的叙事功能。在短视频中，表现人物的身份、动作和动作的目的，甚至多人之间的人物关系的镜头，以及包含对话、动作和情绪交流的场景都可以采用中景拍摄。

④ 近景。是指拍摄人物胸部以上的画面，有时也用于表现景物的某一局部细节。近景非常适合短视频拍摄，特别是表现人物的面部表情，传达人物的内心世界，刻画人物性格。近景能适应手机屏幕小的特点，短视频中大量使用近景能使用户产生与其中人物接近的感觉，从而留下更深刻的印象。

⑤ 特写。是指下边框在成人肩部以上或其他拍摄对象局部的画面。短视频中使用特写镜头能够向用户提示信息、营造悬念，还能细微地表现人物面部表情，在描绘人物内心活动的同时能带给观众强烈的印象，也更易于被观众重视和接受。

（2）运镜方式。运镜方式是指在一个镜头中通过移动摄像设备的位置，或改变镜头光轴，或变化镜头焦距所进行的视频拍摄。通过不同的运镜方式所拍摄到的视频画面通常也被称为运动画面。在短视频拍摄中常用的运镜方式如表6-11所示。熟练运用这些运镜方式，能在一定程度上增加短视频对用户的吸引力。

表6-11　短视频拍摄运镜方式

方式	内容
拉	拉是指在拍摄对象不动的情况下，将摄像设备匀速远离并向后拉远镜头的运镜方式。用这种方式拍摄的视频画面又被称为拉镜头，能形成视觉后移效果，且取景范围由小变大，它常被用于结束性和结论性的镜头拍摄，也可以用于转场镜头拍摄
推	推是指在拍摄对象不动的情况下，将摄像设备匀速接近并向前推进镜头的运动方式。用这种方式拍摄的视频画面又被称为推镜头，它的功能与拉镜头正好相反，能形成视觉前移效果，取景范围由大变小。在移动摄像设备的推镜头中，画面焦点要随着机位与拍摄对象之间距离的变化而变化
摇	摇是指在拍摄设备位置固定的情况下，以该设备为中轴固定点，匀速旋转镜头，拍下周围环境的运镜方式。用这种方式拍摄的视频画面又被称为摇镜头，类似人转动头部环顾四周或将视线由一点移向另一点的视觉效果，也是视频画面转场的有效方法之一
移	移是指将摄像设备放置在滑轨或者稳定器上，在移动中沿水平方向拍摄对象的运镜方式。用这种方式拍摄的视频画面又被称为移动镜头，能直接调动观众的运动视觉感受，唤起观众在各种交通工具上或行走时的视觉体验，使其产生一种身临其境之感
跟	跟是指摄像设备始终跟随拍摄主体一起运动的运镜方式。用这种方式拍摄的视频画面又被称为跟镜头，它既能突出拍摄主体，又能交代其运动方向、速度、体态，以及与环境的关系，在短视频拍摄中有着重要的纪实性意义
升降	升降是指摄像设备借助升降装置一边升降一边拍摄的方式。用这种方法拍摄的视频画面又被称为升降镜头，常用于展示事件或场面的规模、气势和氛围，有利于表现高大物体的各个局部和纵深空间中的点面关系
俯视	俯视是指摄像设备向下拍摄的方式。用这种方法拍摄的视频画面又被称为俯视镜头，在美食类短视频中经常使用，以提升用户的主观性，并增加其食欲
空	空是指视频画面中只有自然景物或场面环境而不出现人物的运镜方式。用这种方法拍摄的视频画面又被称为空镜头，其主要功能是介绍环境背景、时间、空间，抒发人物情绪并表达拍摄者的态度，也是加强视频艺术表现力的重要手段
仰视	仰视是指摄像设备向上拍摄的方式。用这种方法拍摄的视频画面又被称为仰视镜头，使拍摄对象看起来强壮有力，环境和背景也会变成增强拍摄对象力量的元素，风景和旅游类的短视频经常使用仰视镜头拍摄
第一视角	第一视角是指以拍摄者本人的视角和方向变化进行视频拍摄，其主要功能是增加观众的代入感，让观众产生身临其境的体验。很多旅游类、剧情类和体育运动类的短视频都喜欢采用这种拍摄方式
第三视角	第三视角是指以站在人物背后的角度和方向进行视频拍摄，视频画面中的人物可以留全身，也可以留一部分。与第一视角相比，第三视角能够给观众提供更加宽阔的视野，很多游戏类的短视频常使用第三视角的视频画面
综合	综合是指摄像设备在一个镜头中把推、拉、摇、移、跟和升降等多种运镜方式且有机地结合起来。用这种方法拍摄的视频画面又被称为综合运动镜头，能产生更为复杂多变的视频画面造型效果，有利于再现现实生活，形成画面形象与音乐一体化的节奏感

（3）转场技巧。构成短视频的最小单位是镜头，若干个镜头组合在一起形成的镜头序列叫作段落，每个段落都具有相对独立和完整的内容，所有段落组合在一起就形成了完整的短视频。因此，段落可以看作短视频最基本的结构形式。而在不同段落和场景之间的过渡或衔接被称为转场，有了转场，就能保证整个短视频节奏和叙事的流畅性。转场一般可分为技巧剪接和无技巧剪接两种类型。

① 技巧剪接是指用一些光学技巧来达成时间的流逝或地点的变换。随着计算机和影像技术的快速发展，技巧剪接的手法越来越多，在短视频拍摄中比较常用的主要有淡入、淡出等。技巧剪接通常带有比较强的主观色彩，容易停顿和割裂短视频的内容情节。

② 无技巧剪接是指不用光学技巧，直接切换视频段落，通常会以前后镜头内容或意义上的相似性作为依据，如动作、声音、具体内容和心理内容的相似性等。它在拍摄中使用得更多。

在实际的短视频拍摄过程中，场景的转换可能包含不止一种转场方式。例如，在视频内容节奏比较舒缓的段落，无技巧剪接可以与技巧剪接结合使用，这样可以综合发挥各自的长处，既可以使过渡顺畅自然，也可以带给观众视觉上的短暂休息。

3. 短视频拍摄的构图方式

如果短视频得不到用户的喜爱和关注，很重要的一个原因就是视频画面构图不好。构图可以理解为通过在正确的位置添加各种视觉元素，突出视频拍摄的重点，也就是拍摄对象。构图是短视频拍摄成功与否的一个至关重要的因素，选择一种合适的构图方式，能提升短视频的质量。

（1）中心构图。中心构图是将想要拍摄的主体放在视频画面的正中央，以获得突出主体的效果，现在大部分短视频的拍摄都采用中心构图的方式。

（2）九宫格构图。九宫格构图也是一种十分常见的基本构图方式，又称黄金分割构图。九宫格构图是指将整个视频画面在横、竖方向各用两条直线等分成九个部分，将拍摄的主体放置在任意两条直线的交叉点上。这样既能凸显主体的美感，也能让画面显得更加生动形象。

（3）三分构图。三分构图是指将整个画面从横向或正向分成3个部分，将拍摄的主体定位在三分线的某一位置。它的优点是能突出拍摄的主体，让画面紧凑且具有平衡感，和谐且充满美感。

（4）对称构图。对称构图是指拍摄的主体在画面正中垂线两侧或正中水平线上下对等或大致对等分布。用这种构图方式拍摄的视频具有画面布局平衡、结构规矩、图案优美、趣味性强等特点，能够带给观众稳定和平衡的感受。

（5）框架构图。框架构图是指在场景中利用环绕的事物强化和突出拍摄主体，用这种构图方式拍摄的视频能直接吸引观众注意框架内的拍摄主体。可以环绕框架的物体包括门、篱笆、树干、树枝、窗、拱桥或镜子等。

（6）对角线构图。对角线构图是一种导向性很强的构图形式，它利用对角线进行的构图，它将主体安排在对角线上，能有效利用画面对角线的长度。用这种构图方式拍摄的视频能带给观众立体感、延伸感、动态感和活力感。

（7）三角形构图。三角形构图是指在视频画面中将内容主体构建为三角形，这种构图方式通常会增添视频画面的稳定性，特别适合以人物为主体的短视频拍摄，也可以用于拍摄建筑、山峰、植物枝干和静态物体等。

（8）引导线构图。引导线构图是指在场景中构建引导线，串联起视频画面内容主体与背景元素，吸引观众的注意力，完成视觉焦点的转移。视频画面中的引导线不一定是具体线条，小路、小河、栈桥、喷气式飞机飞过后的位置、伸向远处的树木，甚至是人的目光都可作为引导线来帮助构图，只要符合一定的线性关系即可。

（9）低角度构图。低角度构图是指确定拍摄主体后，寻找一个足够低的角度形成的构图。拍摄人员通常需要蹲下、坐下、跪下甚至躺下才能进行拍摄。低角度构图能拍摄出异于寻常的视频效果，也是一种很受欢迎的构图方式。

（10）S形构图。S形构图是指在视频画面中构建S形的构图元素来拍摄内容主体。它可以表现出一种曲线的柔美，并让视频画面显得更加灵动，让用户感受到一种意境美。在短视频拍摄中，S形构图更多地使用在画面的背景布局和空镜头的拍摄中。

（11）辐射构图。辐射构图是指以拍摄主体为核心向四周扩散辐射的构图方式。这种构图方式既能使观众的注意力集中到主体，又能使视频画面产生扩散、伸展和延伸的效果，常用于需要突出主体而其他事物既繁多又比较复杂的场景拍摄。

（12）建筑构图。在拍摄建筑等静态物体时，通常会避开与主体无关的物体，将拍摄的重点集中于能够充分表现主体特点的地方，从而获得比较理想的构图效果。美食类、风景类、旅游类、汽车类和运动类的短视频都可以采用建筑构图的方法来拍摄。

运营实践
用鲜活影像展现魅力乡村

在新春佳节期间，各大短视频平台纷纷征集乡村题材作品，展示美丽乡村、幸福生活。不少农民朋友通过短视频讲故事、话家乡、聊风物，掀起一轮网络"乡村热"。其中，许多短视频有故事，有巧思，以小见大，短中见长，成为人们慰藉乡愁的一剂良方。

短视频里的乡村风物，大气俊美。许多家乡展示类短视频，聚焦绿水青山自然风光，体现人与自然和谐相处。牧民在草原上策马扬鞭的慢镜头里，骑马者英姿飒爽，奔跑的马儿充满力量美；勤劳直率的劳动人民用特色美食串联人物故事，原汁原味记录家乡风土人情……这些短视频牢牢抓住乡村景物特色，运用影视剧常见的特写、大远景等艺术手法，以动态画面连接，强化细节与环境的呼应、人与自然的融合，给观众以清新、亲切、自然的观看体验，助力美丽乡村建设和乡村旅游发展。

短视频里的乡土生活，真实质朴。"接地气"并不意味着拍摄制作简单粗糙，那些颇有人气的作品在策划和制作上无不下足功夫。做饭、修墙、砍柴、捡鸡蛋……看似寻常随意的生活场景，实则饱含复杂的镜头语言。有的短视频平均每条有一百多个分镜，每一个分镜时长约2秒，这意味着创作者运用高频快剪、多机位拍摄等手段，在短短几分钟视频内，较为完整地讲述现实里几个小时的故事。内容上则以主观沉浸式叙事为主，不时运用手遮镜头转场、同景别跳切加快叙事节奏，增强观众情绪代入感。

短视频里的乡土表达，古雅清新。一些作品融入传统文化元素，让乡村之美有了文化的厚重感和艺术的精致感。比如，有的短视频描绘幽静山村的四季流转、辛勤劳作、一日三餐，捕捉晨昏的细节之美。创作者对中国传统色彩和乡村文化符号的处理也别具新意，如身着当代改良的传统服饰，在青山碧水间踏雪寻梅，显示现代与传统的交汇融合；七夕节做乞巧果，中秋节做月饼，记录亲人佳节团聚场景，在"每逢佳节倍思亲"的诗意中引发共鸣；琵琶、尺八、竹笛、二胡、陶埙等传统乐器频频出镜，进一步渲染了文化氛围和田园意境。

乡村有亲情，有记忆，有传承，乡村题材短视频的创作空间无疑是巨大的。通过短视频，每个人都可以贡献文化内容，但最被大众接受和喜爱的，还是那些风格鲜明，制作用心，能够展示真实生活细节的诚意之作。期待更多短视频创作者关注

"三农"和乡村振兴事业，继续用鲜活的视听语言讲好乡村故事，讲好中国故事，讲好时代故事。

（资料来源：根据人民日报资料改编。）

即学即练

选择家乡的一款特色农产品，使用手机分别拍摄其不同景别的短视频，并使用不同的运镜和构图方式。最终选出最合适的一个作品进行分享并说明原因。

6.3.2　短视频的剪辑

剪辑的本质是通过对拍摄视频中的人和物进行分解组合，对镜头语言和视听语言进行再创作，从而完成蒙太奇形象[①]的再塑造。

短视频剪辑是使用软件将拍摄的视频素材整理成一个完整的表现主题的短视频的过程。这里的软件包括移动端和PC端两种类型，下面将根据这两种类型分别各介绍一种常用的短视频剪辑软件：剪映和Premiere，以及利用这些软件合理剪辑的基本方法。

1. 剪映

剪映是由抖音短视频官方推出的一款手机短视频剪辑App，支持直接在手机上对拍摄的短视频进行剪辑和发布。剪映更适合大多数只想拍摄日常短视频记录生活的用户，以及想模仿抖音平台上的短视频自行拍摄的用户。

（1）剪映的特点。剪映支持iOS和安卓两种操作系统，具有全面的剪辑功能，支持多种滤镜效果，且拥有丰富的曲库资源。剪映的使用特点测试结果如表6-12所示。

表6-12　剪映的使用特点测试结果

模板	特效方式	字幕样式	背景音乐	转场方式	贴纸方式	滤镜方式	色彩调节	水印	启动相机	是否收费
多	80种以上	多	添加方便	39种以上	99种以上	37种以上	无	可以免费关闭	否	否

---

① 蒙太奇形象是指在影视作品拍摄时，不同镜头拼接在一起，往往会产生各个镜头单独存在时所不具有的特定含义。

剪映结合了同类App的很多优点，功能齐全且操作灵活，可以在手机上直接完成一些比较复杂的短视频剪辑操作，是一款非常全面的短视频剪辑App，其主要特点如表6-13所示。

表6-13　剪映的主要特点

特点	内容
模板较多	剪映中的模板较多，而且更新也很快，除了热门模板外，还有卡点、玩法、情侣、萌娃、质感和纪念日等多种类型，制作非常简单，适合新手操作
音乐丰富且支持抖音曲库	剪映提供了抖音热门歌曲、Vlog配乐和大量各种风格的音乐，用户可以在试听之后选择使用
自动踩点	剪映具备自动踩点功能，可以自动根据音乐的节拍和旋律对视频进行踩点，用户可根据这些标记来剪辑视频
操作方便	剪映中的时间线支持双指放大/缩小的操作，十分方便
音频制作自由方便	剪映的音视频轨道十分自由，支持叠加音乐，内容创作者可以为视频添加合适的音效、提取其他视频中的背景音乐或录制旁白解说。插入的音乐还可以调整音量和添加淡入/淡出效果
调色功能强大	剪映具备高光、锐化、亮度、对比度和饱和度等数十种色彩调节参数
辅助工具齐备	剪映具备美颜、特效、滤镜和贴纸等辅助工具，这些工具不但样式很多，而且体验效果也不错，可以让剪辑后的短视频变得与众不同
自动添加字幕	剪映支持手动添加字幕和语音自动转字幕功能，该功能目前免费。字幕中的文字可以设置样式和动画。剪辑中的文字层也支持叠加操作，退出文字选项后，这些文字层会自动隐藏，不影响视频和音频的剪辑工作
App水印可关闭	很多短视频剪辑App都会在制作好的短视频中自动添加水印，剪映通常会在片尾添加，可以通过设置关闭

（2）剪映的功能。主要包括以下几类：

① 剪辑功能。这是短视频剪辑软件的主要功能，其操作方法是在编辑主界面下方工具栏中点击"剪辑"按钮，或者在编辑窗格中点击需要编辑的视频素材展开"编辑"工具栏，其主要功能选项如表6-14所示。

表6-14　剪映的剪辑功能选项

功能	内容
分割	点击"分割"按钮，以播放指针为分割线，将视频素材分割为前后两个部分
变速	变速就是为当前的视频素材添加加速或者慢放的效果。点击"变速"按钮将展开"变速"栏，包括常规变速和曲线变速两种方式。常规变速是根据原速度的0.1倍到100倍进行变速；曲线变速则可以自定义或根据默认的方式进行变速

功能	内容
音量	点击"音量"按钮，可以在展开的"音量"栏中调节当前视频素材音量。点击编辑窗格左侧的"关闭原声"按钮，可以关闭所有视频素材的声音
动画	点击"动画"按钮将展开"动画"栏，其中包括"入场动画""出场动画""组合动画"等选项
删除	点击"删除"按钮，可以删除当前选择的视频素材
编辑	点击"编辑"按钮将展开"编辑"栏，包括"镜像""旋转""剪裁"等选项。点击"镜像"按钮，可将视频素材进行镜像翻转；点击"旋转"按钮，可将视频素材按照顺时针方向进行90度旋转；点击"剪裁"按钮，将展开"剪裁"栏，在其中任意选择一种比例样式，即可按该比例手动剪裁视频素材
滤镜	点击"滤镜"按钮，将展开"滤镜"栏，在其中可以选择一种滤镜样式应用到视频素材中
调节	点击"调节"按钮，将展开"调节"栏，在其中点击对应的按钮，即可调节视频素材的各种性能参数，包括"亮度""对比度""饱和度""锐化""高光"等
不透明度	点击"不透明度"按钮，将展开"不透明度"栏，拖动滑块即可调整视频素材的不透明度
美颜	点击"美颜"按钮，将展开"美颜"栏，包括"磨皮""瘦脸"等选项。点击对应的按钮并拖动上面的滑块，即可对视频素材中的人物进行美颜
变声	点击"变声"按钮，将展开"变声"栏，可以将"大叔""女生""男生"等不同的声音特效应用到视频素材中
降噪	点击"降噪"按钮，将展开"降噪"栏，可以开启降噪开关
复制	点击"复制"按钮，将复制当前的视频素材，并粘贴至原视频的前面
倒放	点击"倒放"按钮，可将当前的视频素材从尾到头重新播放，再次点击"倒放"按钮，将恢复原始播放顺序

② 音频功能。"音频"工具栏中包括所有声音剪辑工具，在剪映编辑主界面下方的工具栏中点击"音频"按钮，或者在编辑窗格中点击"添加音频"按钮，即可展开"音频"工具栏，其主要功能选项如表6-15所示。

表6-15 剪映的音频功能选项

功能	内容
音乐	点击"音乐"按钮，将进入"添加音乐"界面，在其中可以试听、下载和收藏相关音乐并将其添加到视频素材中，也可以直接搜索或导入音乐应用
音效	点击"音效"按钮，将展开"音效"栏，在其中可以下载和应用相关的音效
提取音乐	点击"提取音乐"按钮，将打开本地视频文件夹，在其中选择一个视频文件，就能将视频中的音频提取出来，作为当前视频素材的音乐使用

功能	内容
抖音收藏	点击"抖音收藏"按钮，可以将自己抖音账号中收藏的音乐素材应用到视频中
录音	点击"录音"按钮，将展开"录音"栏，按住"按住录音"按钮即可录制声音

③ 文本功能。"文本"工具栏中包括所有文字剪辑工具，在剪映编辑主界面下方的工具栏中点击"文本"按钮，即可展开"文本"工具栏，其主要功能选项如表6-16所示。

表6-16　剪映的文本功能选项

功能	内容
新建文本	点击"新建文本"按钮，将展开"文本"栏，同时在视频素材中添加文本框，在"文本"栏中可以输入文字并设置文字的样式，包括"描边""阴影"等。在视频素材中点击添加的文字，还可以调整文字的大小、位置、方向和角度等
识别字幕	点击"识别字幕"按钮，将自动识别视频素材中的字幕文件
识别歌词	点击"识别歌词"按钮，将自动识别添加的音乐中的歌词
添加贴纸	点击"添加贴纸"按钮，将展开"添加贴纸"栏，在其中可以选择不同样式的贴纸应用到视频素材中

④ 背景功能。"背景"工具栏中包括所有视频背景剪辑工具，在剪映编辑主界面下方的工具栏中点击"背景"按钮，即可展开"背景"工具栏，其主要功能选项如表6-17所示。

表6-17　剪映的背景功能选项

功能	内容
画布颜色	点击"画布颜色"按钮，将展开"画布颜色"栏，在其中可以选择一种颜色作为短视频背景的颜色
画布样式	点击"画布样式"按钮，将展开"画布样式"栏，在其中可以选择一张图片作为短视频背景的样式
画布模糊	点击"画布模糊"按钮，将展开"画布模糊"栏，可以选择并应用短视频背景的模糊程度

⑤ 特效功能。"特效"工具栏中包括所有可以为当前的视频素材应用的特殊效果，如"开幕""画框""分屏""漫画"等。在剪映编辑主界面下方的工具栏中点击"特效"按钮，即可展开"特效"工具栏，在其中选择一种特效即可将其应用到当前的视频素材中。

2. Premiere

Premiere 简称 Pr, 是由 Adobe 公司开发的一款视频编辑软件, 是视频编辑爱好者和视频制作专业人士必不可少的视频编辑工具之一。Premiere 提供了采集、剪辑、调色、音频美化、字幕添加、输出等一整套视频剪辑流程功能, 还能与 Adobe 系列的其他软件配合使用。这些功能足以解决内容创作者在短视频编辑和制作工作中遇到的大部分问题, 满足内容创作者高质量、有创意的短视频制作需求。

Premiere 的操作界面通常由多种不同的面板组成, 其中最常用的是"项目""源""时间轴"和"节目"等面板, 其相关功能介绍如表 6-18 所示。

表6-18 Premiere面板功能

面板	功能
项目	其主要功能是进行视频素材管理, 即管理导入视频素材和新建素材, 也可以在其中建立序列文件
源	可以预览该视频素材, 也可以对该视频素材进行简单标记
时间轴	其主要功能是使用面板左侧工具栏中的工具对视频素材进行剪辑和特效制作, 需要先将"项目"面板中的素材拖曳到"时间轴"面板中
节目	其主要功能是预览剪辑后的视频效果

下面将介绍使用 Premiere 制作短视频的具体流程。

(1) 导入素材。素材是指制作短视频的原始视频、图片或音频, 通常只有导入"项目"面板的素材才能在视频剪辑或制作过程中使用。将素材导入"项目"面板后, 会显示文件的详细信息, 如名称、属性、大小、持续时间、文件路径和备注等。先在菜单栏中选择"文件"/"导入"命令或双击"项目"面板的空白处, 打开"导入"对话框, 在其中选择所需的图片、视频或音频素材; 再单击"打开"按钮, 选择的素材将被导入"项目"面板中。

(2) 选择短视频素材的"入点"和"出点"。在剪辑短视频的时候, 有时需要对视频素材进行分割和删除, 在 Premiere 中可以通过设置入点和出点的方法来精确处理视频素材。入点是视频的起点, 出点则是视频的终点, 入点和出点之间的视频片段就是最终需要的视频素材。

在"项目"面板中双击一个视频素材, 然后在"源"面板的时间轴上将时间指针定位到需要添加入点的位置, 在下面的工具栏中单击"标记入点"按钮, 再将时间指针定位到需要添加出点的位置, 在下面的工具栏中单击"标记出点"按钮, 即可完成入点和出点的选择操作。在"项目"面板中将该视频素材拖拽到"时间轴"面板中，用于剪辑的视频素材就只有入点和出点之间的视频片段了。

（3）添加并设置转场效果。Premiere提供了多种预定义的转场主，主要有"3D运动""划像""擦除""沉浸式视频""溶解""滑动""缩放""页面剥落"等，每种转场组中又有多种转场效果。

添加并设置转场效果的操作方法是在功能区中单击"编辑"功能按钮，然后在"项目"面板中单击右上角的扩展按钮，在展开的菜单中选择"效果"选项，展开"效果"面板，在其中选择"视频过渡"选项，然后选择需要的转场效果，并将其拖拽到时间轴中的两段视频片段的中间位置。在该转场效果图标上右击鼠标，在弹出的快捷菜单中还可以设置转场效果的持续时间，或是清除转场效果。

（4）调整视频效果。Premiere为用户提供了很多专业的控制视频画面效果的参数，内容创作者可以通过调整这些参数来获得更精彩的画面效果。主要有"变换""图像控制""实用程序""扭曲时间""杂色与颗粒""模糊与锐化""沉浸式视频""生成"等多种效果组，每种效果组中又有多种细分的视频效果。

添加视频效果的操作方法是在功能区中单击"效果"功能按钮，展开"效果"面板，在其中选择"视频效果"选项，然后选择需要的视频效果，将其拖拽到时间轴的视频片段中，即可完成添加。在功能区中单击"效果"功能按钮，展开"效果控件"面板，在其中选择添加的视频效果对应的选项，拖曳鼠标指针调整对应的效果参数，即可调整视频画面的效果。

（5）添加合适的滤镜。在Premiere中有"Filmstocks""影片""SpeedLooks""单色""技术"等多种滤镜组，每种滤镜组中又有多种滤镜效果。添加滤镜的操作方法是在功能区中单击"效果"功能按钮，展开"效果"面板，在其中选择"Lumetri预设"选项，然后展开需要的滤镜组，双击其中的滤镜选项即可为"时间轴"面板中的视频添加滤镜。在功能区中单击"效果"功能按钮，展开"效果控件"面板，在其中选择添加的滤镜对应的选项，即可调整该滤镜的相关参数，进行滤镜效果设置。

（6）添加短视频字幕。在Premiere中可以添加短视频字幕并设置字幕样式。添加短视频字幕的操作方法是在"时间轴"面板中将时间指针定位到视频中需要添加字幕的位置，然后在左侧的工具栏中单击"文字工具"按钮，在"节目"面板的视频画面中双击即可插入文本框，文本框中可以输入字幕文本。在功能区中单击"效果"功能按钮，展开"效果控件"面板，在其中展开"文本"选项，即可进行字幕文本的相关设置。

（7）添加短视频背景音乐。在Premiere中可以为短视频删除添加背景音乐，并对背景音乐的相关参数进行设置。删除操作的具体方法是在"时间轴"面板中的视频片段上右击鼠标，在弹出的快捷菜单中选择"取消链接"命令，然后选择该视频的音频编辑条即可将其删除。添加操作的方法是双击"项目"面板空白处，打开"导入"对话框，在其中导入需要添加的背景音乐并拖拽到"时间轴"面板中。在功能区中单击"音频"功能按钮，展开"音频"窗格，在其中可对该背景音乐的"响度""持续时间""音量"等进行设置。

（8）导出短视频。在Premiere中制作完成的短视频并不能一键分享到其他平台，因此还需要内容创作者进行导出操作。导出短视频的方法是在菜单栏中依次选择"文件""导出""媒体"命令，打开"导出设置"对话框。在左侧的窗格中可以预览短视频效果，在右侧的窗口中可以进行导出设置，包括导出视频的格式、名称、尺寸和帧率等，确认无误后单击"导出"按钮即可导出短视频。

3. 短视频的常用剪辑手法

剪辑就是将多个视频画面进行连接。在短视频剪辑过程中通常需要合理利用剪辑手法，改变短视频画面的视角，推动短视频内容创作者向目标方向发展。

（1）标准剪辑。标准剪辑是短视频制作中最常用的剪辑手法，就是将视频素材按照时间顺序进行拼接组合，制作成最终的短视频。对于大部分没有剧情，且按简单的时间顺序拍摄的短视频来说，一般都可以采用标准剪辑手法进行短视频制作。

（2）匹配剪辑。匹配剪辑连接的两个视频画面通常动作一致或构图一致，经常用于短视频转场，因为影像有跳跃动感，可以从一个场景跳到另一个场景。在剪辑时可以添加转场特效，增强视觉效果。如旅游类短视频中常见的卡点类短视频，就是匹配剪辑。

（3）跳跃剪辑。其剪辑方式与匹配剪辑正好相反，可对同一镜头进行剪辑，也就是两个视频画面中的场景不变，但其他事物发生变化。跳跃剪辑通常可以用来表现时间的流逝，也可以用在关键剧情的视频画面中，增加镜头的紧迫感，如换装类的卡点短视频。

（4）动作剪辑。动作剪辑指视频画面在人物角色或拍摄主体仍在运动时进行切换的剪辑手法。需要注意的是，动作剪辑中的剪辑点不一定在动作完成之后，内容创作者可以根据人物动作的方向、人物转身或拍摄主体发生明显变化的镜头设置进行切换。动作剪辑一般用于动作类型的短视频中，能够较自然地展示人物的动作交集画面，增加短视频的故事性和吸引力。

（5）交叉剪辑。交叉剪辑指视频画面在两个不同场景之间来回切换的剪辑手法，通过频繁切换画面来建立角色之间的交互关系。使用交叉剪辑能够提升短视频内容的节奏感，增加内容的张力并产生悬念，从而引导用户情绪，使其对短视频内容产生兴趣。

（6）蒙太奇。蒙太奇指当短视频在描述一个主题时，可以将一连串相关或不相关的视频画面组合在一起，以衬托和表达这个主题，产生暗喻的作用，展示出各种精美的画面，同时也衬托出该产品的优良品质。例如，通过制作和品尝美食时的各种动作与现实中相同的精彩动作的对比。

监管之窗

合力防范青少年短视频沉迷

近年来，短视频受到互联网用户青睐，青少年上网看短视频也愈发普遍。然而，由于内容特点、算法推荐、心理机制等多方面原因，不少人感觉刷短视频会"上瘾"。如何有效防止未成年人陷入短视频沉迷，成为一道现实课题。

据"全国未成年人互联网使用情况研究报告"显示，未成年人互联网普及率达96.8%，触网低龄化趋势明显，而未成年网民中经常在互联网上看短视频的比例为47.6%。短视频沉迷极易造成青少年视力下降、注意力不集中等后果，一些不良信息还会产生误导，进而影响未成年人的身心健康，危害不容小觑。防范短视频沉迷，是保护青少年身心健康的题中应有之义。

加强监管，营造清朗的网络视听环境，才能更好地守护未成年人成长。在制度上，应不断完善相关法律法规，强化网络平台责任。从出台《网络信息内容生态治理规定》等文件，到新修订的未成年人保护法增设"网络保护"专章，我国日趋完备的制度体系为青少年设置起"防护网"。下一步仍需与时俱进，以制度刚性建好"防火墙"。在技术上，应进一步向科技借力，推动责任落细落实。监管部门可利用上线审查、应用管控等实现综合监管，短视频平台等也可运用身份识别、大数据分析等，推动"防沉迷系统"和"青少年模式"迭代升级。多措并举、精准施策，才能让监管更加有力有效。

网络空间是亿万民众共同的精神家园。当前，网络应用深度融入人们的学习、工作、生活，每个人都是维护网络环境的责任人、受益人。集聚众智、汇聚众力，

营造清朗网络空间生态，确保未成年人健康安全用网，互联网必将更好地助力青少
年成长进步，让他们的生活更多彩。

（资料来源：根据人民网资料改编。）

即学即练

选择家乡的一款特色农产品，分别使用剪映和Premiere剪辑一个短视频，并在其中至少
运用两种不同的转场效果，完成后分享短视频作品和剪辑心得体会。

任务6.4 发布与推广短视频

6.4.1 短视频的发布

制作好的短视频都要上传到短视频平台发布，这样才能被用户观看，从而获得关
注。短视频平台中每天都发布有大量的短视频，要想获得更多用户的关注，则需要学
会一些发布的技巧。

1. 短视频的发布时间

短视频的发布效果受到很多因素的影响，发布时间是其中至关重要的一个因素，
即使是同一个内容创作者的同一个短视频，如果发布时间段不同，其获得的发布效果
也可能会有很大的不同。

一般短视频的发布时间通常为工作日的9：00—23：00，因为这个时间用户对短视
频的搜索和播放较为频繁。在这段时间里，短视频创作者都会在线工作，更有利于在
发布短视频后进行互动、分享和传播。短视频的发布时间最好配合用户的活跃时间，
短视频发布高峰期一般都在11：00—12：00和17：00—19：00，其中傍晚时段表现更
加活跃，更容易获得用户的关注和互动。

2. 结合"@功能"

"@功能"是指在发布短视频时，设置"@好友"（"@"是网络中向指定账号发布
信息的方式，"@"好友后，短视频App会在该好友账号中提示其观看某个短视频）或

者"@官方账号"等。通常"@"的目标都是自己关注的某个短视频达人，有可能该达人在收到提示后会观看该短视频，并进行转发，这样就能将发布的短视频推送给更多用户观看，从而获得更多的流量。

3. 地址定位

在短视频发布时可以选择地址定位功能，将地点展示在短视频用户名称的上方。由于地址定位功能本身也是一种私域流量入口，可用于商业推广，因此使用了地址定位的视频也会增加关注度，让用户产生一种认同感，甚至产生线下偶遇的期待。

4. 添加话题

话题是指平台中的热门内容主题，通常在短视频界面的内容介绍中以"#"开头的文字就是话题，如"#美食制作""#搞笑""#挑战赛"等。被广大用户所关注的热门话题通常是短视频的重要流量入口，如果内容创作者在发布短视频时添加热门话题，就会有利于聚集更多用户的关注。

监管之窗

中国短视频行业相关政策

短视频相关法规和行业自律规定的颁布和实施，将提高短视频生产和播出的准入门槛，划清原创与模仿、抄袭的界限，推动短视频内容产业健康、有序和高质量发展。2017年以来，针对用户隐私、创作者产权、企业竞争等多方面的政策文件陆续出台，为短视频行业的发展提供了更为具体和明确的要求和方向，如表6-19所示。

表6-19　中国短视频行业相关政策

政策名称	发布时间	主要内容
广电总局关于调整《互联网视听节目服务业务分类目录（试行）》的通告	2017年3月	将互联网视听节目服务分为四类，短视频主要属于第三类
《网络短视频内容审核标准细则》	2019年1月（2021年12月修订）	从21个方面对网络短视频内容的审核标准进行了具体规定
《关于支持新业态新模式健康发展　激活消费市场带动扩大就业的意见》	2020年7月	支持线上多样化社交、短视频平台有序发展，鼓励微创新、微应用、微产品、微电影等万众创新

政策名称	发布时间	主要内容
《互联网平台落实主体责任指南（征求意见稿）》	2021年10月	要求互联网平台经营者应当建立有针对性的知识产权保护规则和相应治理规则，履行知识产权保护责任
《关于开展智慧广电服务乡村振兴专项活动的通知》	2021年11月	广播电视节目、纪录片、动画片、电视剧、短视频、公益广告等的征集评审、评选推优、专项扶持和建立重点选题项目库中对乡村振兴题材作品给予重点关注和支持
《"十四五"数字经济发展规划》	2022年1月	完善多元价值传递和共享分配体系，有序引导多样化社交、短视频、知识分享等新型就业创业平台发展
《"十四五"文化发展规划》	2022年8月	鼓励文化单位和广大网民依托网络平台依法进行文化创作表达，推出更多优秀的网络文学、综艺、影视、动漫、音乐、体育、游戏产品和数字出版产品、服务，推出更多高品质的短视频、网络剧、网络纪录片等网络视听节目，发展积极健康的网络文化
《扩大内需战略规划纲要（2022—2035）年》	2022年12月	支持线上多样化社交、短视频平台规范有序发展，鼓励微应用、微产品、微电影等创新

6.4.2　短视频的推广

短视频的推广主要是利用各种网络推广方法，使该短视频尽可能被更多的用户播放和关注，从而实现短视频发布的目标，在其发布后能有效增加热度。下面将从短视频推广技巧和推广渠道两个方面展开介绍。

1. 短视频推广技巧

如果短视频团队资金充足，通常可以采用短视频平台提供的付费服务进行推广。例如，使用抖音短视频官方推出的"Dou+"服务，该服务能帮助短视频获取更多流量和曝光。但对大多数普通内容创作者来说，可以通过撰写高点击率的标题、优化关键词和创作优秀文案等技巧来推广自己的短视频。

（1）撰写高点击率的标题。标题具有唯一的代表性，且是用户快速了解短视频内容并产生记忆与联想的重要途径。即使是同一个短视频，也会因为标题的不同而获得截然不同的播放量。所以，想要让短视频在拥有海量信息的网络中脱颖而出，获取更高的播放量，标题至关重要。

撰写短视频标题最重要的原则是真实，也就是符合短视频的内容主题，不能做"标题党"，即在网络媒体中靠夸张、引人注目的标题来吸引用户注意力，以达到增加点击量或提高知名度的目的。短视频的标题必须与内容相关联，否则容易引起用户的反感。撰写高点击率的短视频标题有很多方法，常用的撰写方法如表6-20所示。

表6-20　常用的短视频标题撰写方法

方法	内容
找到痛点	标题一定要切合用户的需求，平时可以收集用户经常遇到的问题，将它们罗列出来并和目标用户进行沟通，尽量提炼出与当前问题密切相关的词汇，使其与用户心理相契合
给予价值	找到痛点只能引起用户的关注，要让用户真正观看短视频，还需要提出解决该痛点的方法，也就是给予用户一定的内容价值
激发好奇	好奇心是用户观看短视频的主要驱动力之一，用户的好奇心受到激发后，他们就会去点击视频，探寻问题的答案
原创和流行相结合	标题不但要原创、新颖，还要有一定的实时性，最好是与目前较为流行的词语相结合
不重复	标题不要与其他短视频重复，因为一旦重复，系统便会优先推荐用户关注度较高的短视频。可以在短视频平台中输入标题关键词查看搜索结果，如果发现重复度较高，最好换个标题

（2）优化关键词。对短视频来说，关键词是表达主题内容的重要桥梁，正确、合理地给每一个短视频优化关键词能提高短视频的播放量和转发率。

首先，设置关键词时可以将多个关键词放在一起进行排列组合，每个不同的排列组合都能生成新的关键词，而且这些新的关键词会进一步缩小搜索范围，实现强强联合的效果。

其次，关键词的数量也需要进行控制，关键词数量过多，容易偏离短视频的主题。一个短视频通常只有一个主题，所以标题中的关键词数量不能多于三个。在短视频内容中关键词最多出现两次或三次，切忌堆砌关键词，效果只会适得其反。

最后，在进行短视频推广时，要确定好主要的推广目标，它是主题、视频效果还是文案内容？要针对其一进行关键词选择，这样的关键词目标性更强，被搜索到的概率也会更高。

（3）创作优秀文案。优秀的短视频文案能在第一时间吸引用户，并让用户关注和播放该短视频。如果能创作出触动用户心灵的优秀文案，就能为短视频锦上添花，甚至将短视频推上热门榜单。优秀文案其实都有一些共同点，在创作时只要把握住这些共同点，内容创作者就能创作出吸引用户关注的短视频，具体内容如表6-21所示。

表6-21　短视频优秀文案的共同点

共同点	内容
借势造势	这种方法可以让短视频在短时间内获得非常高的播放量和用户关注度。需要把文案内容与热点话题联系起来，两者之间要有一定的契合度，另外，还要学会创新转换，不要一味地复制套用
产生共鸣	正向共鸣会让用户认同短视频的内容或主题，从而为短视频带来更多的关注度和播放量；反向共鸣则可能会带来争论和互动，但要慎重使用；二者都能起到短视频推广的效果
名人效应	名人对用户的生活有着足够的影响力，可通过娱乐化的方式和用户进行情感互动，在满足用户精神需求的同时传达自己的价值观
逆向思维	逆向思维是从相反的方面或因素去思考问题或提出解决方法，使文案标新立异、出奇制胜
真情实感	源自真实生活体验的文案更能注入情感、打动用户

2. 短视频推广渠道

每个短视频发布平台都有自己的推广渠道，以抖音短视频为例，其推广渠道分为收费和免费两种主要类型，下面分别进行介绍。

（1）收费推广渠道。抖音短视频官方推出"Dou+"是一项帮助内容创作者获取更多流量和曝光量的付费推广服务。根据抖音短视频的官方定义，"Dou+"是一款短视频加热工具，购买并使用它后，可将短视频推荐给更多感兴趣的用户，并提升短视频的播放量与互动量。用户在"推荐"模式观看短视频时，有很大概率会看到购买了"Dou+"推广服务的短视频。

（2）免费推广渠道。比较常用的免费推广方式就是参加各种挑战赛，让短视频账号获得更多的曝光，从而推广账号中的各种短视频。例如，抖音短视频官方的"抖音小助手"账号会定期推送平台中热门的挑战赛，这些热门挑战赛的关注用户数量往往非常多。因此，关注"抖音小助手"账号，选择热门程度较高的挑战赛，参与挑战赛并录制和发布视频，就有可能获得较高的点击率，从而为自己的短视频账号赢得更高的流量，同时也可以间接推广自己发布的其他短视频。

除了在短视频平台进行推广外，其他一些新媒体平台也可以视作短视频的推广渠道。例如，在微信平台（包括微信公众号、小程序、微信群以及朋友圈）进行短视频分享和转发。

项目考核

一、单项选择题

1. 在"内容为王"的营销时代，（   ）才是短视频的生存之本。

    A. 短视频内容的质量　　　　　　　　B. 短视频的拍摄技术

    C. 短视频的价值和意义　　　　　　　　D. 短视频拍摄者的名气

2. 在短视频团队搭建时，不属于其基本能力要求的是（   ）。

    A. 内容策划能力　　　　　　　　　　B. 运营推广能力

    C. 金融分析能力　　　　　　　　　　D. 其他工作能力

3. 在下列选项中，不属于短视频脚本设计的是（   ）。

    A. 主题定位　　　B. 软件选择　　　　C. 框架搭建　　　　D. 故事情节填充

4. （   ）是短视频主题内容表达的重要桥梁。

    A. 封面　　　　　B. 标题　　　　　　C. 正文　　　　　　D. 关键词

5. （   ）是短视频获取用户关注必不可少的环节，在短视频发布后能有效地为其增加热度。

    A. 剪辑　　　　　B. 拍摄　　　　　　C. 内容策划　　　　D. 推广

二、多项选择题

1. 短视频运营流程包括（   ）。

    A. 短视频内容策划　　　　　　　　　B. 视频素材拍摄

    C. 视频素材剪辑　　　　　　　　　　D. 短视频发布推广

2. 目前，常见的短视频平台有（　　　　）。

　　A. 抖音短视频　　　B. 快手　　　　　　C. 腾讯微视　　　　　　D. 美拍

3. 短视频脚本设计的主要内容包括（　　　　）。

　　A. 主题定位　　　　B. 框架搭建　　　　C. 故事情节填充　　　　D. 素材准备

4. 拍摄短视频可采用的构图方式有（　　　　）。

　　A. 三分构图　　　　B. 四分构图　　　　C. 对角线构图　　　　D. 正方形构图

5. 短视频优秀文案的共同点包括（　　　　）。

　　A. 借势造势　　　　　　　B. 产生共鸣　　　　　　　C. 名人效应

　　D. 逆向思维　　　　　　　E. 真情实感

三、判断题

1. 短视频的策划包括用户定位。（　　　）

2. 短视频拍摄前不需要进行工具的准备。（　　　）

3. 短视频平台都是通过推荐算法筛选出短视频，然后推荐给用户播放。（　　　）

4. 推广短视频时最重要的是撰写吸引人的标题，它决定了短视频运营的成败。（　　　）

5. 不同的短视频平台有不同的特点。（　　　）

四、案例分析题

节气焕新烹饪，万科的短视频运营

　　中国的二十四节气本身与养生相关，而人们尤其对不同节气的"饮食"最为讲究。节气始终与美食联系在一起，在享受美食的同时，也感受到了季节的变化。此外，从内容受欢迎程度来看，美食内容在当下短视频类别中青睐度颇高。

　　随着时代发展，短视频的形式成为新媒体运营新趋势，其更加丰富生动的动态形式也是万科希望能尝试的。2021年，万科制作了二十四节气短视频，在使用国风插画的同时，以更加丰富生动的镜头语言呈现中华文化的生活美学，传达现代与传统相融合的美好生活。

　　在传承传统文化的同时融入煮食的烟火气，选择和节气相匹配的美食进行介绍，让大家加深对传统节气的关注和理解，重新认识到节气和我们的日常生活息息相关。万科的官方视频号"万小可"，在没有任何主动付费推广的情况下，节气视频平均每期收藏数达55，平均每期转发数超过3 500，平均每期点赞数将近1 200。节气主题短视频内容生动有趣，获得广大观众的喜爱和自发传播，更让不少用户收藏了准备跟着学习做菜。

在转型短视频进行内容宣传方面，节气视频为万科开创了较成功的开端；通过二十四节气的短视频，也让观众更直观地感受和学习到中国传统二十四节气的文化和习俗，同时也更加认同万科品牌传递的美好生活的理念。

问题：

对于国货品牌来说，在进行短视频运营时要注意哪些细节？

项目实践：拍摄与制作短视频

一、实训目的

1. 体验短视频拍摄与制作实际项目的工作过程。

2. 提升短视频平台运营能力。

二、实训要求

1. 一周内完成实训。

2. 按照实训成果各项目要求（见表6-22）分项填写相关内容。

三、实训组织

在教师指导下以小组为单位开展实训。

四、实训内容

1. 策划短视频内容。

2. 拍摄短视频。

3. 剪辑短视频。

4. 发布短视频。

5. 推广短视频。

五、实训成果

按照表6-22的指引完成短视频运营，同时完成表6-22。

表6-22　短视频运营

运营流程	完成情况
内容策划	

运营流程	完成情况
拍摄	
剪辑	
发布	
推广	

項 目 七

新媒体直播平台运营

学习目标

素养目标

- 提升新媒体直播平台运营过程中的法律、道德意识，培养合规素养
- 培养新媒体直播协作中的团队合作精神
- 培养利用新媒体直播为家乡发展助力的家国情怀

知识目标

- 了解主流新媒体直播平台的规则
- 熟悉直播前的准备工作
- 掌握直播活动策划流程
- 了解直播活动实施、复盘的基本内容

能力目标

- 能够组建直播团队
- 能够搭建合适的直播场景
- 能够撰写直播脚本
- 能够对直播运营活动进行有效复盘

思维导图

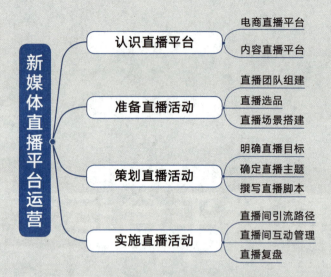

新媒体直播平台运营

- 认识直播平台
  - 电商直播平台
  - 内容直播平台
- 准备直播活动
  - 直播团队组建
  - 直播选品
  - 直播场景搭建
- 策划直播活动
  - 明确直播目标
  - 确定直播主题
  - 撰写直播脚本
- 实施直播活动
  - 直播间引流路径
  - 直播间互动管理
  - 直播复盘

学习计划

■ 素养提升计划

_____

_____

■ 知识学习计划

_____

_____

■ 技能训练计划

_____

_____

数实融合新视界

博物馆文创的直播之路

过去，不少博物馆都囿于地域限制，只能通过游客进行文化传播，覆盖面小，影响力弱。线上直播出现以后，博物馆找到了距离年轻人更近，更能立体展示文创产品，进行文化传播的机会。

2022年12月，故宫宫猫走进了淘宝直播间。作为知名的"网红萌宠"，其憨态可掬、聪明伶俐的模样频频成为故宫文创的亮点，跟随"宫猫姐姐"的直播镜头看去，它们有的旁若无人地穿梭于各大宫殿，有的则懒洋洋地蜷在猫窝晒太阳。这种真实、接地气的"云撸猫"，萌化了在场观众的心，仅直播一小时，直播间就涌入了近75万人观看。持续翻滚的留言，让直播间成了热闹的聊天室。沉浸式的直播体验无疑拉近了观众与故宫之间的距离。相应地，带有故宫宫猫的文创周边也不再是冷冰冰的"物件"，而是代表故宫文化的一个缩影。

无独有偶，洛阳博物馆在抖音上推出了"洛博夜游记"直播活动，即通过直播的方式带观众走进闭馆后的博物馆，更深入地分享和欣赏文物知识和古代文化。在直播间，主播向网友科普，作为历史悠久的王朝都城，洛阳出土了大量的青铜文物，而这些文物上的鸟兽鱼纹甚至可以与《山海经》中的神兽精怪相对应。

中国文物报社、抖音电商携手全国25家博物馆举办了首届"文创年货节·博物馆里过新年"活动，中国人民革命军事博物馆、苏州博物馆、江西省博物馆、河南博物院、三星堆博物馆、甘肃省博物馆等25家全国各地博物馆通过直播的方式，借方寸之间的屏幕，带领文博知识爱好者深入博物馆"考古"文物故事，同时推介博物馆文创精品。

直播让那些原本庄严肃穆的文物以文创的形式走出了博物馆，与年轻消费者建立起情感链接，即使穿越千年，横跨万里，依旧熠熠生辉。

案例启示：

文创产品的消费，其实是核心价值观的传递。直播为深度揭示文创产品内涵，争取实现更大范围、更深层次的文化认同创造了条件，成为推动中华优秀传统文化创造性转化与创新性发展的一种重要方式。

任务7.1 认识直播平台

直播平台是指为企业或个人提供直播电商服务的网络平台。它负责搭建和维护直播场景,制定直播的相关规则并要求参与者遵守。目前,直播平台的竞争格局比较集中,淘宝直播、抖音直播和快手直播的综合体量已经达到市场规模的80%以上。

按主营业务属性划分,直播平台可分为电商直播平台和内容直播平台。

7.1.1 电商直播平台

电商直播平台主要由传统电商平台组成,供应链和商业业态比较完整。因直播带货的兴起,为吸引公域流量,电商平台开始提供直播电商服务,方便商家们更加详细地介绍和推广产品。淘宝、京东、拼多多等是电商直播平台的典型代表,它们都拥有巨大的流量,一方面可以不用费尽心思引流,另一方面可以利用直播反哺平台,增加用户黏性。从盈利模式上来看,抽佣所带来的销量分成、营销推广、打赏分成是电商直播平台的三种主要收入模式。

商家多选择在电商平台上做直播,而目前淘宝是主流电商直播平台。自2016年成立以来,它经历了探索期、发展期、爆发期,如今已经进入成熟期。在此阶段,"专业化"成为淘宝直播在行业领域保持领跑者地位的主要优势。随着店铺和直播的不断融合,现在直播不仅是一种销售方式,更是品牌综合服务的体现。

1. 淘宝直播平台的特点

淘宝网的电商属性决定了淘宝直播专业性、导购属性及用户购物欲望更强的特点。可以说,淘宝直播是直播营销的主战场之一。淘宝直播的核心优势在于该平台已经形成了高效率、系统化的直播电商系统。

(1)淘宝直播背靠淘宝电商,具有先天的电商优势,商品成交总额(GMV)和用户存量都非常高,潜力极大;平台上目前已有上百万个主播,并且数量仍在增长,新开播的商家数量也很多。由于不需要主播挖掘货源,对于新手来说,是一个非常好的直播带货入口。

(2)淘宝直播拥有较高的消费者洞察能力,能够帮助主播、商家更好地进行市场分析、商品分析、"达人"分析、"达人"带货情况分析、直播概况分析、直播分析等。淘宝直播以大数据算法为基础，直播效果在后台有一系列数据做支撑，主播可以根据数据及时进行调整和优化。

（3）淘宝直播可以精准实现"货找人"，快速覆盖全部行业、领域，同时通过每天数十万场的直播可以快速筛选热销商品及品类，进而在用户精准画像的基础上实现用户和商品之间的智能匹配。目前淘宝直播最大的带货品类是服装，其次是美妆，再次是母婴、美食、珠宝等类别。

2. 淘宝直播平台规则

（1）淘宝直播开通条件。2023年，淘宝直播先后推出了两项举措，一是线下各类商家可以零门槛免费入驻；二是开放个人主播入驻权限，符合条件的达人主播能够零门槛直播。

普通用户只需要完成人脸识别和认证，设置好直播间头像和昵称，就可以申请完成淘宝直播达人的认证。

（2）淘宝直播平台规则。任何主体在淘宝平台上直播，都必须遵循淘宝平台直播规则，以保障直播的安全与秩序，提升消费者的用户体验。淘宝直播平台对直播的规范要求主要包括：①直播信息不得与入驻信息不一致。②不得违规推广。比如推广的商品涉嫌销售假货，主播违反平台相关推广规则等。③不得有引导用户进行线下交易、发布外部网站商品或信息等容易引发交易风险的行为。④不得侵犯他人权益，如泄露他人信息、不当使用他人权利、骚扰他人等。⑤不得扰乱平台秩序，如进行欺诈或欺骗，提供虚假信息等。⑥不得违背承诺。

若存在以上违规行为，淘宝直播平台采取的处理措施包括但不限于：警告并下线直播、删除直播内容、冻结直播权限、清退账户等。

即学即练

进入淘宝直播平台，选择进入3个以上不同商品品类的直播间，如家居类、日常消费品类、衣帽服饰类等，每场直播观看10分钟以上。以表格的形式归纳总结各个直播间的特点，并选择其中一个直播间，分享自己的观看感受。

7.1.2　内容直播平台

内容直播平台的代表机构有抖音、快手、斗鱼、西瓜视频等，它们拥有规模巨大的流量池。一方面，网络"达人"或主播通过直播带货实现流量变现；另一方面，品牌通过"短视频+直播"方式打造爆款产品，从而构建新的营销推广渠道。其中，抖音最具代表性。

从2020年6月初抖音电商部门成立，到巨量商业化，抖音逐步把电商作为未来战略发展重心。目前抖音已形成以直播、兴趣点、购物车和抖音小店为核心的产品矩阵，连接线上与线下，赋能直播商家。

1. 抖音直播平台的特点

抖音直播具有互动性强、粉丝黏性高、营销数据可视化、内容原创度高等优势，吸引了不少自媒体和企业。

（1）用户规模庞大，带货门槛低。抖音的日活跃用户数以亿计，平台本身也在不断探索新的流量入口。在巨大的流量背后，只需要满足抖音直播带货权限开通的条件，即可申请开通直播带货。

（2）抖音直播流量算法机制是根据用户的喜好来推荐的，也就是用户喜欢某种类型的直播，系统就会推荐对应的直播。对直播团队而言，抖音采取的是"赛马机制"——只要在与同级别流量池里的其他对手相比时，自己直播间的数据能够胜出，那么就会获得下一个流量池的流量。

（3）抖音用户观看直播的行为大多来自内容的引导，或源于对主播的兴趣与信赖。所以在抖音用户画像基础上形成的直播目标用户类型是更加热衷娱乐互动，能够被吸引和带动消费的人群。

2. 抖音直播平台的规则

（1）抖音直播的开通条件主要包括：①内容直播。无粉丝量要求，在抖音平台完成实名认证后，即可在直播间进行内容分享，包括唱歌、跳舞、知识分享等。②带货直播。在抖音上，"零粉丝，零作品"就可以开通带货直播。个人或企业只需要开通抖音小店，将抖音小店和抖音号绑定，就可以自动开通商品橱窗。具体要求如表7-1所示。

（2）抖音直播规则。抖音直播人员必须遵守平台规则，否则将受到处罚。违规的情节严重程度依据违规意图、违规事件和违规主体等客观因素来进行综合评定，轻则中断直播，重则直接封禁直播间。具体规则包括：①不得有违反法律、血腥暴力、煽动仇恨、宣扬迷信等不符合社会正向价值观的内容。②不得多平台、多账号同时开播。③不得以录屏或挂播形式进行直播，或画面黑屏仅循环播放录音等。④不得把用

表7-1 开通抖音小店要求

身份	开通要求	主体类型说明
个人	① 主体资质：经营者身份证件； ② 品牌资质：如果要经营授权品牌，需要提供授权文件等资质材料； ③ 店铺信息：包括店铺名称、店铺logo等	类型为"个人店"的商家（须持有身份证）
个体工商户	① 主体资质：营业执照、经营者身份证件； ② 品牌资质：个体店开店时无品牌资质要求，但在部分类目下创建商品信息时，需要提供品牌相关资质； ③ 行业资质：是指商家经营该行业业务时，必须拥有的资质内容，如食品经营许可证、食品生产许可证、化妆品生产许可证等（经营部分类目时须提供）； ④ 店铺信息：包括店铺名称、店铺logo等	适合营业执照类型为"个体工商户"的商家
企业/公司	① 主体资质：营业执照、法定代表人身份证件； ② 品牌资质：如果要经营授权品牌，需要提供授权文件等资质材料 ③ 行业资质：是指商家经营该行业业务时，必须拥有的资质内容，如食品经营许可证、食品生产许可证、化妆品生产许可证等（经营部分类目时须提供）； ④ 店铺信息：包括店铺名称、店铺logo等； ⑤ 账户验证：法定代表人个人银行账户信息或对公账户信息	适合营业执照类型为"企业"的商家

资料来源：抖音官方网站。

户引流到其他私域平台，如微信等。⑤不得直播橱窗和购物车内没有的商品。⑥不得以不正当手段获取虚假流量、订单，或是进行虚假互动等。

运营思辨

直播的未来会如何发展？

在过去几年中，互联网行业发生了许多变化，其中最令人瞩目的莫过于网络直播行业的迅猛发展。从最初的个人直播，到现在的专业网络直播平台和"AI+"直播，直播已经成为人们日常生活和工作的重要组成部分。那么，直播的未来会如何发展？

1. 主播层面

观点1：直播未来一定会更加专业化

直播在未来也会像短视频一样，发展的趋势越来越趋向于专业化。也会出现更多专业、好看、立体的呈现形式。主播在走向专业化的过程中，需要不断革新和提升自己的直播品质，这样才能够探索直播更多的可能性。

观点2：未来的头部主播将会跟着品牌一起出现

现在市场上的主播类型是不饱和的，还有新类型主播诞生的空间。未来，不仅会有能产出优质内容、集聚粉丝、具备直播达人的业务能力的主播；从更长远的趋势来看，还会产生一些与品牌商品紧密绑定的，去网红化的主播，这些主播需要掌握镜头语言和导购特质，主要负责帮助品牌和店铺做带播。

2. 平台层面

观点3：未来的直播平台也拥有着极大的可能性

直播平台是提供给企业和个人极大商业机会的大舞台，虽然现阶段直播平台发展还处在初期，有着一定的不确定性。但是从长远来看，直播仍有极大发展空间。在未来，随着技术的迭代，直播可能会跳出手机屏幕，拥有新的平台和载体。

3. 品牌层面

观点4：未来的直播将不只是直播，而是代表着品牌媒体化的趋势

对于品牌来说，未来直播不仅是一种辅助营销的工具，更要把自己定位为一个媒体，直播会成为品牌运营中必不可少的一个环节，也会成为品牌常态化的工作。品牌能够拥有自己的直播团队，做出自己的特色。

观点5：未来的直播一定会成为品牌的孵化器

老品牌如果愿意顺应趋势，孵化新产品，再通过直播进行营销方式的创新，那么品牌老化的重大问题将不难解决。新兴品牌如果运作得当，直播将形成强有力的助推作用。不管是新品牌还是老品牌，只要直播运营得当，都能够帮助品牌放大价值，助推品牌发展。

4. 直播行业层面

观点6：直播是一个不可逆转的趋势

技术的进步是驱动直播大前景的核心要素。在技术驱动下，直播在未来一定会成为一个不可逆转的趋势。尤其是5G技术成熟后，直播的互动行为会越来越流畅，也会让多人交互拥有了可能性。随着3D、4D技术的成熟，直播场景也会进一步优化，让用户拥有更好的沉浸式体验。

任务7.2　准备直播活动

直播缩短了从品牌到消费者的分销层级，集中了消费者的注意力，通过规模带来了价格优势，实现了多方共赢，逐渐被大众所认可和接受。一场成功的直播，需要提前做好各项准备工作，包括直播团队的组建、选品、直播间场景的搭建等。

7.2.1　直播团队组建

直播团队主要有两种模式，即达人模式和商家模式。达人模式通常没有货源，通过与商家合作的方式来赚取佣金。在达人模式下，团队的主要焦点聚集在前端，所有的售后统一由商家来处理。对于有经验的商家，尤其是对互联网、电商、新媒体比较熟悉的商家，可以选择商家模式，直接构建直播团队。相较而言，商家模式的团队规模更大，需要同时运营网店、短视频及直播三个领域；而达人直播团队可大可小，可以大到几十人，也可以小到只有主播1人。

一个完整、成熟的直播团队的人员配备如表7-2所示。

表7-2　直播团队人员配备

序号	岗位	岗位职责
1	运营	1. 负责直播的日常管理，维护直播间的秩序，与粉丝及游客积极互动； 2. 运营是直播的总导演，负责策划及执行直播运营活动，包含活动策划、方案撰写、需求沟通、直播管理及复盘总结等； 3. 关注直播行业动向，监测分析竞品动态并提出相应对策； 4. 负责直播内容建设，提升用户黏性； 5. 收集和分析运营数据，定期反馈最新信息
2	主播	1. 负责日常直播间的人设打造； 2. 统筹全场，负责直播间的直播工作，与粉丝、游客聊天互动，带动直播间气氛，提高粉丝活跃度； 3. 维护直播间的正常秩序； 4. 不断优化直播技巧，积累人气，提高粉丝参与度； 5. 参与团队的直播活动方案讨论并执行； 6. 协助策划主题、活动方案等； 7. 掌握商品知识，通过直播向客户讲解商品信息，促成销售

序号	岗位	岗位职责
3	副播	1. 协助主播，根据直播气氛与粉丝进行互动，解答粉丝问题，增加粉丝黏性和数量； 2. 负责直播后台操作，包括直播商品链接、优惠券发放、抽奖互动等； 3. 向观众展示和介绍商品，传达活动利益点等，完成直播内容
4	场控	1. 负责直播场控，配合主播顺利开播，能够及时处理与反馈直播间的异常状况，实时监控流量数据； 2. 负责直播间商品上下架及优惠设置，配合主播执行各项营销方案，营造直播间气氛； 3. 配合主播进行商品讲解，增强粉丝互动，与粉丝建立并保持良好的关系； 4. 不断根据反馈调整、优化直播内容，及时解决直播的突发事件，提高用户参与度，增强粉丝黏性； 5. 负责各种直播数据的汇总及分析，通过数据优化选品，提升粉丝量及直播转化率； 6. 对每场直播进行总结，并及时指导主播改正，避免违反平台规则和公司纪律，保证主播处于良好的直播状态
5	拍摄剪辑	1. 负责直播短视频的前期拍摄，熟悉摄影机、单反相机等工具；负责灯光、布景，执行室内外的拍摄任务； 2. 对拍摄的视频进行后期制作，完成视频剪辑、添加字幕、特效制作等工作； 3. 与团队成员进行前期策划与脚本创作讨论，具备优秀的模仿及二次创作能力； 4. 根据商品卖点、呈现角度、构图以及公司的其他要求，制作高质量视频
6	投放	1. 针对相关类目清楚地了解品牌投放需求，并能准确地制订投放计划； 2. 定期进行投放数据分析，优化投放策略和广告投放效果； 3. 负责直播间竞价投放和流量监测，根据直播现场运营情况灵活调整投放节奏； 4. 收集市场流量投放情况，及时了解平台规则变化，对业内相关竞争对手进行监测和数据分析； 5. 结合品牌现状与GMV目标，搜集平台人群匹配标签，进行精细化运营； 6. 跟踪日、周、月投放指标，通过投放数据分析，持续优化投放策略
7	客服	1. 在线处理用户使用商品过程中的咨询，并进行答疑； 2. 受理各渠道用户反馈的问题； 3. 跟进用户问题的解决情况，并力所能及地为用户解答相关问题； 4. 能够主动发现用户负反馈中的舆情风险，积极暴露问题，协调解决； 5. 负责平台用户调研，持续进行用户关怀，有效提升商品使用率及用户满意度； 6. 整理并分析用户反馈，为商品优化提供支持，持续提升用户体验； 7. 负责平台异常服务问题整理，并反馈给相关技术人员； 8. 负责日常售后工作，与协作方进行跟进解决

《互联网广告管理办法》：审慎分配直播带货各方责任

2023年3月24日国家市场监管总局修订发布了《互联网广告管理办法》（以下简称《办法》），《办法》于同年5月1日起正式施行，这意味着中国互联网广告正式迎来新的行业规则。

《办法》实施后，一个显著的变化是近年来兴起的"直播带货"相关的各个行为主体，其责任和义务得到了明确规范。

《办法》第十九条指出，商品销售者或者服务提供者通过互联网直播方式推销商品或者服务，构成商业广告的，应当依法承担广告主的责任和义务。直播间运营者接受委托提供广告设计、制作、代理、发布服务的，应当依法承担广告经营者、广告发布者的责任和义务。直播营销人员接受委托提供广告设计、制作、代理、发布服务的，应当依法承担广告经营者、广告发布者的责任和义务。直播营销人员以自己的名义或者形象对商品、服务作推荐、证明，构成广告代言的，应当依法承担广告代言人的责任和义务。根据此项规定，带货主播可能被视作"代言人"。

《中华人民共和国广告法》明确阐述了对于广告代言人的要求，广告代言人不得为其未使用过的商品或未接受过的服务作推荐、证明。另外，因虚假广告造成消费者损害的，广告代言人也将与广告主承担连带责任。

针对以前某些品牌会在主播授权下将主播直播带货视频录制并剪辑成短视频，挂上带货链接向外传播吸引消费者购买的管理模糊地带，《办法》将带货主播视同代言人的规定，对净化直播生态有很大的震慑力。

即学即练

挑选一个直播平台进行调研，了解当前的主播主要有哪些类型？哪一类主播最受欢迎？请以表格的形式整理并分享调研结果。

7.2.2 直播选品

在如今的直播生态中，传统的"人找货"已经变成了"货配人"。直播团队的选品能力能够直接决定直播口碑和营销效果，甚至会影响主播未来的发展。因此，直播团队要根据自身情况设定严格的选品标准和筛选流程。

1. 直播选品原则

（1）品质。品质是长效经营的基础。如果直播间产品的品质出了问题，如假货，高价低质，货不对板等，都会引发消费者的不满和投诉，最终导致负面后果，严重的会使直播间被平台关闭。

直播团队需秉持对消费者负责的态度认真选择品牌和商品。首先，需要在各个平台搜查相关商品的深度测评，了解顾客评价，以消费者反馈作为重要参考；然后，亲自试用各个选品，反复对比，以得出最真实的使用感受；最后，确定包装是否适合快递运输，快递发到用户手里会不会破损等供应问题。

（2）价格。商品的价格是影响消费者购买的重要因素。直播团队需要"货比三家"，从消费者角度出发，选出性价比最高的商品。还需要对直播间内不同类型的商品进行合理配置。可用客单价低的商品来吸引用户，完成拉新；用高折扣的品质商品刺激用户的购买欲望。对于高客单价的商品，则可以通过较大的优惠力度，更具吸引力和实用性的赠品来吸引消费者。

（3）保障。保障包括30天保价、7天无理由退换货、运费险、安心购、假一赔三等，要尽可能提升消费者的购物体验。主播在日常直播中要切实承担起保障的责任，与商家对接，确认商家的履约能力，努力维护好直播间商品的售后保障体系。

（4）专业。为了让每一个进入直播间的消费者都能够买到好商品，也让更多符合标准的品牌在直播间中完成营销效果的最大化，主播及团队需要增强相关商品知识、提升专业水平。如果主播对商品不了解，在直播中出现卡壳、停顿等情况，或是遇到粉丝的一些专业问题回答不上来，甚至盲目回答，就容易给消费者造成不良的体验。主播对商品的专业程度是用户停留的基础，也是赢得消费者信任和支持的关键。

2. 直播选品方法

（1）看同行。在直播平台上，人群的标签是会实时变动的。所以要想获得流量精准的关注，就要找那些售卖商品或风格相似的对标账号，这样才能保证粉丝用户的兴趣标签相似。观察同行直播间选品情况和优惠活动等，然后根据自身具体情况进行优化提升。

（2）查数据。利用第三方工具如抖查查等，可以查看直播商品榜、实时爆品榜等数据。根据直播间的具体情况，可以筛选出对应的商品信息，如销量、佣金、价格等，点击某件商品的详情还可以看到都有哪些达人在带货，估计销量、销售额、价格等。有了第三方工具，不管是商品还是竞品的直播数据几乎都可以看到，主播及其团队可以参考数据进行选品。

（3）观需求。大众热门类目产品需求量大，好切入，但同时竞争也很激烈。直播团队也可以转移赛道，关注小众冷门商品，这类商品的利润往往也非常可观，只要商品符合新、奇、特的个性，或者是具备社交属性，就有机会产生爆品。

直播团队一般会采用"AFX排品策略"，即A款（低价福利品）留人，F款（爆品/正价品）成交，X款（其他品）测试。在直播时，主播对这三款商品的组合进行循环介绍。直播爆品的生命周期往往比较短暂，短则三五天，长则半个月。因此，团队的选品速度一定要快，确保每天至少要上一款新品，很多头部直播间每天要上架5~10款新品，以满足高频直播需求。

收入几乎翻倍。

从开始直播带货以来，小吴带着家人为家乡卖大米，帮助上千户农民增收，成功带动当地1 500多人就业。"未来，我想让东北的优质农产品走出黑土地，走向各地餐桌，也希望带领更多在外漂泊的年轻人返乡创业。"

当前，数字助农已经成为乡村振兴的重要发展方向，短视频、直播等技术不仅拓宽了农产品的上行通道，更成为乡村振兴的"新农具"，为数字乡村建设注入新活力。在数字经济快速发展之时，这批新农人通过直播、电商等新型数字技术，为乡村带来新的活力。

（资料来源：根据人民网资料改编。）

即学即练

并不是所有农产品都适合电商销售，因此，农产品电商的选品非常重要。想一想，哪些农产品适合网络直播？它们都具备哪些共同的特征？

7.2.3 直播场景搭建

1. 场地

直播间配置

直播场地的大小要根据直播内容而调整，大致控制在8~40 ㎡。个人主播场地标准为8~15 ㎡，团队直播场地标准为20~40 ㎡，直播间的环境要求独立、安静。团队需要提前测试场地的隔音和回音情况，如果隔音不好或者回音太重，都会影响直播的正常进行。

在购买设备、道具以及装修布置直播间之前，需要对直播场地进行全局规划。团队需要根据直播内容选择适合的风格。目前直播风格主要包括坐姿半身直播、站立半身直播，以及站立全身直播。

2. 背景

直播间的背景决定了直播间的调性。因为背景不仅可以提升商品的价值，而且能充分传递直播间氛围。背景色要综合考虑主播的直播风格和内容，最好以浅色、纯色背景墙为主，体现简洁、大方、明亮的特点。但不能选择纯白色背景，因为它容易反光，使灯光直射到观众眼睛里，导致视觉疲劳。

背景画面充实的直播间更容易让人产生购物的欲望，背景简洁的直播间容易突出主播。此外，也可以选择同色系拼接搭配，使背景看起来既舒适又不显得千篇一律。

在促销活动期间，直播团队可以选择鲜艳的颜色来装饰直播间，彰显喜庆的气氛，同时还能够最大限度地激发消费者的购买欲望。需要强调的是，虽然鲜艳的颜色可以让人情绪高涨、精神亢奋，但不要长时间使用，以免让人产生精神疲惫感。建议定期调整直播间的色彩搭配，以吸引用户回看。

3. 设备

直播间设备需要满足三个基本要求：高清、平稳、低延迟。这样才能在直播过程中呈现完美的画面。现在大多数主播都会选择手机直播，这种直播方式最核心的设备包括手机、支架和补光灯。手机直播设备标准详细说明如表7-3所示。

表7-3　手机直播设备标准

设备	标准
手机	选手机的三个标准：大内存、性能稳定、拍摄高清。建议配置至少两台手机，一台用来做直播，另一台用来和粉丝互动
支架	选支架的三个标准：轻便、稳定、支持多角度灵活拍摄。常见的手机支架有桌面式和落地式两种
补光灯	一般建议选择环形灯，因为环形灯的环状物理结构和发光效果能提供柔和的广角补光，不仅有很直接有效的美颜效果，而且会在主播的眼睛里形成漂亮的环状眼神光
麦克风	选麦克风的标准：灵敏度高、频响波动值小、信噪比高、阻抗小，信号传输串扰少、声压级大。常见的麦克风可分为领夹式麦克风、USB麦克风和搭配独立声卡使用的大振膜麦克风三大类
声卡	直播声卡专门为直播打造，比录音声卡多了美声功能、互动功能，以及其他的多种特效。根据直播用的设备不同，有内置声卡及外置声卡两种类型，一般都使用便携的即插即用的外置声卡

4. 商品陈列

在直播间内，直播团队要尽量将商品摆放充实，同时也要保证让直播间看起来整洁有序，尽可能传达出足够的信息，让观众一进直播间就能立刻知道主播所推荐的商品属于哪个类目；同时也能够营造出良好的氛围，激发粉丝的购买欲望。

商品陈列方式一般有两种：一种是将直播商品放置在主播的前方；另一种是将直播商品作为背景。团队可以根据直播间大小来排列摆放商品，也可以参考同行的直播间陈列风格。直播商品摆放建议详情如表7-4所示。

表 7-4　直播商品摆放建议

商品品类	摆放建议
美食类	1. 把所展示的商品放在前景陈列台或者陈列桌上，方便主播展示 2. 在展示美食时要拆除包装袋，尽量展示商品的内在形态 3. 对于需要烹饪的商品，可以在前景陈列台上展示烹饪商品的过程，呈现成品效果并立即食用
美妆类	1. 把大牌护肤品放在前景陈列台或者陈列桌上，烘托抢购的气氛 2. 使用透明展示架，让消费者直接看到商品，从而使其产生强烈的购买欲望
服装类	1. 在直播间周边区域，可以在衣架上摆满衣服，从视觉上暗示观众直播间的商品款式非常多，极具吸引力 2. 在直播间中放置地毯，可以增加质感，提升直播间环境档次，拉升商品客单价水平

任务 7.3　策划直播活动

直播策划的优劣决定了直播的成败。只有提前做好策划，才能对直播整体流程进行有效设计。完整的直播策划包括明确直播目标、确定直播主题和撰写直播脚本。

7.3.1　明确直播目标

任何一场直播活动都有着非常明确的直播目的，如提升品牌形象，促进商品销量、引流涨粉等，有了目标才能制订后续计划。目标越具体，之后的计划执行就越高效，因为它更容易激发执行的动力。团队要根据自己的定位和需求来确定目标。

在明确直播活动的目标时，团队也需考虑直播账号所处的阶段。以抖音平台为例，可以分为起号期、增量期和存量期。

1. 起号期

起号期不过分强调电商数据（如成交额等），直播目标更多地关注流量层级数据及在线人数的提升，完成直播带货的浅层数据考核。浅层数据包括新增粉丝数、评论数，新增粉丝团人数以及人均观看时长。完成浅层数据考核后要考虑如何完成商品活动塑造。

2. 增量期

在增量期，首要目标是基础流量（自然流量）的增长，可通过抖音平台的付费工具（如千川付费工具，小店随心推）去做增量，通过起号期的人群标签来检索、筛选付费流量人群，以从高到低的下单成交价格去测试行业单价。

3. 存量期

在存量期，要通过付费工具精准确定人群标签，目标是通过稳定的直播提升电商转化率。

7.3.2 确定直播主题

直播的主题关乎整个直播流程的细节设计。只有确定了直播主题，直播团队才能围绕该主题去对每一个环节进行安排。不同的直播主题有不同的策划方案，如果策划方案出现了偏差，那么则无法达到预期效果。

直播主题可以按照日、周、月来进行设定。例如，上海市曾主办"品质生活直播周"，连续六天推出主题直播活动："活力之美"聚焦青年消费；"亲子之美"聚焦儿童消费；"经典之美"聚焦老字号和国潮品牌消费；"时尚之美"聚焦女性消费；"居家之美"聚焦艺术家装和家居用品消费；"行走之美"聚焦文化场馆和文旅融合消费。

另外，直播团队也可以结合热点来设定直播主题，可通过微博、抖音等平台关注当前大众关心、讨论的热点话题，并将其作为直播主题的策划方向。这样不仅能够吸引更多人员的关注，而且能够帮助主播扩大传播范围。

基于直播目标和主题，直播团队可以锁定精准用户人群和目标市场，并结合自己的商品锚定目标客户群体，这样不仅能给直播带来更大的流量提升，同时也能减少后续直播实施中出现的误差。

7.3.3 撰写直播脚本

直播是动态的过程，涉及人员配合、场景切换、商品展示、促单活动等综合因素。有了直播脚本，直播筹备工作就能更加方便，直播间参与人员的配合也会更加默契。一份清晰、详细、可执行的直播脚本，是直播取得预期效果的有力保障。电商直播脚本一般可分为单品直播脚本和整场直播脚本。

1. 单品直播脚本

单品直播脚本以单个商品为对象，包含商品解说、品牌介绍、功能展示等内容。每一款商品都应有一份对应的单品直播脚本，可以表格形式将商品的卖点和优惠活动标注清楚，避免主播在介绍商品时手忙脚乱，混淆不清。

单品直播脚本的撰写相对简单，围绕商品卖点，突出价格或赠品优势即可。

表7-5和表7-6是服装类单品的脚本及其话术示例。

表7-5　服装类单品直播脚本示例

序号	商家编号	商品名称	商品图片	商品卖点	日常价	直播活动价	尺码规模	库存量
1	#202401	宽松卫衣连帽女春装新款印花抽绳中式学生潮流帽衫外套	略	1. 基础印花卫衣，百搭 2. 小细节做得很好，袖口处的绿色印花使整件卫衣富有春天的气息 3. 版型是宽松型的，可以遮住腰侧赘肉	449元	79元	S M L XL	160
2	#202402	[联名款]2023年新款刺绣宽松圆领套头灰色卫衣女	略	1. 品牌联名款 2. 小图案设计，非常有个性	479元	69元	均码	200

表7-6　服装类单品直播脚本话术示例

商品信息分类	话术模板	时长
流行/审美/需求教育	在最近的××季节，××款式/元素/设计流行，在某App上非常流行，大家都可以看到这个款式非常适合最近穿，买了它马上就能变得时尚/帅气（增强心理期待，增加消费者渴望程度）	1分钟
商品功能	（1）基础设计:××版型，穿起来显瘦/肩宽/腿长/腿直/腰细/等等等;××颜色，这个颜色非常显白;××图案，是××最近流行的元素。 （2）基础面料:××面料，一般其他商家不会用，这个面料更有质感/保暖/垂坠性/版型更好，不容易变形起球等;（如果和其他商家材料一样）××材料，××大厂也用这个材料，这个材料的特点是……，优点是……。 （3）特殊设计:针对服饰的特殊设计，需要特别提出，讲解思路与基础设计相同，强调穿上之后的效果，更强调细节。	7分钟

商品信息分类	话术模板	时长
商品功能	（4）推荐搭配：提供2~3个穿搭方式参考，需要提前搭配好，一定要符合大众审美；能够凸显出来不同的风格最好，比如女装同一条裤子可以通勤/运动/可爱，提供三个风格的搭配；或者结合穿衣的温度场景，如室内或室外等，同时顺便提及已搭配好的商品编号，提供组合优惠。 （5）适穿场景：一般从场合和温度两个方向出发，可以结合推荐搭配一起讲。场景可以非常具体，比如参加婚礼、面试，日常逛街、约会、旅游等，然后穿上去冷热松紧感受如何。 （6）洗护打理：如果没有特殊的洗护打理要求，就强调非常好打理；如果有干洗等要求，就强调面料很好，所以需要干洗。 （7）尺码推荐：首先介绍大致的身高体重区间，然后再补充特别尺寸的推荐，还可以让粉丝报身高体重，快速地推荐尺码。 （8）穿着展示：在模特条件较好的情况下，尽量提供给偏矮、偏胖的人群穿搭样子的展示，这有利于减少退单率。 （9）成本&工艺：无论实际利润如何，尽量强调价格是因为工艺和成本产生的，尤其价格偏高的商品，强调一分钱一分货	7分钟
价格优惠	原价××元，现价××元，直降××元	0.5分钟
库存	库存有×××件，售完之后大约要等××天，大家如果想买的话就赶紧下单	0.5分钟
包邮信息	包邮，×××快递,××小时发货，商品送达过程中若有损坏全额退款	0.5分钟
品牌信息	介绍××商家有什么资质，有什么优势，必要时可以提供源头工厂的图片	1分钟
历史评价&销量	历史销量××，提供销量截图；念2~5段消费者评论，提供评价截图（注意给消费者信息打马赛克）	0.5分钟

即学即练

选择一款家乡的农特产品，参考表7-5和表7-6的示例，撰写单品直播脚本及设计话术整理成表格。

2. 整场直播脚本

整场直播脚本就是以整场直播为单位，规范正常直播节奏流程和内容的脚本。整场直播脚本的撰写略为复杂，一般包含时间、地点、直播主题、主播、参与人员、预告文案等要素。表7-7是一般直播间的整场直播脚本样式示例。

表 7－7 整场直播脚本样表

具体信息：

时间	
地点	
主题	
主播	
参与人员	
预告文案	
注意事项	

×××××直播脚本

直播流程

序号	开播时间段	时长	模块	商品类型&价格机制设置	奖品要求	互动要求	讲解要求	库存设置
1	00：00－15：00	15分钟	(1) 开场发放小额福利 (2) 串讲全场直播商品	无，此环节不主动售卖商品，以预告为主	建议以小额多量奖品为主，大额优惠券秒杀/小额红包	人设铺垫2至5分钟	(1) 样品展示：展示尽可能多的样品 (2) 重复重点：主推爆款有哪些，几号链接是什么商品，点击几号链接 (3) 商品答疑：一句话回答，不详细讲解	库存控制：全量商品上架，但先不释放库存（设置成本可下单）
……								

根据整场直播脚本，直播流程环节一般包括：①开场预热，介绍自己，欢迎粉丝以及介绍今日直播主题。②话题引入，可以根据直播主题或当前热点事件切入，活跃直播间气氛，调动粉丝情绪。③商品介绍，介绍商品单品脚本，重点突出商品性能优势和价格优势（直播间活动）。④粉丝互动，直播间福利留人，点关注、送礼、抽奖、催单话术、穿插回答问题等。⑤结束预告，回顾整场商品；感谢粉丝，引导关注；预告下次直播时间、福利和商品活动。

表7-8是一场65分钟的直播间互动话术框架流程。

表7-8 直播间互动话术框架流程

时间段	环节	目的与作用	重点
1~2分钟	开播环节	暖场	欢迎粉丝、介绍主题和福利
2~20分钟	活动环节	留人，提升在线人气与成交数据	把控讲解活动力度，拿出成交率高的畅销款、利润款、福利款商品轮流互动
20~50分钟	正常过款环节	关注利润与成交额（GMV）	正常过款，每个单品控制在4~5分钟
55~65分钟	提升在线人气与成交数据	提升在线人气与成交数据	整点活动、抽福袋、引流款、提醒付款

任务7.4 实施直播活动

在完成直播活动准备和策划工作后，就可以正式开始直播了。在实施直播活动的过程中，团队要关注直播间的权重，了解大数据分析对直播表现做出的客观评价。不同的平台对于直播权重的算法略有不同，但大多分为两类：一是静态权重，二是动态权重。直播间权重的高低是对主播及团队本次直播效果的定量评价，会影响平台对直播间下一次直播的曝光及流量分配情况。

静态权重包含直播过程中需要做好的准备工作，包括直播链接的封面、标题、标签、预告以及是否能稳定开播等。提升静态权重相对比较简单，只要完成相应指标就可以实现。动态权重是指平台根据直播间的各项实时数据对直播表现做出的评分，主要包括在线数据、留存数据和转换数据三大类，提升动态权重比较复杂，所涉及的因素较多。

实施直播活动本质上就是一个不断提升直播间权重的过程。权重提升的关键在于直播引流的方式，首先要解决的是直播间的人气问题。

7.4.1　直播间引流路径

直播平台是由算法驱动的，只有不断地传递给平台正向数据反馈，直播间在在线、留存和转化数据才有可能越做越好，直播间的权重才能越做越高。

1. 预告短视频引流

如果想获得更多的自然流量，直播团队可以在同一直播平台发布直播预告短视频来吸引用户的关注，告知用户直播开始时间、直播主题等关键信息，这是目前的最大入口。必要时可以借助其他增粉工具，如购买官方流量进行助推，增加短视频曝光度。这是直播前期预热引流工作的重要环节。

直播团队可以准备多条直播间预热引流短视频。一般来说，优质视频预热技巧有以下几点：

（1）要符合账号定位，注重内容创作。它不能只是一个单纯的预热视频，也不能只展示直播间的信息或者商品信息，可以是有趣的直播花絮或者是直播前的团队选品故事等，以吸引粉丝关注。

（2）侧重打造个人IP，通过有吸引力、有魅力的人设吸引粉丝的关注。

通常在直播前一周内发布直播预告短视频。引导粉丝在评论区或者个人主页里查看直播的相关信息。发布视频的目的不仅是引流，更是通过引流获取更多的流量。直播团队先通过评论吸引用户关注账户，然后再引导用户进入直播间。

2. 个人主页引流

个人主页是直播间的主要引流入口。直播团队可通过设置提醒已关注账号的粉丝进入直播间，由于粉丝对主播已经有了初步的了解和信任，因此更容易产生转化。建议配合直播预告短视频的预热节奏，在主播个人主页上完成相关要素的设置，完成引流工作。

个人主页包括三大要素：个人昵称、个人简介、主页背景图。

（1）个人昵称。在个人昵称里主要写一些关键的核心信息，展示直播时间和直播间最大的亮点。例如：昵称+5月1日晚8:00新品直播（全场秒杀价）。

（2）个人简介。在个人简介处添加直播预告，可包括直播主题、直播时间、直播商品、优惠福利等信息。

（3）主页背景图。在主页背景图上可设置直播时间、直播主题和直播福利。

以上三个要素要进行搭配设置，如果个人昵称和个人简介里都包含了直播时间，那么在主页背景图中就可以强调直播的其他信息，不用重复说明。此外，也可以固定直播时间并展示在个人主页上，这样可以更好地培养用户观看直播的习惯，增强粉丝黏性，也更容易被平台识别为优质主播，获得更多的流量支持。

3. 站外平台引流

除了在选定的直播平台预热，还可以将预热信息发布到其他站外平台，如在直播之前将主播的抖音发布到微信朋友圈、微博等平台进行预告。尤其是主播及直播团队已在其他平台拥有较大的粉丝群体时，就更要充分利用私域流量，通过固定直播时间、培养粉丝观看直播习惯来稳定每一次直播的站外引流。在用户从站外流入直播间，拉升直播间人气后，直播平台会得到正向反馈，进而给直播间分配更多的公域流量，提升直播间权重。

另外，团队还可以选择一些与直播商品相关的垂直类平台合作。如果直播商品为母婴商品，就可以选择和母婴类垂直电商或论坛等合作，利用第三方平台宣传，精准吸引更多用户进入直播间。

4. 直播间引流

当主播及直播团队开启直播后，游客一进入直播间，就会看到头像、封面、标题、话题、城市位置等信息。

（1）设计与直播内容相关的封面，清晰传达直播间的卖点。直播团队可以直接使用大促海报，强调直播间的福利优惠等信息。如果直播团队前期已开展过直播并获得了稳定的流量，则可以继续沿用之前的封面设计；也可以尝试切换不同的封面类型，提高新鲜感。

（2）设置有吸引力的话题关键字，当用户搜索这些关键字时，可以增加直播间曝光的概率，如"#家具大促""#家庭教育""#推荐好物"等。团队可以任意选择与直播内容匹配且播放量靠前的几个话题关键字，也可以自定义话题关键字。

（3）打开同城设置，直播平台会将直播间投放到同城流量池里，从而获得更多的本地免费公域流量。

（4）在直播过程中可以对下次直播活动进行预热，增加下一场直播的人气。这是一些头部主播经常使用的方式。

人设打造能让主播的定位更加鲜明和立体，让粉丝通过关键词句加强记忆。常见维度包括以下几个。

1. 主播定位

主播可以从自身的性格、兴趣爱好、职业经历、专业方向、人生阅历、家庭背景，以及地域文化等方面入手进行打造。一旦明确了自身定位，直播话术和商品的销售逻辑都应该以这个定位为基础。

2. 主播昵称和直播间名称

主播在取名时应遵循人设定位，确保简单好记。定位明确的主播昵称或直播间名称可以帮助主播剔除一部分无效流量。当用户看到主播昵称或直播间名称与自己感兴趣的方向不符时，就不会进入直播间或者关注该直播；反之，能够进入直播间或者关注主播的用户一定是意向较高的用户。

3. 粉丝昵称、粉丝团昵称、粉丝群名称

主播们要给粉丝、粉丝团取一个专属名称，这样可以更好地维系自己和粉丝的关系。例如，在快手平台，主播们都把自己的粉丝称为"家人"，还纷纷使用各种数字昵称。

4. 自我介绍

好的自我介绍能够赢得粉丝的信任和共鸣，介绍内容可以包括主播的学习背景、工作背景、职业经历、爱好、情感和观点等，这些内容可以让主播的人设显得更加立体和饱满。

5. 直播间介绍和欢迎语

每个直播间的定位都不相同，一个简明扼要的介绍可以准确地把自己直播间的信息传达给新粉丝。另外，每一位主播都需要设计一套独特的欢迎语，因为留住观众永远是主播的一项重要工作。

7.4.2　直播间互动管理

直播开始后，直播平台会先根据账号权重分配部分初始流量，采用冷启动的方式。然后，根据这部分用户的反馈（如点赞率、评论率、分享率等）决定是否将其推

荐到下一个流量池。若数据达到晋级标准，平台就会将直播间推荐给更多的用户。以此类推，直播间可以一级一级地进入更大的流量池。如果直播间没有完成一定的互动任务，则会被系统判定为权重不高，停止分享。

因此，一场成功的直播，必然是一场强互动的直播。主播及直播团队要在直播过程中积极引导粉丝互动，调动粉丝的积极性，增强参与感，提升观看人数、评论数等直播间数据，以期获得更好的直播效果。

1. 欢迎互动

对每一个进入直播间的游客或者粉丝，主播要用热情的话术和动作欢迎进入直播间的观众。如果是已加入粉丝团的粉丝，最好能称呼粉丝的昵称，给其一种亲切感和归属感，让所有粉丝感觉被重视；如果是新人用户，可以加点小互动，如你是第一次来嘛？同时邀请新人用户关注主播。在此过程中，也可以用几句话简单明了地介绍本次直播主题等信息。

2. 点赞互动

直播获得粉丝和观众的点赞，说明直播间互动频繁。一般点赞数越多，主播的排名就越靠前，直播间的流量和权重就越高；同时转化率就会越高，也更容易成交。由此可见，点赞互动对于直播间而言非常重要。主播可以利用一些小技巧和粉丝互动，比如点赞数达到某一个具体数值时，可以组织抽奖或者是发放福利等。点过赞的用户，大多也愿意在直播间停留，与主播互动，参与抽奖。

3. 关注互动

新用户进入直播间后，大概过1~2分钟的时间主播就要去提醒他们点击关注或者加入粉丝团。同时，在直播过程中，主播每隔一段时间就要提醒未关注的用户点击关注，同时要详细讲解关注主播的流程。当用户点击关注后，直播平台的公域流量就转化成了主播的私域流量。之后，直播团队就可以在开播之前发布直播预告告知粉丝，进行直播预热，让粉丝在直播的时候参与进来。

4. 评论互动

如果粉丝对直播内容有疑问，就会直接在直播间进行评论提问，主播需要时刻关注评论区，可以直接说话回复，也可以安排助播在评论区打字回应。当粉丝的问题具有代表性时，主播的回复同时也回答了有其他类似疑问的用户。因此，在介绍完单品之后主播最好预留一点时间，专门回答评论区的粉丝问题。如果有需要，主播还可以直接在评论区提问，比如问大家都来自哪里？吸引粉丝互动，迅速提升直播间的活跃气氛。

5. 福利互动

直播福利有福袋抽奖、整点抽奖、问答抽奖、红包抽奖、下单抽奖等。直播发放福利环节是直播间人气最高的时候，因此，主播和直播团队在策划一场直播时，需要提前制定好福利互动环节以及具体规则，如在开播前说明各项福利内容及其发放的时间节点，吸引用户停留或者到点返回，提高直播间人气。

职场零距离

网络直播须有德

由于网络直播门槛低、成名快，各大"网红主播"充斥众多社交网络平台，其中不乏为名利背离传统道德底线的做法，与正能量的道德素养相悖。甚至有一些网络主播，为获得观众的点击打赏，毫无道德底线，不顾自身形象和社会影响，以低俗、丑陋的方式进行直播，严重违反了道德准则，污染了网络空间，给社会风气带来不良影响。

基于此，要给网络主播戴上"紧箍咒"，给网络直播立规矩、画红线，让网络直播这一技术拓展的新空间成为传递正能量的重要媒介。

在直播中，主播要用真情实感与用户互动，避免过度煽情甚至道德绑架，不故意夸大甚至编造客观事实，不诱导消费，以"情感陪伴＋需求满足"提升用户黏性。

主播作为公众人物，在直播间进行商品营销推广时，往往更容易因其"流量效应"获取网络关注，促进商品销售。因此，一旦主播滥用其光环效应，就容易做出损害消费者利益的行为。所以，主播要重视个人良好信誉，构建自己的权威性和公信度，本着为用户负责的态度，着眼满足用户需求，用货真价实的商品和内容的真实可信吸引和留住用户。网络直播应有德。

主播作为直播内容的创造者和传播者，应学习贯彻党的二十大精神，共同推动良好网络生态的建设。

7.4.3　直播复盘

直播复盘是指对直播内容的效果、观众互动情况等方面进行分析和总结的过程，其目的是帮助直播团队找出其中的问题和不足，提高下一场直播的效果。

1. 直播过程复盘

一场成功的直播，一定是所有团队成员共同配合的结果。只有运营、主播、选品、场控、客服等环节环环相扣，才能保证直播顺畅进行。因此，在进行直播复盘时，每个环节都应该参与，除了复盘分内工作的成效，也需要讨论整体配合中出现的问题。直播过程复盘内容如表7-9所示。

表7-9　直播过程复盘内容

角色	复盘方向	复盘内容
运营	直播效果	直播间场景搭建、直播实时目标关注、直播热度变化、突发事件预警能力
主播	直播状态	直播脚本、各种话术，以及控场能力
副播	与主播配合	制造话题，烘托气氛，及时响应粉丝要求，解决粉丝问题
中控	与主播配合	负责后台的操作，包括商品上下架、价格及库存的修改、优惠券的发放、实时问题出现后及时做数据记录
选品	直播效果	确保选品合理，利润款、引流款、福利款商品的结构合理，过款流程顺畅
投手	投放效果	负责预热视频的准备和发布，以及付费流量的投放操盘问题
客服	与主播配合	提供活动福利说明，确保客服预案完备

同时，直播团队还需要对直播间的粉丝提出的问题进行汇总整理，再据此共同对直播话术等方面的内容进行优化。

直播团队对整个直播项目全过程复盘的汇总表样式可参考表7-10。

表7-10　直播过程复盘汇总表

直播日期				直播商品		参与人员		
阶段	类型	事项	负责人	工作内容及问题	发现问题时间	具体问题	解决方案	优化措施
筹备阶段								
前期准备								
实施阶段								

2. 直播数据分析

（1）直播流量数据。直播间的流量来源可通过直播平台数据大盘的流量详情查看，流量来源可以帮助直播团队分析出各个渠道流量来源的占比。如果一场直播流量很大，但粉丝增长情况没有达到预期，多半是因为流量来源不够精准。下次直播时，直播团队可以有针对性地做好引流，获取精准流量，提高转化率。

以抖音平台为例，直播流量入口主要有关注页、直播广场、视频推荐等渠道。直播在线观看人数主要来源于关注页，属于私域流量；直播广场和视频推荐属于系统推荐的自然流量，往往取决于直播间的实时数据，包括封面点击率、在线人数、在线互动数（包括在线点赞量、在线礼物数、在线评论数）、平均停留时长，以及直播时长。其中，在线人数决定了直播间所在的流量层级。平均停留时长反映的是直播内容的吸引力，平均停留时长越长，说明观众对直播间的兴趣越大，这一般取决于选品能力和主播的留人能力。

直播团队要对这些直播基础数据进行深入分析，及时调整直播方向，给推荐算法提供足够多的数据反馈，以提高直播的效果和收益。

（2）直播电商数据。在一场直播带货中，主播和直播团队需要关注商品展示次数、商品点击次数、橱窗访问次数、付款率等数据，其中付款率最重要。

① 商品展示次数。指商品曝光给用户的次数。直播间内的评论、用户点进购物车浏览商品都算是有效展示，计入该数据。

② 商品点击次数。指用户点击进入商品详情页面的次数，代表主播的引导能力和商品的吸引力。如果商品展示次数为1 000，但商品点击次数却为0，说明用户没有下一步点击行为，原因可能是主播的引导能力不够，商品缺乏吸引力，更深层的原因可能是账号的粉丝画像与直播间的商品不契合。

③ 橱窗访问次数。橱窗的入口一般在主页和商品详情页的右上角，通过此数据可以统计有多少人访问了橱窗。

④ 付款率。指付款人数占直播间下单人数的比率。如果直播间有100人下单，仅有10人付款，就说明付款率偏低，付款率低于2/3时一般可说明直播转化率不合格。

对应地，直播间主要问题分析如表7-11所示。

表7-11　直播间主要问题分析

现象	可能存在的原因	优化
流量差	1. 私域流量不够 2. 公域流量没有流量权重 3. 终端传达页信息不精准	优化引流。主要是付费流量和免费私域流量优化，或者可以依靠主播的IP流量、站外流量优化
互动率低	不具备娱乐性、知识性，没有带入感，直播无节奏	提升主播控场能力，增强互动

现象	可能存在的原因	优化
停留时间过短	直播内容无趣，主播没有激情，节奏过慢；存在和自己同类别的竞品大主播	1. 错开高峰，避免与大主播同时段直播； 2. 提高主播话术水平和控场能力； 3. 优化直播间场景布置
成交低或者客单价低	用户对主播缺乏信任	1. 坚持在固定时间持续直播，提升用户对主播的信任； 2. 提升主播的个人影响力
转化率低	存在选品、比价问题，定位不精准，卖点形容不突出	1. 分析粉丝画像； 2. 更新商品活动

项目考核

一、单项选择题

1. 属于电商直播平台的是（　　）。

　　A. 淘宝　　　　　B. 哔哩哔哩　　　　　C. 爱奇艺　　　　　D. 抖音

2. 在直播团队中，（　　）岗位负责直播间竞价投放，流量检测及监控等工作。

　　A. 运营　　　　　B. 主播　　　　　C. 投放　　　　　D. 场控

3. 直播间引流目前主要的入口是（　　）。

　　A. 个人主页　　　B. 预告短视频　　　C. 站外平台　　　D. 直播间

4. AFX排品策略中的A是指（　　）。

　　A. 爆品/正价品　　B. 低价福利品　　　C. 测试品　　　　D. 利润品

5. 直播团队不可以通过（　　）来了解当前热点，进而确定直播主题。

　　A. 微博热搜　　　B. 头条热榜　　　C. 经典名著　　　D. 知乎热榜

二、多项选择题

1. 内容电商平台包括（　　　　）。

　　A. 淘宝　　　　　B. 京东　　　　　C. 快手　　　　　D. 抖音

2. 直播团队模式包括（　　　　）。

    A. 达人模式　　　　B. 单人模式　　　　　　C. 商家模式　　　　　　D. 多人模式

3. 直播选品的原则有（　　　　）。

    A. 专业　　　　　　B. 品质　　　　　　　　C. 价格　　　　　　　　D. 保障

4. 直播间的曝光量高而点击率低，可能的原因包括（　　　　）。

    A. 商品缺乏吸引力　　　　　　　　　　　B. 主播的引导能力不够

    C. 粉丝画像出现偏差　　　　　　　　　　D. 直播间背景嘈杂

5. 直播复盘包括（　　　　）。

    A. 过程复盘　　　　B. 人员复盘　　　　　　C. 数据复盘　　　　　　D. 用户复盘

三、判断题

1. 在抖音平台上可以"零粉丝、零作品"地开通带货直播。（　　　）

2. 主播是一场直播的总导演。（　　　）

3. 直播背景建议使用干净明亮的白色。（　　　）

4. 直播团队的直播目标与账号所处阶段无关。（　　　）

5. 在一场直播带货中，最重要的数据就是商品展示次数。（　　　）

四、案例分析题

农村电商直播中的选品问题

    农村直播电商中的选品是区别于其他一般直播电商最大的不同点，同时也存在较为突出的问题，主要有以下几点。

1. 农产品种类单一

    农产品极易受季节及气候限制，灵活性较小，容易出现无法及时供应或者无货可卖的问题。由于货物种类单一，也无法满足消费者的多样需求，导致目标市场范围较小。

2. 农产品标准化程度低

    农产品是非工业化生产的产品，自然环境因素、种植养殖方式等方面的差异都会造成农产品品质方面的参差不齐。大部分农产品都是原生态的，很难有统一的质量标准来衡量其品质。缺乏质量标准使得相关监察部门无法对农产品进行充分的食品安全监督，导致农产品存在质量隐患。

3. 物流网络和产业服务机制要求高

与其他产品不同，因为生化性能不够稳定，农产品对存储及配送要求极高，处理不当就会造成新鲜度下降甚至腐烂的问题。相应地，农产品直播销售需要配套较高水平的物流供应链技术。

（资料来源：湖南省农业产业化协会报道。）

问题：

面对农村电商直播中的选品问题，可以从哪几个方面优化？

项目实践：身边好物分享直播

一、实训目的

1. 体验直播的全流程内容。

2. 培养学生的团队协作能力。

二、实训要求

1. 一周内完成实训。

2. 按照实训成果提交内容。

三、实训组织

学生在教师指导下以团队为单位开展实训。

四、实训内容

1. 3~4人组队，根据直播工作流程进行团队分工。

2. 选择直播平台，开通直播权限。

3. 选择身边的好物，至少10种（如美食、护肤品、图书等）。

4. 撰写单品及整场直播脚本，完成直播策划。

5. 多途径预热直播。

6. 完成一场不少于40分钟的直播带货。

7. 完成直播复盘。

五、实训成果

1. 提交直播工作任务分工表，样式如表7-12所示。

表7-12 直播工作任务分工表

序号	岗位名称	工作内容	姓名

2. 提交填写好的整场直播脚本样表，样式见表7-7。

3. 整理并提交直播数据及简要分析结果报告。

4. 完成直播数据复盘，包括过程复盘和数据复盘，样式参看表7-10和表7-11。

项 目 八

新媒体运营数据分析

学习目标

素养目标

- 培养求真求实、科学严谨的新媒体数据意识
- 培养严谨、理性的新媒体数据分析思维
- 培养遵循法律规范和道德准则的新媒体数据责任

知识目标

- 了解新媒体数据分析的意义
- 掌握新媒体运营数据的来源
- 熟悉新媒体运营数据分析的工具和方法
- 掌握主流新媒体运营平台数据分析的内容

能力目标

- 能够收集不同来源的新媒体数据
- 能够使用分析工具进行新媒体数据分析与处理
- 能够对新媒体运营数据对象进行有效分析

思维导图

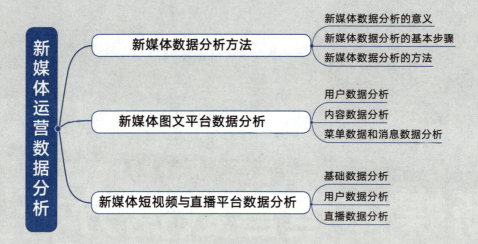

新媒体运营数据分析

新媒体数据分析方法
- 新媒体数据分析的意义
- 新媒体数据分析的基本步骤
- 新媒体数据分析的方法

新媒体图文平台数据分析
- 用户数据分析
- 内容数据分析
- 菜单数据和消息数据分析

新媒体短视频与直播平台数据分析
- 基础数据分析
- 用户数据分析
- 直播数据分析

学习计划

■ 素养提升计划

_____

_____

■ 知识学习计划

_____

_____

■ 技能训练计划

_____

_____

数实融合新视界

西湖文化广场数据分析

西湖文化广场是大运河沿线重要的公共空间，为解决空间品质优化和整治的一些突出问题，提高知名度，推广运河文化，浙江省启动了公益技术研究计划项目。

该项目通过对"大众点评网"的杭州"周边游"进行数据收集，获取了西湖文化广场2013年至2020年的评价信息，包括用户性别、地域、点评文本内容、评价星级、评价时间等信息。通过研究发现，用户给予积极评论的主要高频词集中在交通便利性、运河、广场内的大型公共建筑（如博物馆）等，而对公共服务设施的消极评论较多。从人群属性方面来看，男性与女性在评分星级上没有明显区别，但是关注点有所不同，男性对于"运河""运河文化""西湖文化""吴越文化"关注度要高于女性；在场地活动方面，女性对于"散步""广场舞健身"的关注要高于男性，男性更加关注"娱乐""游玩""展览"等活动。对不同来源地点的评论者来说，相较于本地游客，外地游客对"博物馆""科技馆"更为关注，本地游客对与日常生活联系更为紧密的电影院、超市、书城等有更强的偏好。

管理服务水平、配套设施维护与运营是影响评价的关键因素，不同来源的游客关注偏好差别较大。游客对"运河文化"等非物质文化关注度不高，因此，"运河文化"的宣传和推广需要被重点关注。同时，要充分考虑居民及游客的不同需求，加强文化广场的管理与维护。

如今，西湖文化广场积极推动着杭州市的文化事业发展，每年都会举办各种文化活动，吸引了大量的游客。同时注重商业营销，与周边商业机构合作，成了杭州市重要的商业中心。在传承文化遗产方面，西湖文化广场采取了多种方式。例如，西湖文化广场的展览馆每年都会举办文化遗产展览，让游客了解传统文化遗产的重要性。除了文化遗产传承，西湖文化广场也强调文化创新。为了迎合市场需求和观众口味，积极创新文化产品，开展新的文化体验活动，如数字艺术展、互动式艺术演出等。这些新型文化产品以其独特的表现手法和视觉效果，吸引了更多年轻人的关注和支持。

案例启示：

党的二十大报告强调"健全现代文化产业体系和市场体系，实施重大文化产业项目带动战略。加大文物和文化遗产保护力度，加强城乡建设中历史文化保护传承，建好用好国家文化公园。"西湖文化广场是大运河文化带和大运河国家文化公园建设的重要组成部分，借助于新媒体数据分析，管理和规划部门能更全面地了解场地的使用情况，更精准地解决问题，提升公园品质。新媒体的运营者同样需要利用新媒体数据分析工具深度挖掘新媒体用户数据，赋能内容生产，精准优化新媒体营销方案。

任务8.1　新媒体数据分析方法

8.1.1　新媒体数据分析的意义

随着新媒体运营不断被企业推广和应用，企业早期的运营方式已不再适用于当今的新媒体环境，只有通过数据分析才能更好地掌握用户需求，发现问题并调整策略，从而提升运营效果。因此，全面了解新媒体数据并进行有效分析对企业而言有着重要作用。

1. 了解运营状况

对于新媒体运营数据，不同平台的关注点有所不同。例如，微信公众号运营者主要关注微信公众号粉丝数据，因为没有足够的粉丝群体，微信公众号的运营也就没有意义。当运营者推出新的新媒体活动后，用户数量的变化能够反映出活动的效果，运营者就可以据此来总结经验，调整运营策略。

即学即练

某学院于5月组织社团活动并推广其微信公众号。活动结束后运营团队查看了1—5月的微信公众号关注人数增加情况，如图8-1所示。

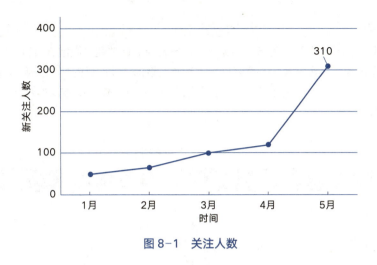

图 8-1 关注人数

试分析：本次社团活动对其公众号粉丝增长是否有用？

2. 掌握运营趋势

运营者可以通过相关网站查看网络热点，从而判断其新媒体运营中的活动、内容及推广是否结合了热点话题。以百度指数为例，可在百度指数查询栏中输入要查询的热点关键词进行搜索。例如，某热门电视剧的搜索指数趋势如图8-2所示。

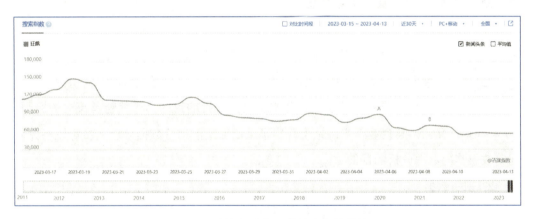

图 8-2 某热门电视剧的搜索指数趋势

3. 评估运营方案

新媒体运营方案需要通过客观、真实的数据来评估其可行性和有效性。通过数据分析可以发现方案在实际执行过程中遇到的问题，为优化运营方案提供有效的参考依据。例如，可用某渠道的推广费用除以销售数量，计算该渠道的单件新品推广成本；也可比较不同渠道的单件新品推广成本，评估渠道的有效性。

即学即练

某企业新媒体部门在制定其新产品运营推广方案时，计划通过微信、抖音、官方网站和微博4种渠道推广。运营推广方案实施后，运营团队对4种渠道的推广费用和销售数量进行了统计，如表8-1所示。试计算单件新品推广成本并评估：在本次推广方案中，哪个渠道最有效？

表8-1　运营数据统计

渠道	推广费用/元	销售数量/件	单件新品推广成本/元
微信	9 000	200	
抖音	10 000	360	
网站	5 000	15	
微博	10 500	120	

8.1.2　新媒体数据分析的基本步骤

一般来说，新媒体数据分析大致可以分为五个步骤，分别是明确目的、采集数据、处理数据、分析数据和归纳数据。

1. 明确目的

常见的数据
采集渠道

数据分析人员首先要在数据分析中提炼出需要解决的具体问题，然后推导出数据分析的目的。例如，某微信公众号最近粉丝流失情况比较严重，数据分析人员便可明确本次数据分析的目的为寻找粉丝流失的原因；又如，某企业官方网站上开展了某项促销活动，数据分析人员可以将评估促销效果作为数据分析的目的。

2. 采集数据

新媒体数据采集的方法主要有以下三种：

（1）通过新媒体平台后台采集数据。在新媒体平台的后台，一般都自带分析工具。数据分析人员可以在后台直观地查看用户变化、互动等新媒体数据。

（2）通过第三方平台的数据统计工具采集数据。第三方平台指的是非官方平台自带的、需要官方平台授权才能使用的数据平台。常见的第三方平台有飞瓜数据、新榜数据、西瓜数据等。

（3）人工手动统计采集数据。例如，人工手动统计那些新媒体平台及第三方平台无法统计的数据，然后进行分类汇总与分析。另外，微博、微信公众号、今日头条等平台可支持部分数据的导出，待导出并保存至本地计算机之后，再利用相关软件根据需要对数据进行个性化分析。

3. 处理数据

在采集之后，数据分析人员得到了一系列数据，但这些数据往往包含不需要或者无效的内容，需要对其进行处理，得到可被用于分析的有效数据。处理数据通常包括删除、合并及组合。

即学即练

某企业新媒体部门需对本周其官方网站的访问情况进行统计分析，如表8-2所示。其中哪些数据可以进行合并及组合？

表8-2 某网站访问统计数据

日期	首页访问量	访问高峰时段	内页访问量	访客地区
5月1日	1 743	18：00-19：00	1 177	九江市
5月2日	1 959	19：00-20：00	1 168	九江市
5月3日	1 745	19：00-20：00	1 082	九江市
5月4日	1 950	19：00-20：00	1 090	九江市
5月5日	1 133	19：00-20：00	1 014	九江市
5月6日	1 085	18：00-19：00	1 001	九江市
5月7日	1 668	18：00-19：00	1 180	九江市

4. 分析数据

常见的新媒体数据分析方式主要有流量分析、销售分析、内容分析和执行分析。

（1）流量分析。主要通过对网站和移动端的访问量、访问时间、跳出率、表单访问量等数据进行分析。

（2）销售分析。主要是对互联网销售情况的相关数据进行分析，包括支付比例、订单数量、复购率等。

（3）内容分析。主要指对新媒体平台发布的内容数据进行统计分析，包括微博转发量、微信公众号阅读量、头条号文章推荐量等。通过内容分析可以有效地帮助新媒体运营人员对文章内容及标题进行优化。

（4）执行分析。主要指对新媒体营销人员的日常工作执行数据进行统计与评估，包括发布频率、内容质量、客服响应率等。以此来分析新媒体运营工作是否有效率。

5. 归纳数据

在数据分析完毕之后，还需要总结归纳数据。具体包括分析新媒体营销的结果、总结新媒体营销规律、制订新媒体营销计划等。

8.1.3 新媒体数据分析的方法

常见的新媒体数据分析方法主要有直接评判法、对比分析法、结构分析法、矩阵分析法、漏斗图分析法、雷达图分析法、回归分析法等。

1. 直接评判法

直接评判法指营销人员根据以往的经验直接判断所分析数据的好坏。一般来说，直接评判法应满足以下两个条件：

第一，营销人员要有丰富的新媒体运营经验，可以对相应指标进行正确的评估。

第二，经过加工处理后的数据要直观，可以直接反映出某项数据的优劣。例如，某企业新媒体营销部门于5月对其微信公众号进行了线下推广，如图8-3所示。可以看出，该公众号5月的新增关注人数远超之前，因此，可以直接利用该数据评估本次

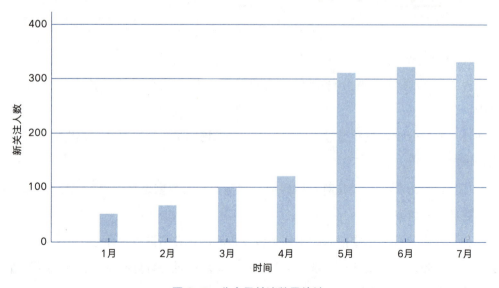

图8-3　公众号关注数量统计

推广活动的效果。

2. 对比分析法

对比分析法指将两个或两个以上的数据进行对比，分析差异，寻找规律。对比分析法包括横向对比和纵向对比。横向对比指的是同一时间段不同指标的对比；而纵向对比指的是不同时间段同一指标的对比。

例如，甲公司是一家成人教育培训机构，其新媒体运营团队进行同行业当月口碑调研并整理，结果如表8-3所示。

表8-3　同行业当月口碑对比

公司	通过率好评数	服务好评数	价格好评数
甲	736	1 000	298
乙	511	968	415
丙	420	521	501

通过对比发现，该机构在"通过率"和"服务"方面的口碑要优于同行，而在"价格"方面的口碑不及同行。因此，该机构接下来可重点进行关于"价格"的口碑推广。

3. 结构分析法

结构分析法指先通过一定的指标，将对象进行统计分组，然后将组内数据与总体数据进行分析对比的一种方法。例如，新媒体运营团队可以统计粉丝的年龄段及其占比情况，结果如图8-4所示。

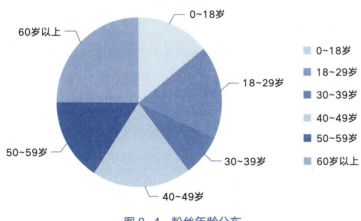

图8-4　粉丝年龄分布

4. 矩阵分析法

矩阵分析法以两个主要的数据指标作为分析维度，将此作为坐标轴构成4个象限，为新媒体运营提供数据参考，如图8-5所示。例如，某餐饮企业的美团评价分析可以利用矩阵分析法重点关注"普遍且重要"的事项。

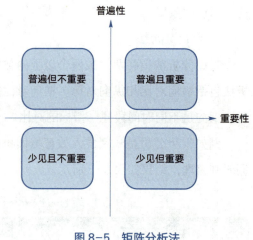

图8-5　矩阵分析法

5. 漏斗图分析法

漏斗图分析法指通过对新媒体营销各个环节的流程进行逐层分析，展示流程中每个步骤的转化情况。例如，某企业的新媒体营销转化率数据如图8-6所示。

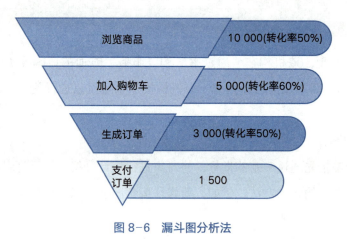

图8-6　漏斗图分析法

6. 雷达图分析法

雷达图常用于指数分析，即从新媒体运营的不同维度计算出客观得分结果，如图8-7所示。雷达图分数越高，说明该维度的运营质量越好，能获得的等级与权益越高。

7. 回归分析法

利用回归分析法预测销量

回归分析法是指通过研究事物发展变化的因果关系来预测事物未来的发展趋势，是研究变量间相互关系的一种定量分析法，又称为回归模型预测法或因果法。

例如，将某图文平台粉丝数据导入Excel，对累计粉丝数进行一元线性回归分析，就可以预测未来某个时间点的粉丝量，如图8-8所示。

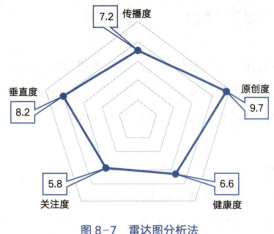

图 8-7　雷达图分析法

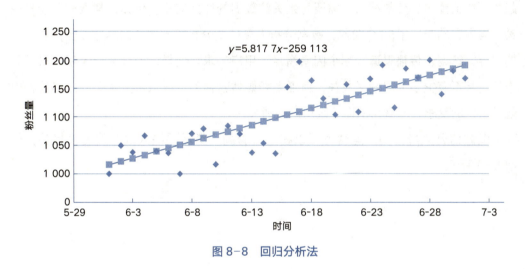

图 8-8　回归分析法

任务8.2　新媒体图文平台数据分析

新媒体图文平台已经成为一种主要的新媒体运营和营销平台,通过该类平台可以实现消息推送、分享、品牌传播等一系列行为活动。其后台数据与用户行为有着密切关系,通过数据分析,能够帮助新媒体运营者发现问题,调整策略,提高运营质量。其数据分析主要包括用户数据分析、内容数据分析、菜单数据分析和消息数据分析。

8.2.1　用户数据分析

在用户数据分析板块，主要是分析用户增长数据和用户属性数据。通过用户增长数据可以了解平台内容对用户的吸引情况、企业产品性价比及企业目标用户群体的获得情况等。通过用户属性数据可以帮助运营者更加聚焦用户群体，对其用户有更精准的分析和了解。

1. 用户增长数据

用户增长数据分析主要有新增关注人数、取消关注人数、净增关注人数和累计关注人数4个指标。其中，新增关注人数值得运营者重点关注，以便准确关注粉丝增长趋势。在监测这部分数据时，需要特别关注数据的突然变化。例如，某微信公众号在某一天内突然新增了50个粉丝，数据分析人员就要分析粉丝增长的具体原因，看当天的内容、选题、传播渠道等哪个因素满足了用户需求。同样，如果某一天新增粉丝数降低，甚至有很多人取消了关注，就需要新媒体营销人员确认当天发布的内容是否引起了用户的反感和不满，从而导致用户取消关注。

以微信公众号为例，运营者可以在后台看到"新增关注人数"的变化趋势，如图 8-9 所示。

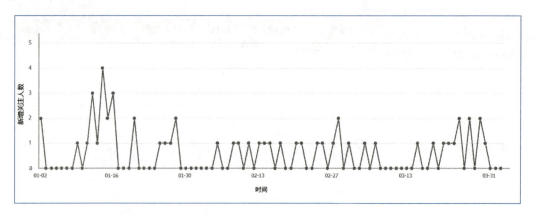

图 8-9　"新增关注人数"的变化趋势

除此以外，运营者还可以查看新增用户的主要来源，如图8-10所示。在图中可以看到，"搜一搜"是该账号新增用户关注的主要渠道。

图文平台账号的主要传播方式有名称搜索、二维码扫描、文章页关注、名片分享、支付后关注等。仍以微信公众号为例，名称搜索指直接在微信中搜索公众号名称

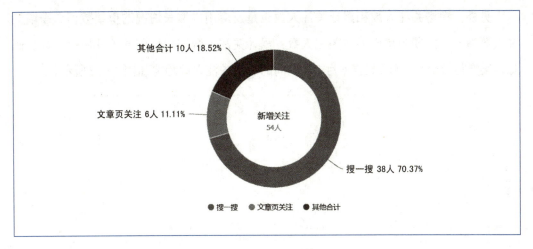

图 8-10　用户增长来源

或微信ID关注。二维码扫描指通过扫描识别微信公众号所对应的二维码进行关注。文章页关注指在文章阅读界面，通过点击右上角按钮后弹出的"查看公众号"进入公众号主页关注。名片分享指通过好友或群内分享的微信公众号名片关注。支付后关注指认证过的服务号开通了微信支付功能后，在微信支付成功的页面会显示其公众号，可直接关注。

　　取消关注人数是运营者需要关注的另一个重要数据，因为获取一个新客户的成本比维护一个老客户的成本要高很多。因此，当出现了取消关注尤其是持续取消关注的情况，运营者就要高度重视，分析原因并加以改善。某微信公众号10月11日至10月20日取消关注人数总数为56人，如图8-11所示，这时候就需要分析用户取消关注的原因。常见原因有对推送消息不感兴趣、帮助他人投票、广告发布频繁、内容没有经常更新等。

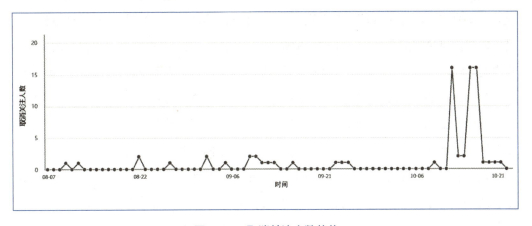

图 8-11　取消关注人数趋势

另外，净增关注人数和累计关注人数也是反应用户增长情况的重要数据。净增关注人数指一定时期内用户的净关注人数，累计关注人数则指目前的关注用户总数。例如，某微信公众号5月1日至6月1日期间的净增关注人数趋势如图8-12所示。

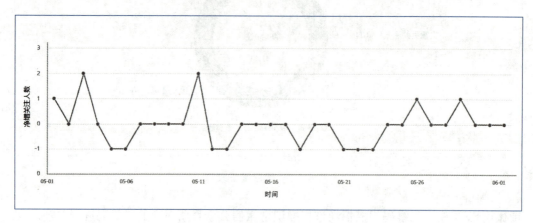

图8-12　净增关注人数趋势

即学即练

通过以下几个场景，试分析判断它们的新增用户的增长来源分别是什么？

- 你的同学觉得"讲故事学营销"这个公众号还不错，让你也打开微信去查找和关注；
- 你的朋友分享了一篇文章给你，你读完后觉得很有启发，所以你关注了该公众号；
- 逛街时你接到一张宣传单，上面显示关注微信公众号可以领取优惠券，你扫码关注了该公众号；
- 购买某商品时，打开微信进行支付，付款成功后顺便关注了该商家的公众号。

2. 用户属性数据

在微信公众号平台的"用户分析"功能中，运营人员通过点击"用户属性"就可以查看、了解用户的分布属性，如性别、年龄、语言、地域（省份、城市）、访问终端等。其中需要重点关注的是性别、年龄、地域和访问终端，因为这些数据可以很好地反映出用户的属性和质量。下面以某微信公众号为例，从上述几个方面进行用户属性数据分析。

（1）用户性别数据分析。该公众号的性别分布数据如图8-13所示。从中可以看出，公众号的男性用户比例要高于女性。运营者要根据公众号的定位来判断其用户性别比例是否合理。在发布图文消息的时候，要考虑不同性别用户的喜好差异。

（2）用户年龄数据分析。用户年龄数据显示在性别数据的下方，如图8-14所示。由于该公众号是一个高校社团公众号，所以从年龄段分布来看，用户主要以学生和教师为主。运营者在发布推广内容的时候要考虑用户的习惯和行为模式。

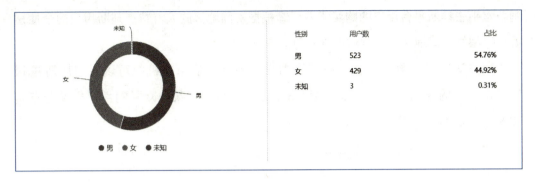

性别	用户数	占比
男	523	54.76%
女	429	44.92%
未知	3	0.31%

图8-13　性别分布数据

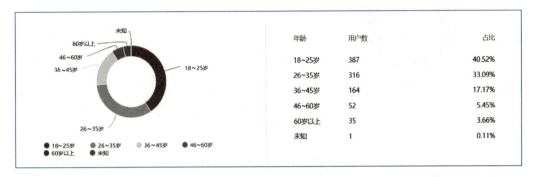

年龄	用户数	占比
18~25岁	387	40.52%
26~35岁	316	33.09%
36~45岁	164	17.17%
46~60岁	52	5.45%
60岁以上	35	3.66%
未知	1	0.11%

图8-14　年龄数据

（3）用户地域数据分析。点击"用户属性"下的"地域属性"即可看到用户的"省份分布"和具体的"地级分布"。图8-15和图8-16分别为某微信公众号的省级和地级的部分数据。

用户地域数据可以为运营者的营销决策提供多方面的参考：①根据不同地区的

省级分布

地域	用户数	占比
江西省	262	33.98%
广东省	116	15.05%
浙江省	77	9.99%
江苏省	35	4.54%
上海市	30	3.89%
河南省	29	3.76%
湖南省	24	3.11%

1/4 　>　 1 　跳转

图8-15　省级数据（部分）

地级分布

江西省 ∨

地域	用户数	占比
南昌	62	23.66%
九江	58	22.14%
赣州	40	15.27%
吉安	26	9.92%
上饶	26	9.92%
抚州	17	6.49%
宜春	11	4.20%

1/2 　>　 1 　跳转

图8-16　地级数据（部分）

消费水平去推断平台用户的购买能力；②根据不同地区的人群特点判断用户的个性喜好；③根据不同地区进行针对地方特色的信息推广。

（4）访问终端数据分析。访问终端也就是用户使用的机型可以对用户质量判断提供一定的帮助，尤其是App或游戏的推广。例如，某公众号的用户机型分布如图8-17所示。

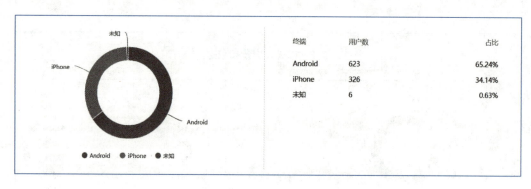

终端	用户数	占比
Android	623	65.24%
iPhone	326	34.14%
未知	6	0.63%

图8-17　用户机型分布数据

即学即练

请结合用户数据分析的相关维度思考，如果希望提高公众号的粉丝质量，可以从哪些方面努力？

8.2.2　内容数据分析

除了用户数据，还有一个很重要的数据板块即内容数据分析，它主要包括群发数据分析和多媒体数据分析。通过分析内容数据，运营者可以更好地进行优质内容推送。

1. 单篇群发

以微信公众号为例，"单篇群发"页面中显示的内容主要有内容标题、时间、阅读次数、分享次数、阅读后关注人数、送达阅读率、阅读完成率等。在操作后台，通过点击"操作"栏下的"详情"可以进入单篇群发数据界面，包括"送达转化""分享转化""数据趋势""阅读完成情况"和"用户画像"几个模块。某账号的送达转化和分享转化的数据分别如图8-18和8-19所示。

数据趋势主要有两个部分，分别是"数据指标"（包括图文阅读和图文分享）和"传播渠道"（包括公众号消息、聊天会话、朋友圈、朋友在看、看一看精选、搜一

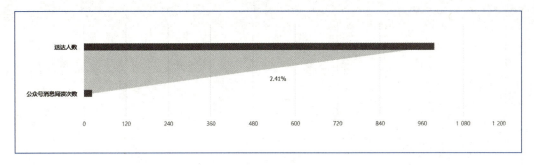

图 8-18 送达转化

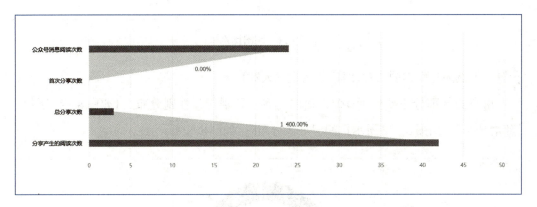

图 8-19 分享转化

搜、公众号主页及其他），如图8-20所示。

阅读完成情况主要包括两个部分，一是跳出比例（滑动到该浏览位置，离开图文消息页的人数/阅读该图文总人数），如图8-21所示；二是仍读比例（滑动到该浏览

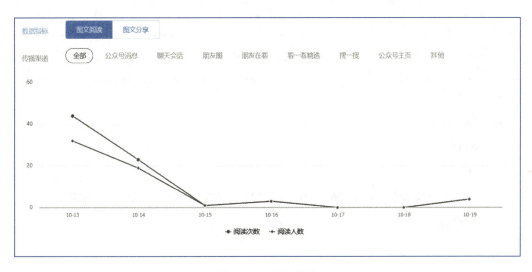

图 8-20 数据趋势

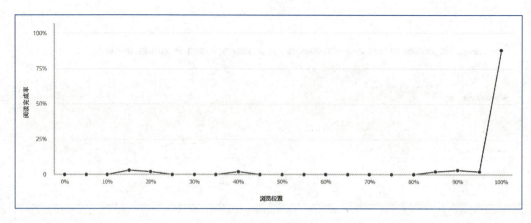

图 8-21　跳出比例

位置，仍然还在阅读的人数/阅读该图文总人数）。

用户画像部分主要包括3个方面的内容，分别是"性别分布"（如图8-22所示）"年龄分布"（如图8-23所示）和"地域分布"（如图8-24所示）。

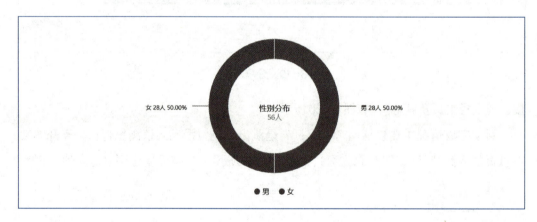

图 8-22　性别分布

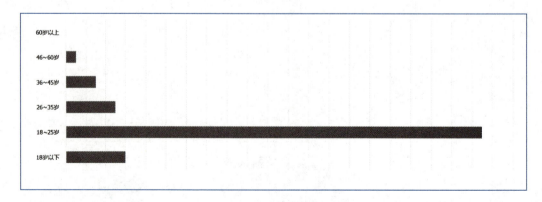

图 8-23　年龄分布

2. 全部群发

在"内容分析"的"群发分析"页面中，可以看到"昨日关键指标"和"数据趋势"两个部分，前者如图8-25所示，主要对"阅读（次）""分享（次）"和"完成阅读（次）"的相关数据进行展示。

在数据趋势部分可以对"数据类型"（日报和小时报）、"数据指标"（阅读、分享、跳转阅读原文、微信收藏和群发篇数）、"数据时间""传播渠道"（公众号信息、聊天会话、朋友圈、朋友在看、看一看精选、搜一搜、公众号主页及其他）进行设置。某公众号的数据趋势和渠道构成分别如图8-26和图8-27所示。

地域	用户数	占比
江西省	36	64%
辽宁省	4	7%
浙江省	4	7%
福建省	2	4%
河南省	2	4%
北京	1	2%
安徽省	1	2%

1 2 3 4 5 ›

图 8-24　地域分布（部分）

图 8-25　昨日关键指标

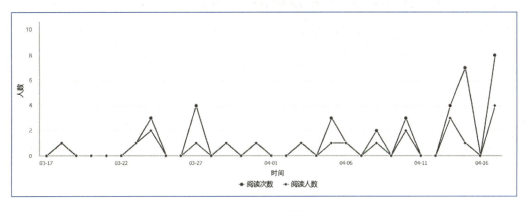

图 8-26　数据趋势

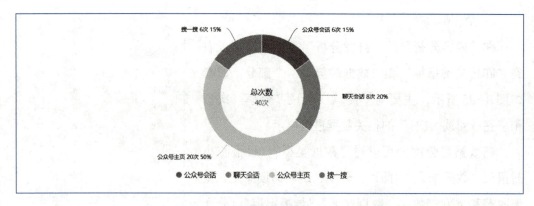

图 8-27　渠道构成

8.2.3　菜单数据和消息数据分析

1. 菜单数据分析

点击菜单分析，可以看到三项昨日关键指标："菜单点击次数""菜单点击人数""人均点击次数"。微信后台可以选择查看近7天、近15天、近30天或者任意某个时间段菜单点击情况的数据。菜单分析如图8-28所示。

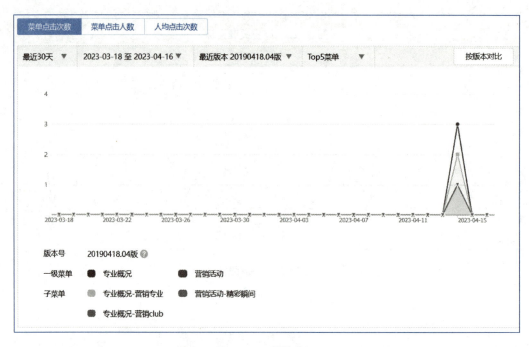

图 8-28　菜单分析

菜单作为用户互动的入口，可以反映出公众号用户的活跃程度，点击次数越多，说明服务覆盖的人群越多；人均点击次数越大，说明用户活跃度越高。

2. 消息数据分析

消息数据分析可分为消息分析和消息关键词两个部分。在"消息分析"中，运营者可以从小时报、日报、周报、月报等时间维度查看消息发送人数、消息发送次数、人均发送次数等数据；还可以选择7日、14日、30日或某个特定的时间段查看。此外，还可以选择按时间对比分析，得到的关键指标趋势如图8-29所示。

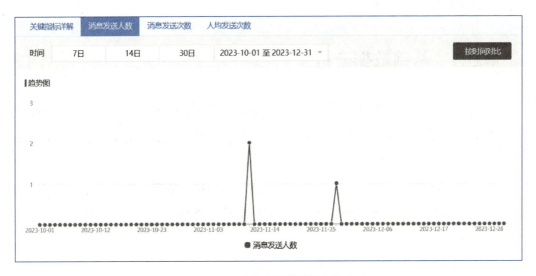

图 8-29 消息分析关键指标趋势

在"消息关键词"部分可以分别查询7日、14日、30日中排在前200名的消息关键词，还可以选择自定义和非自定义关键词。针对关键词分析，运营者可以让用户在后台回复一些关键词，这样有助于了解用户对公众号内容的喜好，从而提供与该关键词有关的推送内容。

目前，微信公众号后台只能查看基础数据，很难进行数据的关联分析；而且，微信公众号后台只能查看自己的运营数据，无法查看竞争账号或者行业内优秀账号的数据。因此，为了更好地分析微信公众号数据，运营者可以借助一些第三方数据分析工具的帮助。

任务8.3 新媒体短视频与直播平台数据分析

视频平台的数据分析与图文平台不同。以抖音为例，与微信公众号平台不同的是，根据官方要求，当抖音号的粉丝数量达到1000人，且最近一周内投稿天数不小于3天，才能在后台中显示数据中心入口，进入之后就可以看到账号运营的详细数据。否则，需要借助于第三方平台查询数据。能够查询抖音数据的平台比较多，这里以"飞瓜数据"平台为例来介绍视频平台数据分析。

8.3.1 基础数据分析

进入飞瓜数据，在顶端快捷入口搜索栏处输入需要查看的数据账号，进入该账号的数据查询界面，运营者就可以查看该账号的具体数据，对账号运营情况进行全面评估和分析。

在"数据概览"选项中，运营者可以查询账号的粉丝数据、直播数据、视频数据等内容。这些数据可以帮助运营者了解账号的总体运营情况。某账号的数据概览页面如图8-30所示。

图8-30 数据概览页面

在"粉丝数据"中，"粉丝趋势"可以显示账号粉丝的增量和总量的变化趋势，一般来说，粉丝增量为正数时，粉丝总量也会随之增加。某账号的粉丝增量变化趋势如图8-31所示。

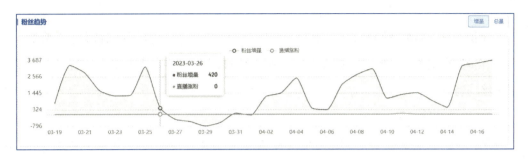

图 8-31　粉丝增量趋势

在"视频作品"板块点击进入"视频趋势"，运营者可以看到点赞、评论、分享、视频销量及视频销售额等数据增量或总量的变化趋势。这些数据可以帮助运营者了解粉丝参与互动的积极性。一般来说，粉丝点赞、评论和分享增量为正时，账号的相应总量增加，粉丝参与的积极性强。某账号的视频趋势数据如图8-32所示。

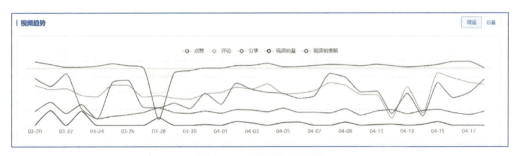

图 8-32　视频趋势数据

在"视频作品"板块，运营者还可以查看视频评论热词，一般来说，某个词在用户评论中出现的频率越高，其在"评论热词"中显示的字号就越大。另外，运营者还能在"评论热词"下方的搜索栏中输入关键词，查看含有该关键词的用户评论。某账号的达人提及话题和视频评论热词如图8-33所示。

图 8-33　评论热词页面

8.3.2 用户数据分析

数据分析中的"粉丝分析"作为第二大板块主要对"粉丝基础画像""消费兴趣""粉丝活跃时间"等相关数据进行了统计和展示。通过这些数据，运营者可以掌握粉丝的特征。

1. 粉丝基础画像

在该项内容中呈现了"性别分布""年龄分布"和"地域分布"的相关数据。

(1)"性别分布"显示该账号中男女粉丝的占比情况，如图8-34所示。

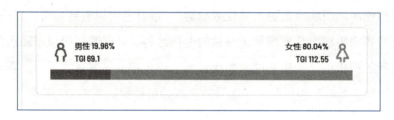

图 8-34　性别分布图

(2)"年龄分布"显示的是该账号中不同年龄段的粉丝占比情况，如图8-35所示。

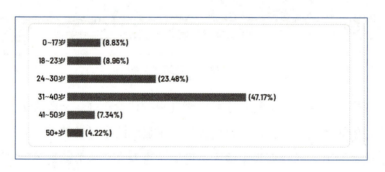

图 8-35　年龄分布

(3)"地域分布"显示的是抖音账号中各地域粉丝的占比，运营者可以选择省份或城市查看不同省份或城市的用户占比情况，如图8-36所示。

广东省	44.34%	河南省	3.69%
广西省	5.30%	湖南省	3.58%
江苏省	4.63%	山东省	3.17%
浙江省	4.59%	江西省	2.92%
福建省	3.99%	四川省	2.62%

图 8-36　地域分布（部分）

2. 消费兴趣

在"消费兴趣"页面中的"消费需求分

布"可以显示用户的各项购买需求占比以及商品价格区间分布,如图8-37所示。

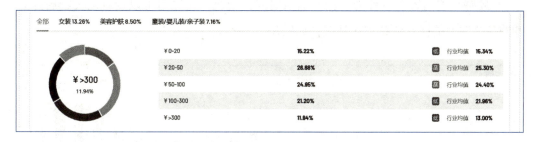

图 8-37　消费需求分布

"消费需求分布"下方的"购买偏好词云"可以显示用户购买偏好的类目和品牌的关键词。一般来说,某个词出现的频率越高,其在"购买偏好词云"中显示的字号就越大,某账号用户购买偏好词云如图8-38所示。

图 8-38　购买偏好词云

在"最感兴趣内容"界面中运营者可以看到该抖音号粉丝感兴趣的内容的关键词,并用百分比来表示用户对该类内容的关注程度。某账号的粉丝兴趣分布情况如图8-39所示。

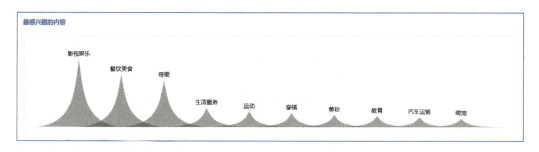

图 8-39　粉丝兴趣分布

3. 粉丝活跃时间

"最感兴趣内容"下部为"粉丝活跃时间"板块，该界面可以查看以天或周为周期的某个时间的粉丝活跃占比情况，如图8-40所示。

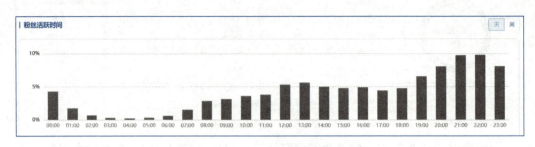

图 8-40　粉丝兴趣分布

8.3.3　直播数据分析

"直播数据分析"板块对"观看人次""人数峰值""直播销量"和"直播销售额"等板块的内容进行了展示。

（1）在"观看人次"板块，运营者可以查看直播观看总人数的变化趋势，如图 8-41 所示。

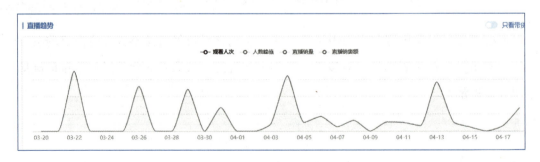

图 8-41　观看人次趋势

（2）"人数峰值"可以让运营者查看直播观看人数峰值变化趋势，如图8-42所示。

（3）"直播销量"和"直播销售额"是直播数据分析的重要内容，其中，直播销售趋势如图8-43所示。

此外，在"直播数据分析"模块中还可以查看"直播频次"和"直播时长"数据，如图8-44所示。在"开播时间分布"和"直播时长分布"下方可以在搜索栏中输入直播标题关键词，查看相应的直播记录。

图8-42　观看人数峰值趋势

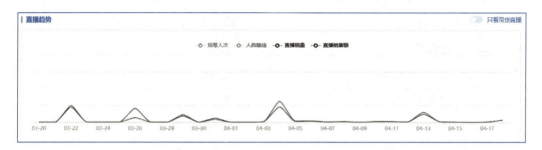

图8-43　直播销售趋势

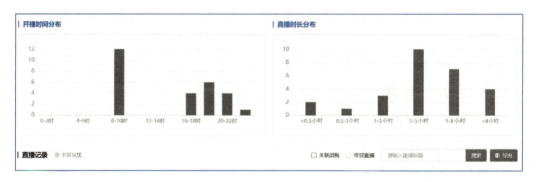

图8-44　直播频次和直播时长

项目考核

一、单项选择题

1. （　　）是将两个或两个以上的数据进行对比，分析差异，进而揭示这些数据规律的方法。

    A. 直接评判法　　　　B. 对比分析法　　　　C. 结构分析法　　　　D. 平均分析法

2. 新媒体图文平台用户数据分析主要包括用户增长分析和（　　）两个方面。

    A. 网页分析　　　　B. 接口分析　　　　C. 用户属性分析　　　　D. 关注人数分析

3. 在微信公众号后台中，运营者能了解到的用户增长模块的关键指标不包括（　　）。

    A. 新增关注人数　　　　　　　　B. 取消关注人数

    C. 净增关注人数　　　　　　　　D. 用户城市分布

4. 一般来说，用户属性中的（　　）对App或者游戏的推广特别有帮助。

    A. 用户男女比例　　　　　　　　B. 用户城市分布

    C. 用户语言　　　　　　　　　　D. 用户手机机型

5. 根据官方要求，当抖音号的粉丝达到（　　）且最近一周内投稿天数不小于3天后，才能在后台中显示数据中心入口，进入之后就可以看到账号运营的详细数据。

    A. 10人　　　　B. 100人　　　　C. 500人　　　　D. 1 000人

二、多项选择题

1. 常用的新媒体数据分析方法有（　　　　）。

    A. 矩阵分析法　　　B. 甘特图分析法　　　C. 雷达图分析法　　　D. 回归分析法

2. 新媒体图文平台的后台数据分析主要包括（　　　　）。

    A. 用户分析　　　B. 图文分析　　　C. 菜单分析　　　D. 消息分析

3. 新增用户关注微信公众号的主要途径有（　　　　）。

    A. 名称搜索　　　B. 扫描二维码　　　C. 名片分享　　　D. 支付后关注

4. 微信公众号菜单分析中的昨日关键指标的数据有（　　　　）。

    A. 菜单点击次数　B. 菜单点击人数　　　C. 图文阅读人数　　　D. 人均点击次数

5. 在消息分析关键词中，微信公众号运营者可分别查询（　　　　）天内排在前200名的消息关键词。

A. 7   B. 14   C. 30   D. 60

三、判断题

1. 通过抖音号的后台数据统计采集数据属于通过第三方平台的数据统计。（　　）

2. 在微信公众平台的"用户分析"板块中，运营者可以了解用户的分布属性。（　　）

3. 一般来说，当抖音号粉丝增量为正数时，账号的粉丝总量也会随之增加。（　　）

4. 抖音号运营者可以通过第三方数据平台查看视频评论热词，一般来说，某个词在用户评论中出现的频率越高，其在评论热词中显示的字号就会越小。（　　）

5. 新媒体图文平台用户增长数据分析主要有4个指标，分别是新增关注人数、取消关注人数、净增关注人数和累计关注人数。（　　）

四、案例分析题

违规索取用户信息　多款App被依法处置

2022年年初，依据《中华人民共和国个人信息保护法》《中华人民共和国网络安全法》《中华人民共和国电信条例》《电信和互联网用户个人信息保护规定》等法律法规，工信部组织第三方检测机构对移动互联网应用程序（App）进行检测并发布《关于侵害用户权益行为的App通报》，链家旗下的"家家支付"、小米直播、聚美、洋码头、速8酒店、IHG、网易七鱼、爱卡汽车等120款App被点名，存在包括App强制、频繁、过度索取权限，违规使用个信息，欺骗、误导、强制用户使用定向推送功能等问题。工信部要求上述App及软件开发工具包（SDK）在2月25日前完成整改，逾期将依法依规处置。

《中华人民共和国网络安全法》第四十一条规定：网络运营者收集、使用个人信息，应当遵循合法、正当、必要的原则，公开收集、使用规则，明示收集、使用信息的目的、方式和范围，并经被收集者同意。该法律第四十八条第一款规定：任何个人和组织发送的电子信息、提供的应用软件，不得设置恶意程序，不得含有法律、行政法规禁止发布或传输的信息。

党的十八大以来，党中央高度重视网络空间法治建设，对个人信息保护立法工作作出专门部署。习近平总书记多次强调，要坚持网络安全为人民、网络安全靠人民，保障个人信息安全，维护公民在网络空间的合法权益。党的二十大报告将"加强个人信息保护"作为提高公共安全治理水平的重要内容进行了部署。

问题：

新媒体数据采集有哪些渠道？新媒体从业人员在通过不同渠道收集数据时应如何确保合法合规？

项目实践：图文/短视频平台数据获取

一、实训目的

1. 掌握图文/短视频平台数据获取的方法。

2. 熟悉图文/短视频平台数据分析的指标。

3. 掌握常见的新媒体数据分析方法的运用。

二、实训要求

1. 一周内完成实训。

2. 制作汇报PPT。

三、实训组织

在教师指导下以小组为单位开展实训。

四、实训内容

使用第三方工具获取图文/短视频平台账号的以下数据。

1. 选择一个图文/短视频平台，在自己喜欢的平台账号里选择一个，获取该账号的活跃粉丝数。

2. 在该账号所处的领域中，找到排名最靠前的5个账号。

3. 总结该账号粉丝最爱看的文章或视频内容关键词或选题方向。

4. 将账号活跃粉丝数据导出到Excel中并运用一元线性回归分析法对其粉丝数趋势进行预测。

[1] 林海.新媒体营销[M].2版.北京：高等教育出版社，2021.

[2] 黄桓.新媒体运营与推广：从入门到精通[M].北京：清华大学出版社，2021.

[3] 胡悦.新媒体运营基础教程[M].北京：北京大学出版社，2022.

[4] 李志，于成龙，周连兵.新媒体运营（中级）[M].北京：人民邮电出版社，2023.

[5] 向登付.新媒体运营与营销实操手册[M].北京：中国商业出版社，2020.

[6] 李军.制胜——新媒体运营与推广[M].北京：清华大学出版社，2021.

[7] 唐妍.消费者洞察：大数据驱动下的新媒体运营研究[M].北京：人民邮电出版社，2023.

[8] 叶飞.新媒体短视频运营从入门到精通[M].北京：清华大学出版社，2021.

[9] 宁延杰.数字化营销：新媒体全网运营一本通[M].北京：北京大学出版社，2023.

[10] IMS（天下秀）新媒体商业集团.新媒体平台运营与管理[M].北京：清华大学出版社，2022.

[11] 汪雪飞.用户运营方法论：入门、实战与进阶[M].北京：机械工业出版社，2022.

[12] 王中晓，张浩淼，崔凯.新媒体运营与管理[M].北京：机械工业出版社，2022.

[13] 鲍立泉.新媒体广告[M].3版.北京：高等教育出版社，2023.

[14] 林波.新媒体营销与运营[M].2版.北京：中国人民大学出版社，

2023.

[15] 黄胜红，陈彩莲. 新媒体传播技巧[M]. 北京：中国人民大学出版社，2023.

[16] 肖凭. 新媒体营销实务[M]. 2版. 北京：中国人民大学出版社，2021.

[17] 朱小栋. 新媒体数据分析与应用[M]. 北京：电子工业出版社，2022.

[18] 孙萍萍. 新媒体数据分析[M]. 北京：电子工业出版社，2023.

[19] 周英英. 短视频+直播：内容创作、营销推广与流量变现[M]. 北京：电子工业出版社，2021.

[20] 王海峰. 新媒体产品策划[M]. 北京：机械工业出版社，2022.

[21] 泽少. 短视频自媒体运营从入门到精通[M]. 北京：清华大学出版社，2022.

[22] 姜自立，王琳. 短视频：策划+拍摄+制作+运营[M]. 北京：人民邮电出版社，2023.

[23] 赵溪，张艳，王嫣菁，等. 全媒体运营师[M]. 2版. 北京：清华大学出版社，2023.

[24] 李军. 新媒体数据分析：精准引流+爆款打造+盈利提升[M]. 北京：化学工业出版社，2021.

[25] 勾俊伟，哈默，谢雄. 新媒体数据分析：概念、工具、方法[M]. 北京：人民邮电出版社，2020.

武丹，江西财经职业学院工商管理学院党总支书记、副院长。主要讲授新媒体运营、消费心理学和市场营销等专业课程，江西省第二轮"双高计划"市场营销专业群负责人，主持完成教育部高等职业教育市场营销骨干专业和江西省"双高计划"市场营销优势专业建设。省级教学成果二等奖获得者，省级课程思政教学名师，江西省首批市场营销专业教师教学创新团队骨干成员，主持省级精品在线开放课程2门、省级课程思政示范课程1门、省级课题5项，发表论文多篇。

冯弋江，教授，江西财经职业学院副校长，九江市第三届督学，全国电子商务职业教育教学指导委员会"一带一路合作"专门委员会副主任委员。主要研究领域包括营销管理、财务管理等，讲授市场营销等专业课程。主持省级课题基金项目11项、省级精品课程1门、省级教学成果一、二等奖各1项。

郑重声明

高等教育出版社依法对本书享有专有出版权。任何未经许可的复制、销售行为均违反《中华人民共和国著作权法》，其行为人将承担相应的民事责任和行政责任；构成犯罪的，将被依法追究刑事责任。

为了维护市场秩序，保护读者的合法权益，避免读者误用盗版书造成不良后果，我社将配合行政执法部门和司法机关对违法犯罪的单位和个人进行严厉打击。社会各界人士如发现上述侵权行为，希望及时举报，我社将奖励举报有功人员。

反盗版举报电话　（010）58581999　58582371

反盗版举报邮箱　dd@hep.com.cn

通信地址　北京市西城区德外大街4号　高等教育出版社法律事务部

邮政编码　100120

读者意见反馈

为收集读者对教材的意见建议，进一步完善教材编写并做好服务工作，读者可将对本教材的意见建议通过如下渠道反馈至我社。

咨询电话　400-810-0598

反馈邮箱　gjdzfwb@pub.hep.cn

通信地址　北京市朝阳区惠新东街4号富盛大厦1座

　　　　　高等教育出版社总编辑办公室

邮政编码　100029

防伪查询说明

用户购书后刮开封底防伪涂层，使用手机微信等软件扫描二维码，会跳转至防伪查询网页，获得所购图书详细信息。

防伪客服电话　（010）58582300

资源服务提示

授课教师如需获得本书配套教辅资源，请登录"高等教育出版社产品信息检索系统"（http://xuanshu.hep.com.cn/）搜索下载，首次使用本系统的用户，请先注册并进行教师资格认证。

高教社电商专业交流QQ群：218668588